HEYNE BÜCHER

ESOTERISCHES WISSEN

ARNOLD UND
WILHELMINE KEYSERLING

DAS RAD DES LEBENS

Der Schlüssel zum Wirken der Welt

Textauswahl zusammengestellt
von
DR. HANS CHRISTIAN MEISER

Originalausgabe

WILHELM HEYNE VERLAG
MÜNCHEN

HEYNE ESOTERISCHES WISSEN
Herausgegeben von Michael Görden
08/9651

Printed in Germany 1994
Umschlaggestaltung: Atelier Adolf Bachmann, Reischach
Satz: Schaber Satz- und Datentechnik, Wels
Druck und Bindung: Ebner Ulm

ISBN 3-453-08082-3

Inhalt

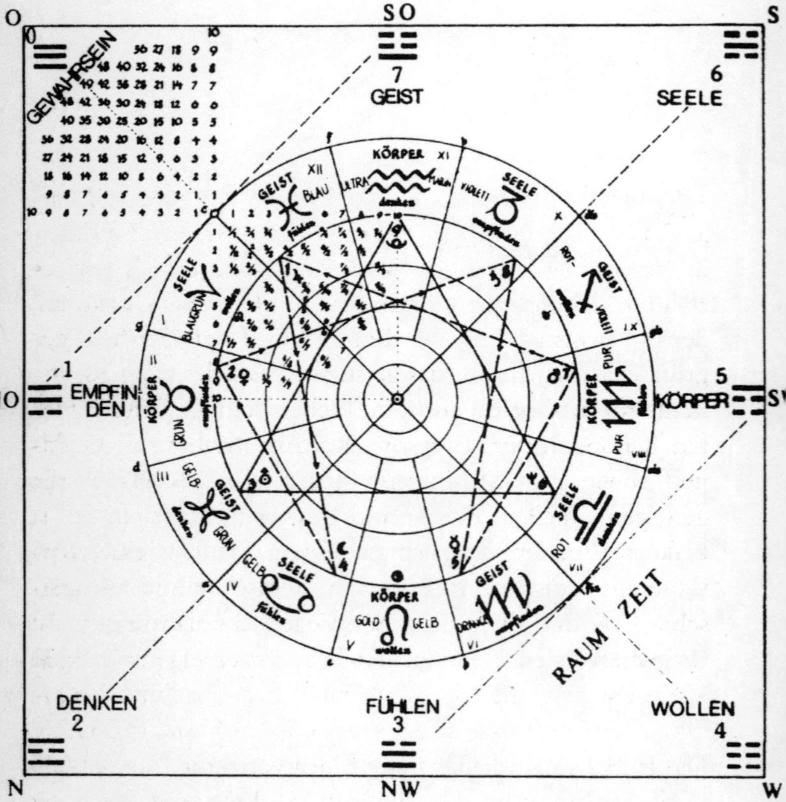
O
SO
S
GEWAHRSEIN
7
GEIST
6
SEELE
KÖRPER
GEIST
SEELE
BLAU
ULTRA
VIOLETT
denken
fühlen
empfinden
wollen
BLAUGRÜN
ROT
PUR
NO
1
EMPFINDEN
5
KÖRPER
GRÜN
GELB
GOLD
RAUM
ZEIT
DENKEN
2
FÜHLEN
3
WOLLEN
4
N
NW
W

Vorwort

Arnold Keyserling, der als ›Doyen des Neuen Denkens‹ in Europa gilt, wurde 1922 als Urenkel mütterlicherseits des Fürsten Otto von Bismarck und als zweiter Sohn des Philosophen Hermann Graf Keyserling geboren, der in Darmstadt jene berühmte ›Schule der Weisheit‹ gegründet hatte, die auf das geistige Leben des alten Kontinents regen Einfluß ausübte. Neben seinem Vater bildeten Schopenhauer, Bergson, Ramana Maharishi, Gurdjieff sowie der ›Musikweise‹ Josef Matthias Hauer die geistigen Quellen, die Arnold Keyserling nährten. So ist es kein Wunder, daß sich in seinem Denken eine Synthese aus indischer, indianischer, keltischer und europäischer Eso- und Exoterik widerspiegelt, die allerdings nicht rezipierend wirkt, sondern sich zu einer eigenständigen Weltsicht geformt hat. Keyserling studierte Jura, Volkswirtschaft und Philosophie, war Gastprofessor in Indien, leitete Schulen in Paris und Neapel, stand der Österreichisch-Indischen Gesellschaft als Präsident vor, war Delegierter der UNESCO in der Ost-West-Konferenz und Präsident der Vereinigung der Humanistischen Psychologen (1979-1984). Seit 1962 lehrt er an der Hochschule für angewandte Kunst in Wien mit Vorlesungen auf den Gebieten der Philosophie, der Geschichte, der Religionsphilosophie, der Musik und der transpersonalen Psychologie. 1985 gründete er in Anknüpfung an die sokratische Maieutik (›Hebammenkunst‹) zusammen mit seiner Frau Wilhelmine, der 1921 geborenen Yogalehrerin, Dichterin und Gurdjieff-Schülerin, die neue Wiener Schule des philosophischen Handwerks. Beide haben mehr als dreißig Bücher herausgegeben und sind auf der ganzen Welt mit Vorträgen und Seminaren tätig.

So außergewöhnlich umfangreich diese Lebensstationen erscheinen mögen, sie bilden nur den äußeren Rahmen für einen Inhalt, der jenseits aller Titel und Auszeichnungen steht und von dem das vorliegende Buch Zeugnis ablegen möchte. Der Lebensdramaturgie der Autoren entsprechend wird hier der Versuch unternommen, sich allmählich der großen Entdeckung, dem RAD DES LEBENS, zu nähern, so daß der Leser leichter nachvollziehen kann, wie man vom traditionellen Denken zu einer umfassenden Weltschau zu gelangen vermag. Aus diesem Grunde findet sich – gewissermaßen als Einstieg – der Text ›Das ganzheitliche Denken‹ am Anfang des Buches. Es wird hier eine Beschreibung des heutigen Denkens geboten, wie es sich über die Vorstufen kosmisches, mythisches, logisches, theologisches, theokratisches, scholastisches, humanistisches, rationalistisches, idealistisches, soziologisches und wissenschaftliches Denken vollzogen hat. Arnold Keyserling selbst betrachtet die Geschichte der Denkstile als »die langsame Entfaltung der Erkenntnis des Wissens hinter dem Wissen, des Rades der Weltgrammatik«.

Dieses Rad hatte Keyserling schon im Alter von 21 Jahren ›gefunden‹, doch erst nach und nach sollte ihm klar werden, welche ›Entdeckung‹ er da gemacht hatte. Er sagt: »Am 4. Juni 1943 hatte ich die Vision eines Rades, begleitet von der subjektiven Gewißheit, den eigentlichen Ursprung des Wissens gefunden zu haben. Ausgehend von diesem Ansatz – der, banal verstanden, nichts anderes ist als die Darstellung der Geometrie und Arithmetik der zweiten Dimension als Urbild aller Rationalität –, versuchte ich alle sowohl anerkannten als auch esoterischen und alternativen Lebens- und Wissensformen mit Hilfe dieser Struktur zu klären, wobei mich eine Stufe der Erkenntnis zur nächsten führte.« Als das Ehepaar Keyserling fast 20 Jahre später in Kalimpong weilte, sollte sich etwas ergeben, das nicht nur als merkwürdiger ›Zufall‹ angesehen werden kann: »Ein hochgewachsener Mann grüßte mich freundlich auf der Straße. Er trug einen Ohrring aus Lapislazuli. Ich grüßte zurück, und er ging seiner Wege. Am nächsten Tag hörten wir von unserer Wirtin, daß sich im Ort ein Mann meines Namens aufhalte – auf englisch spricht man Keyserling wie ›Keserling‹ aus. Da er ein König sei, bekomme er seine Verpflegungsration von der UNRRA. Sie fragte, ob ich ihn kennenlernen möchte. Ich bejahte natürlich, und am nächsten Tag kam er. Es war der Mann, der uns gegrüßt hatte. Er sprach nicht tibetisch, sondern nur Kampa, und wir unterhielten uns mit Hilfe zweier Dolmetscher. Er sagte zu mir: ›Ich habe gesehen gleiche Knochen, aber verschiedenes Fleisch.‹ Während der Völkerwanderung seien Mitglieder seiner Familie der Überlieferung nach bis ins ferne Deutschland verschlagen worden, er habe aber nicht gewußt, wo Deutschland liege. Und dann erwähnte er den Namen Gesar Lings, der als Begründer Tibets gilt. Er nannte ihn einen Heiligen, den König von Tibet und der Mongolei. Gesar Ling spielt im dortigen Epos eine ähnliche Rolle wie bei uns Siegfried im Nibelungenepos. Wieso er heilig gewesen sei? Weil er alle sofort tötete, die ungerecht waren. Wir lachten über diese Antwort, und der König war zuerst ein wenig gekränkt. Aber er beruhigte sich wieder, und ich erfuhr, daß Gesar Ling der Begründer der Religion des Rades war, welches er in einem Berg entdeckt hatte und mit dessen Hilfe er die neunköpfige Schlange der Heilkraft und die vier Könige der Himmelsrichtungen eigenhändig besiegt hatte. Er sei jetzt laut tibetanischer Überlieferung im Westen wiedergeboren, und diese Inkarnation sei offensichtlich ich. Ich war erschüttert und suchte, zurück in Kalkutta, nach Aufklärung. Ich fand ein Buch von Alexandra David-Neel, ›Die seltsame Geschichte des Gesar von Ling‹, und las auch tatsächlich darin, daß er das Rad entdeckt hatte. Noch heute trägt jeder Tibeter es am Gürtel, in Silber oder Messing. Es besteht aus drei Inschriften: innen die 9 Ziffern, aber nicht im Enneagramm, sondern im magischen Quadrat, wo jede Quersumme 15 ergibt. Um dieses herum die acht I-Ging-Zeichen des Raumes, allerdings geordnet nach der Form des späteren Himmels, und außen die zwölf chinesischen Tierkreiszeichen. Mit der Entdeckung des Gesar Ling hatte ich nun meine eigenen Wurzeln gefunden, an einem ganz anderen Ort, als ich vermutet hatte. Der König glaubte, das Rad sei buddhistisch. Doch inzwischen hat Mircea Eliade festgestellt, daß es das Ursymbol von Gcüg ist, der Religion, die, älter als Buddhismus und Bön, nicht nur in Zentralasien, sondern überall als Religion des Menschen und der Ahnen die Urüberlieferung darstellt.«

Dieses Rad verkörpert also das älteste Wissen der Welt, es ist das Urwerkzeug der Vernunft, die Veranschaulichung aller Sinnesgesetze und mathematischen Verhältnisse. Das Rad ist die Weltgrammatik schlechthin und ermöglicht damit ein ganzheitliches Verstehen des Universums. Dieses Verstehen ist in einer Zeit, da der große Menschheitstod zwar überstanden zu sein scheint, in der aber mehr und mehr regionale Konflikte aufflammen, notwendig – nicht nur zum Überleben, sondern zum Leben schlechthin, denn die Suche nach SINN prägt nach wie vor jedes individuelle Leben. Das RAD DES LEBENS mag dem Menschen beim Verstehen des eigenen wie des gesamten Daseins helfen.

HANS CHRISTIAN MEISER

Das ganzheitliche Denken

Im Jahre 1859 erschien Charles Darwins Buch ›Entstehung der Arten durch natürliche Zuchtwahl‹. Darin wurde die Theorie vertreten, daß die Arten und Gattungen der Lebewesen sich nicht nach einem vorgegebenen Plan des Schöpfers entwickelt hätten, sondern durch Anpassung, Kampf ums Dasein und Überleben der Tüchtigsten. Schon vorher war der historische Horizont durch die geologischen Entdeckungen weit gegenüber den sechstausend Jahren der biblischen Geschichte zurückgedrängt worden, und die Idee eines allmählichen Aufstiegs der Arten über die Naturreiche war sowohl von der indischen Jainalehre als auch von der empedokleischen Philosophie, ja selbst von der Leibnizschen Monadologie vertreten worden. Ausdrücklich wurde der Gedanke von der Evolution das erste Mal von Condorcet im 18. Jahrhundert als Grundlage der Philosophie verwandt und diente Herbert Spencer, 1820-1903, als Leitfaden einer umfassenden Wissenschaftssynthese, bei der er die Kausalität zum entscheidenden Faktor erklärte, welche die Vorsehung des Schöpfers ersetze. Darwins Werk wirkte jedoch viel umwälzender, da es im Gegensatz zur christlichen Lehre verstanden wurde: erstens durch seine These, daß Mensch und Menschenaffe aus der gleichen biologischen Wurzel stammten, und zweitens durch seine Erkenntnis, daß sich die Arten dialektisch im Kampf gegeneinander entwickelt haben, indem solche, die nicht mehr konkurrenzfähig waren, ausstarben und andere ihre Rolle im Haushalt der Natur übernahmen.

Soziologisch wurde die Evolutionstheorie sowohl von den amerikanischen und englischen Liberalisten in Anspruch genommen – die Kapitalisten der Gründerzeit rechtfertigten ihre Handlungen als Ergebnis der natürlichen Selektion im Kampf ums Dasein – als auch durch Marx, der die kommunistische Ordnung als Endziel der Evolution betrachtete. Biologisch gab die These die Möglichkeit, die Natur unter Einschluß des Menschen als eine Ganzheit zu betrachten, von der jedwedes Lebewesen, aber auch die anorganische Materie einen zu integrierenden Teil darstellt. So bot sich die Biologie seit Darwin und Spencer als Grundphilosophie an. Im akademischen Bereich trat ihre Richtung als die vitalistische in Auseinandersetzung mit der physikalisch-mechanistischen des wissenschaftlichen Denkstils, welcher das Grundprinzip in der Materie suchte. Der Kampf zwischen diesen beiden Richtungen – ob das Leben oder die Materie der Ursprung der Wirklichkeit sei – ging bis zur Gegenwart mit unverminderter Heftigkeit weiter.

Bedeutsamer als diese Auseinandersetzung war aber die Entdeckung der Erbgesetze durch Gregor Mendel. Bis ins 18. Jahrhundert hatte man geglaubt, der menschliche Same berge in sich gleichsam einen Homunculus, einen Miniaturmenschen, der dann im Mutterleib zum vollen Menschen ausreife. Wolff (1759) und von Baer (1827) wiesen nun nach, daß weder Keimzellen noch Embryonen Miniaturerwachsenen ähnlich sähen. Ferner hatte Haeckel in seinem ›Biogenetischen Grundgesetz‹ postuliert, daß der menschliche Organismus die biologische Geschichte des Lebens im Mutterleib wiederhole, so daß er zu einem bestimmten Zeitpunkt einem Fisch ähnlicher sei als dem späteren Menschen. Gregor Mendel entdeckte nun vor der Jahrhundertwende, daß die Vererbung klar zu bestimmender Eigenschaften einem arithmetischen Schlüssel folge, wobei manche Eigenschaften dominant, andere rezessiv seien. Mit der Entdeckung der Chromosomen wurden die Erbträger in den Genen lokalisiert, auf denen sie gleich Perlenschnüren aufgereiht sind. Jede Art von Lebewesen hat eine andere Anzahl von Chromosomen im Zellkern. So weist die menschliche Zelle sechsundvierzig auf und die Geschlechtszelle, da weibliches Ei und männlicher Same sich in der Befruchtung zur Urzelle vereinen, dreiundzwanzig Chromosomen.

Zu ihrer Zeit wurden die Mendelschen Entdeckungen wenig beachtet. Als sie aber nach 1900 wieder bekannt wurden, leuchtete ihre Bedeutung in Analogie zu den Entdeckungen der Mikrophysik allgemein ein: gleich der chemischen Materie besteht auch jedes Lebewesen aus bestimmten Grundelementen, deren Kombination für die Sonderart des einzelnen Individuums verantwortlich ist.

Der Mechanismus der Vererbung wurde in den nächsten Jahrzehnten eingehend studiert. Während Mendel noch symbolische Gene annahm, wurden in den Arbeiten der Morganschule vor allem bei der Taufliege zwischen 1910 und 1935 einzelne Gene auf den Chromosomen lokalisiert. Die entscheidende Entdeckung kam jedoch erst 1953: alle Gene sind aus vier Formen der Desoxyribonukleinsäure (DNS) zusammengesetzt, den Nukleotiden Adenin, Zytosin, Guanin und Thymin. Diese tragen als Information, als ›Code‹, die Erbanlagen. Hierbei sind es nicht die Zellkerne selbst, die ja stofflich immer wieder erneuert werden müssen, sondern es ist die mathematische Struktur, die bestimmte kombinatorische Ordnung der vier Buchstaben des Erbalphabets, welche im Rahmen von genau vierundsechzig Kombinationsmöglichkeiten – also in Parallele zum I Ging – immer neue Zellen nach ihrem Urbild formt und für die Kontinuität des Organismus im Keimplasma verantwortlich ist.

Nun entwickelt sich der lebendige Organismus einerseits durch das Erbe, andrerseits durch Umwelteinflüsse bedingt. Lamarck vertrat schon zu Darwins Zeiten die Vererbung erworbener Eigenschaften, und jüngste Versuche scheinen dies zu bestätigen, so daß die Deutung Darwins aufgegeben wurde. Doch damit ist das Problem der Bedeutung der Umwelteinflüsse – beim Menschen des kulturellen Milieus – noch nicht gelöst. Den denkerischen Ansatz zur Lösung brachte Johannson 1911 mit seiner Unterscheidung von Genotypus und Phänotypus: Genotypus ist die Erbstruktur und Phänotypus das Bild, wie sich der Organismus wechselnd in seinen verschiedenen Perioden von der Jugend bis zum Alter darstellt.

Doch mit dem Genotypus ist die vitale Bedingtheit noch nicht erschöpft: es treten bei Tier und Mensch die Triebe hinzu. Hier erkannte nun ein anderer Zweig der Biologie, die Verhaltensforschung, daß sich die Triebstruktur auf die Kombination von vier grundsätzlichen Richtungen zurückführen läßt: Geschlechtstrieb, Aggressionstrieb, Nahrungstrieb und Sicherungstrieb. Hiervon sind zwei, Geschlechtstrieb und Aggressionstrieb, auf die eigene Art bezogen; der Aggressionstrieb, der für die geschlechtliche Selektion verantwortlich ist, sorgt für Verteilung der Individuen im Raum. Nahrungstrieb und Sicherungstrieb hingegen sind auf fremde Arten und Gattungen gerichtet. So läßt sich die Ordnung der Triebe im Wesenskreis veranschaulichen:

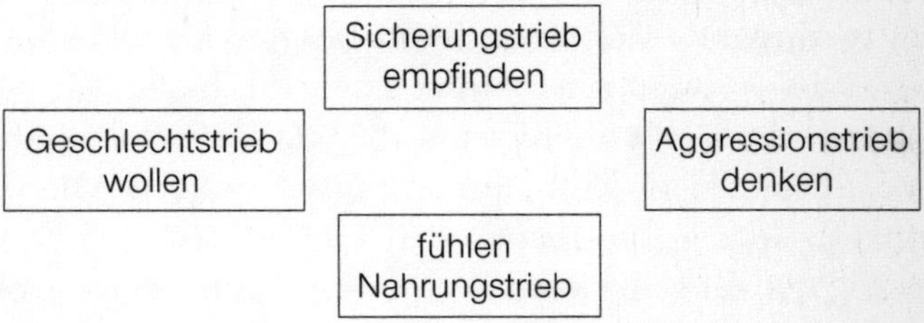

Die Verhaltensbiologen bemühten sich, die Ähnlichkeit von Mensch und Tier aufzuzeigen. Ein anderer Biologe zeigte den Unterschied zwischen beiden: Jakob von Üxküll erklärte, daß jedes Tier einem ganz bestimmten Ausschnitt der Natur als seiner ›Merkwelt‹ zugeordnet sei, die seinen Lebensrahmen ausmacht; Arten, die nicht in seinen Triebrahmen fallen, bemerkt es nicht. In diesem wird es von seinem Instinkt, gleichsam einer Gruppenseele gesteuert. Der Instinkt ist jenseits der Individualität und Familie; so berichtete Gerd von Natzmer aus Afrika, daß bei einem großen Löwen-Sterben im Osten sich plötzlich die Geburtenanzahl im entfernten Westen ohne Grund derartig erhöhte, daß das Gleichgewicht wieder hergestellt schien. Der Mensch dagegen, so behauptet Üxküll, sei nicht einer Merkwelt, sondern der ›Umwelt‹, der Totalität der Wirklichkeit zugeordnet und könne nicht seinen Instinkten vertrauen. Der Kosmos, das Universum stelle sein Lebensmilieu dar, welches sich definitionsgemäß so weit erstrecke, wie seine Wahrnehmungsfähigkeit reicht;

und in diesem Kosmos müsse er sich seine Orientierung durch die Ausbildung seiner Vernunft selbst schaffen. Doch das will nicht heißen, daß der Mensch der Natur fremd ist, Julian Huxley interpretiert die erstaunliche Tatsache, daß in den letzten fünfzig Jahren ohne menschliche Mitwirkung mehr Säugetierarten ausgestorben sind wie im davorliegenden Zeitraum seit der letzten Eiszeit dahingehend, daß wohl die Menschheit jetzt biologisch im Haushalt der Natur ob ihrer ungeheuren Vermehrung die Rolle dieser Tiere übernehmen müsse, wobei er launig bemerkt, daß schon heute der Unterschied zwischen einem Politiker und einem Philosophen wohl ebensogroß sei wie zwischen einem Wolf und einem Elefanten.

Üxkülls Umwelttheorie blieb eine negative Definition der Rolle des Menschen in der Natur. Die positive Bestimmung kam aus zwei anderen Richtungen des ganzheitlichen Denkens: aus der Lebensphilosophie Henri Bergsons und aus der neubegründeten Tiefenpsychologie von Sigmund Freud, Alfred Adler und Carl Gustav Jung.

Henri Bergson wurde 1859 geboren und starb 1943 in Paris. Sein erstes Buch ›Die unmittelbaren Gegebenheiten des Bewußtseins‹ ähnelte in seinem Ansatz Ernst Mach oder Edmund Husserl. Doch schon in den nächsten Schriften entwickelte sich aus diesem Ansatz eine neue Richtung, die ihn mit der jüdischen Mystik, vor allen Dingen mit der natura naturans des Spinoza verband und in folgender These gipfelte: Das Kennzeichen der menschlichen Existenz sei das intensive Erleben der Dauer, im Unterschied zur extensiven mathematischen Zeit, die als echte Dimension des wissenschaftlichen Denkens zu betrachten sei. Dieses Denken sei nur der äußeren materiellmechanischen Wirklichkeit angepaßt. Die Dauer des menschlichen Erlebens erschließt sich nicht dem logischen Denken, das sich in der Veränderung der Gehirnzellen bei Bildung der Reflexbögen in den Neuronenketten eindeutig physiologisch lokalisieren läßt, sondern der lebendigen kontinuierlichen Erinnerung, die vom Gehirn bis zu einem gewissen Grad unabhängig ist. Das Gehirn sei kein Lagerhaus von Erinnerungen, sondern ein Ort der Selektion, in dem nur die Vorstellungen bewußt werden, deren der Mensch zur Bewältigung seiner augenblicklichen Lebensaufgabe bedarf. Von fast Ertrunkenen werde berichtet, daß sie in wenigen Sekunden ihr ganzes Leben vor ihrem geistigen Auge abrollen sehen. Auch könne man in der Hypnose zeigen, daß die Tiefenperson im Menschen die gesamte Lebenserfahrung besitzt. Überdies gibt es klinische Fälle, wo der gleiche Mensch, ein und dasselbe Gehirn abwechselnd von verschiedenen Personen bewohnt zu sein scheint: die Spaltung der Persönlichkeit. Doch Bergson zieht eine andere Folgerung als die Spiritisten und Animisten aus den Experimenten von Morton Prince: die Annahme der Existenz einer vom Körper unabhängigen Entität sei unausweichbar; sie habe nichts mit dem logisch erkennenden Subjekt von Kant oder dem Ich der Idealisten zu tun, denn sie lasse sich nicht durch Begriffe einfangen. Der Fortschritt ihrer Entwicklung lasse sich nur über die Intuition erfahren, welche die verschiedenen Erlebnisse nach Maßgabe ihrer Intensität in gleicher Weise zu einer Melodie des Sinnes verknüpft, wie das Auge die kinematographischen in einer gewissen Geschwindigkeit ablaufenden Einzelbilder zu einem geschlossenen Bewegungsvorgang zusammenschließt.

Die Kontinuität findet sich nicht in der Natur, wie dies der Rationalismus und das wissenschaftliche Denken fälschlich bis Planck und Rutherford behauptet hatten, als deren Zeitgenosse Bergson seine Philosophie entwickelte; sie werde von der menschlichen Seele geschaffen. Ursprung dieser Seele sei die schöpferische Energie, der ›elan vital‹, eines Sinnes mit der evolutionären Tendenz der Natur oder der natura naturans des Spinoza. Aufgabe des Menschen sei es, im bewußt angestrebten Prozeß der Vergeistigung und Läuterung den Lebenstrieb zur höchsten persönlichen Entwicklung als ›evolution creatrice‹ zu vollenden.

Dem menschlichen Denken, seiner Logik ist nur der anorganische Aspekt der Natur zugänglich. Doch seine Seele hat über die Intuition an ihrer Energie teil, die sich aber im Unterschied zum instinktgesteuerten Tier als ›energie spirituelle‹, als geistige Strebenskraft, offenbart. In der Teilhabe an dieser findet er auch den Sinn seines Lebens, den er vergeblich in der Wissenschaft suchen würde; denn das logische Denken ist nur jene Funktion, die den Menschen als Naturwesen der Werkzeugwirklichkeit anpaßt, im gleichen Sinne wie die Spinne ihre Netze baut oder der Biber seine Dämme. Seele und Geist, intensive Erinnerung und bewußte Entwicklung sind nur in ihrem eigenen Milieu zu vollenden, der Integration der psychischen Ganzheit. Von dieser her besteht auch kein Bruch mit der religiösen Überlieferung der Menschheit; sie bedeutet in mystischer, prophetischer, mythischer oder magischer Sprache eine Interpretation der gleichen Tatbestände, welche die Bergsonsche Philosophie in rationaler Sprache erhellt.

Bergsons Entdeckung der Dauer als Kennzeichen der

seelischen Identität, als Voraussetzung ihrer Kontinuität und als Erweis ihrer Unabhängigkeit vom Körper wurde zum Anlaß der Entfaltung einer weiteren Denkweise, deren geographisches Zentrum wiederum Wien bildete: der Tiefenpsychologie.

Als Freud bei Charcot in Paris studierte, fiel ihm auf, daß unter dem Titel Hysterie eine große Anzahl von Phänomenen zusammengefaßt waren, die verschiedene Ursprünge hatten. Das gleiche galt für die Erklärungsversuche: die einen sprachen von Besessenheit, die anderen von eingebildeter Krankheit. Den Patienten war mit beiden Erklärungen nicht gedient, überdies hatte die Hypnose gezeigt, daß es in Menschen unterhalb des bewußten Ich eine Tiefenperson gibt, die auf bestimmte Weise angesprochen werden kann und auch das Wachbewußtsein beeinflußt, ja in vielen Fällen für die Hysterie verantwortlich ist. Freud ging das Problem mit einer neuen Methode an: der Psychoanalyse. Das Unterbewußte offenbart sich vor allem im Traum. Daher gilt es die Traumassoziationen, die von den Wissenschaftlern der Neuzeit als bloße Einbildung abgetan worden waren, durch besondere Experimente bewußt zu machen und ihre Triebwurzeln zu entdecken. Anstelle eines hypothetischen philosophischen Seelenbegriffs prüfte Freud als erster die tatsächliche psychische Wirklichkeit. Dabei kam er zu folgendem Ergebnis: Das menschliche Unbewußte ist auf Befriedigung der Triebe gerichtet, deren Generalnenner die Geschlechtlichkeit bildet. Viele Hysterien entstehen aus Verdrängung des Lusttriebes. Dem lustsuchenden ›Es‹, wie Freud es nannte, steht als zensurierende Instanz noch jenseits des Ich ein geistiges ›Über-Ich‹ entgegen, das sich aus religiöser und väterlicher Autorität gebildet hat und ferner, wie

Freud in seinem Alter erklärte, noch eine andere Triebrichtung versinnbildliche: den Todestrieb als Gegenpol des Geschlechtstriebs.

Der Mensch strebt nach geschlechtlicher Erfüllung, die er nur in einem Partner des Gegengeschlechts finden kann. In diesem Streben gibt es nun verschiedene Stufen, die erstmals physiologisch als Stadien der Reizempfindung beim Kleinkind auftreten; Freud nannte sie das orale, anale und phallische Stadium. Beim Kleinkind ist die Lustempfindung zuerst mit dem Essen verknüpft, mit dem Mund und der Mutterbrust; es will gleichsam die ganze Welt verzehren. Als nächstes wendet sich die Empfindung der Verdauung zu, den Exkrementen. Freud nannte dieses das analsadistische Stadium, weil es mit dem ersten Auftreten kindlicher Grausamkeit verbunden ist. Im dritten Stadium, dem phallischen, das mit der Pubertät eintritt, wendet sich das Interesse den Geschlechtsmerkmalen selbst zu; und erst viel später, als Erwachsener, kann der Mensch im normalgenitalen Stadium ein befriedigendes Verhältnis zum Gegengeschlecht in der Liebe erreichen.

Die vier Stadien sind körperlich vorgebildet, entwickeln sich aber seelisch nicht von selbst; durch die neuzeitliche positivistische Leugnung der Seele sind sie bei vielen Menschen der Verdrängung anheimgefallen, während die sogenannten primitiven Gesellschaften sie in den Männerweihen und dergleichen noch berücksichtigt hatten. Wenn aber die psychische Entwicklung unterbrochen wird, dann manifestiert sich dies in einer seelischen Nachahmung der Stufen: im oralen Don Juan oder der Nymphomanen, die nie zu einem befriedigenden Geschlechtsverkehr kommen und ewig nach dem geeigneten

Partner suchen; im analsadistischen Asketismus und Fanatismus, der in magischen Beziehungswahn ausarten kann, oder im phallischen Exhibitionismus mit seiner Freude an der Pornographie. Durch Unkenntnis dieser Zusammenhänge gibt es viele Erscheinungen der zeitgenössischen Zivilisation, die eine Institutionalisierung eines der Impulse darstellen. So ist die Sensationspresse eine Verkörperung des phallischen Stadiums, der religiöse und politische Fanatismus mit seiner Organisationswut entstammt dem analen Stadium, und die Werbetechnik der Konsumgesellschaft richtet sich an Menschen des oralen Stadiums. Das normalgenitale Stadium ist dagegen mit der Institution der Ehe die Voraussetzung aller normalen Entwicklung. So läßt sich die Zivilisation der heutigen Welt in vielen Richtungen als krankhaft bestimmen, und leicht kann die persönliche Hysterie in Massenhysterie ausarten, von der die jüngste Vergangenheit genug Beispiele gegeben hat.

Die wesentlichste Entdeckung Freuds betraf die vier Strukturen der Neurosen, Psychosen und Geisteskrankheiten, die in Entsprechung zu den Stadien stehen:

- Dem phallischen Stadium entspricht die Hysterie. Der Hysterische fürchtet infolge völliger Unausgereiftheit die Sexualität als Plattform notwendiger zwischenmenschlicher Bewährung. Er hat die genitale Stufe nicht erreicht.
- Der Zwangsneurotische unterliegt dem magischen analsadistischen Beziehungswahn, ist unfähig zum Ausüben seiner latenten Aggressivität. Er fürchtet, daß Zärtlichkeit von ihm verlangt werden könnte. Die Fähigkeit hierzu ist aber durch Verdrängung der Aggressivität verschüttet worden.

- Der Depressive, in Entsprechung zum oral-captativen Stadium, fürchtet die Hingabe, als ob sie Hergabe sei und man dabei gefressen würde.
- Der Schizoide fürchtet Kontakt überhaupt. Er unterliegt dem Einfluß unbewältigter mythischer Bilder, von denen aus er keinen Zugang zur menschlichen Wirklichkeit findet, mit der er deshalb immer wieder plötzlich enttäuscht brechen wird und sich autistisch einkapselt. So ist er nicht ein Zerrbild des normalgenitalen Zustands, sondern dessen Gegenpol.

Die vier Neurosentypen bedeuten eine Wiedererweckung der paracelsischen Vorstellung, daß der Mensch durch die vier Elementargeister besessen sei und sich von ihnen zu seiner ursprünglichen Lebenskraft befreien müsse. So ordnet sich auch das empirisch gefundene Schema Freuds dem Wesenskreis ein:

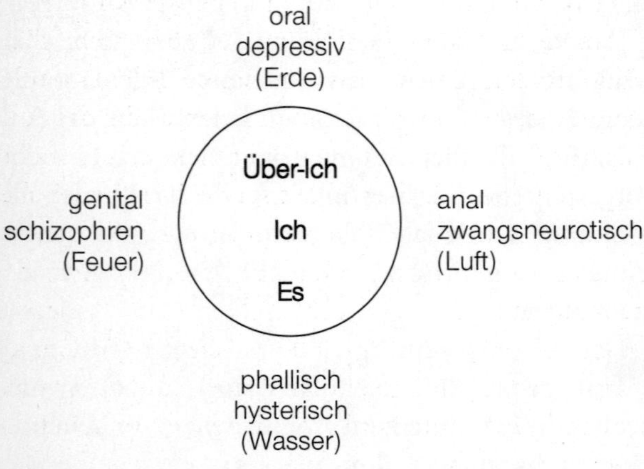

Zu der Erkenntnis der Triebstruktur trat bei Freud eine neue Einsicht in das Wesen der Mythen; vor allem die griechischen stellen Vorbilder psychischer Abläufe dar. Freud wählte den Ödipus-Sagenkreis zur Erläuterung der Ursituation des Kindes, das seinem Lusttrieb schrankenlos folgen möchte, sich nach Vereinigung mit seiner Mutter sehnt und daher den Vater ablehnt, ja seinen Tod wünscht.

Gegen die negative Bewertung des Über-Ichs wandte sich nun der Schüler Freuds, Alfred Adler, der sich damit von ihm trennte und seine psychologische Richtung im Unterschied zur Psychoanalyae als Individualpsychologie bezeichnete.

Adler bestimmte den der Lust entgegenwirkenden Trieb als den Machttrieb und analysierte die Persönlichkeit Freuds selbst aus diesem Gesichtspunkt. Das Über-Ich sei nur so lange negativ, wie es als eine statistische Zensurinstanz aufgefaßt wird. Hinter ihm verberge sich der Drang nach Erfüllung einer persönlichen Lebenslinie, einer bewußten und geplanten Lebensgestaltung.

Ansatz zu dieser Gestaltung sei aber nicht die Begabung, das leicht sich verwirklichende Talent, sondern der Mangel, das als unvollkommen Erlebte, für das Adler den Ausdruck ›Minderwertigkeitskomplex‹ prägte. Echte oder vorgestellte Minderwertigkeit sei die Triebfeder aller Entwicklung. Ohne tatsächlichen oder eingebildeten Mangel gäbe es kein Streben: Goethes ›Produktivität des Unzulänglichen‹. So wie Demosthenes aus Überwindung seines Lispelns zum größten Redner Athens wurde, ebenso gelte es für jeden Menschen das in sich als minderwertig Erkannte zum Ansatz der persönlichen Lebenslinie zu ergreifen.

Nicht nur tatsächliche Organminderwertigkeit und vorgestellter Begabungsmangel, sondern auch die sozialen

Umstände, vor allem das Familienmilieu schaffen verschiedene Ansätze der Entfaltung. So hat der erste Sohn sich meistens mit dem Vater in positiver oder negativer Form auseinanderzusetzen; beim zweiten Sohn, der unter der doppelten Autorität von Vater und älterem Bruder steht, ist die Beziehung zur Gemeinschaft im Vordergrund. Was immer problematisch ist, müsse als Segen betrachtet werden, da nur aus diesem eine dynamische Persönlichkeit erwachsen könne.

Der dritte Psychologe, Carl Gustav Jung, verließ die Freudsche Theorie in anderer Richtung. Ihn befriedigte weder die Rückführung Freuds allein auf den Sexualtrieb noch diejenige Adlers auf den Machttrieb: Die Bilder des Unbewußten seien nicht nur Symbole der Libido, sondern hätten auch eine eigene Bedeutung, einen Informationsgehalt; außer der Triebwirklichkeit gäbe es auch eine Phänomenologie der Bilderwelt des Unbewußten.

Während seiner Tätigkeit als Arzt einer Irrenanstalt in Zürich begann Jung aufzufallen, daß die Fantasien der Irren sich in der traditionellen Thematik der Mythen und Märchen bewegten, denen somit eine psychische Wirklichkeit zukommt. Geisteskrankheiten, bei denen sich keine organische krankhafte Veränderung des Großhirns nachweisen läßt, entstehen oft dadurch, daß ein Mensch mit überwertigen, also echt mythischen oder transzendenten Erlebnissen nicht fertig wird; und je mehr die Existenz der Mythen von der positivistischen Zivilisation geleugnet wird, desto mehr häufen sich die Fälle solcher Geisteskrankheiten. Es gelte daher nicht die Bilder auf Triebsituationen zurückzuführen, wie dies Freud im Ödipuskomplex getan hatte, sondern sie über Vergleichung mit anderen Mythen zu ›amplifizieren‹, bis daß sie dem

Menschen Orientierung für seine geistige Entwicklung geben. Solche Orientierung richtet sich allerdings nicht nur auf das Leben, sondern vor allem auf die richtige Haltung zum Tod und damit auf die Religiosität. Jung nannte seine Richtung ›Komplexe Psychologie‹: seine Patienten waren hauptsächlich Menschen der zweiten Lebenshälfte, die mit dem Problem des Todes und der geistigen Wiedergeburt nicht zurechtkamen.

Nach Untersuchung der mythischen Inhalte und ihrer Bedeutung für die geistige Entwicklung – wobei er Unterstützung von den Interpreten der mythischen Philosophien und Sagenkreise erhielt, so von Rudolf und Walter Otto für die Primitivgesellschaften, von Kerényi für die griechische Sagenwelt, Heinrich Zimmer für die indische Philosophie, Leo Frobenius für die afrikanischen Mythen und Märchen und Richard Wilhelm für die chinesische Weltauffassung – entdeckte Jung die Tradition des kosmischen Denkens; auch heute noch zeige das Auftauchen des Wesenskreises, des Radkreuzes im Traum oder einer wachen Imagination während einer psychotherapeutischen Behandlung an, daß der Mensch die fundamentale Integration, die Vereinigung von Bewußtsein und Unbewußtem als Voraussetzung der Individuation erreicht hat. Als erster interpretierte Jung Alchimie und Astrologie, welche letztere er als diagnostische Hilfe einbezog, wieder in ihrem ursprünglichen esoterischen Sinn, wobei sein persönlicher geistiger Entwicklungsweg sich immer mehr der Gnosis annäherte. So wie der physische Organismus im Mutterleib die Erdgeschichte wiederhole, ebenso sei die Psyche in das kollektive Unbewußte mit seinen Archetypen eingebettet, und es gelte dieses zu verstehen, auf daß der Mensch seinen persönlichen Mythos als Voraussetzung der individuellen Lebenserfüllung finde.

Bei den vier Funktionen des Wesenskreises – für das Wollen wählte Jung den Ausdruck Intuition, weil der Begriff ›Wille‹ durch dessen neuzeitliche Identifikation mit den Trieben belastet war und der Bergsonsche Begriff dem Urcharakter dieser Funktion besser gerecht werde – ist gewöhnlich eine unterbewertet; sie gilt als minderwertig. Ferner kann jede Funktion nach außen oder innen im Sinne der chinesischen Philosophie gerichtet, also extravertiert oder introvertiert sein; somit unterschied Jung acht menschliche Urtypen. Hierzu kommt, daß jeder Mann auf leiblichem und auf seelischem Gebiet weibliche Züge besitzt und die Frau männliche; aus der Übertragung dieser Seelenbilder, des ›Animus‹ oder der ›Anima‹ auf einen Geschlechtspartner entstehe die Verliebtheit als Verfallenheit. Um eine echte Integration als Voraussetzung des geistigen Weges zu erreichen, gelte es daher erstens, die jeweils minderwertige vierte Funktion im Bewußtsein zu rehabilitieren und zu entfalten; ferner sich zum eigenen Schatten, zum Animus oder zur Anima, zu bekennen, um dem Liebespartner als Person gerecht zu werden; und schließlich die geistigen Bilder, wie sie aus dem Unbewußten auftauchen, als Keime der eigenen Entwicklung zu erkennen und sich ihnen anzuvertrauen, wobei es allerdings die abwärtsführenden dämonischen Tendenzen von den aufwärtsführenden spirituellen zu unterscheiden gilt. Hier bekannte sich Jung ausdrücklich zum positiven Wert der religiösen Traditionen, insbesondere der katholischen Kirche, und legte seinen Patienten die Rückkehr zu ihren persönlichen Glaubensvoraussetzungen nahe.

Die Psychotherapie hat als Ziel die Gesundheit des Patienten, die relative Anpassung an die Wirklichkeit. Wenn die Wirklichkeit neurotisch ist – wie die orale Konsumgesellschaft oder die anale Planungsgesellschaft –, so werde die Anpassung gewisse krankhafte Züge einbeziehen müssen. Psychische Integration ist nicht religiöse Erlösung. Eines der wesentlichen Probleme aller drei Schulen ist die Übertragungssituation; der Patient, der zum Arzt Vertrauen gefaßt hat, will sich ihm vollständig überantworten, in die Kindesrolle zurückfallen, und es ist die schwerste Aufgabe des Arztes, zum gegebenen Zeitpunkt diese Beziehung wenn nötig mit Gewalt zu lösen.

Ein geistiger Führer auf dem Weg soll und kann der Arzt nicht sein. Hier wandten sich sowohl Jung als auch die späteren Psychotherapeuten, die wie Fromm und Karen Horney eine Vereinigung der drei Schulen anstrebten, zur Hilfe an die traditionellen Kirchen. Doch auch das religiöse Gebiet selbst wurde in den Bannkreis des revolutionären Denkens hineingezogen. Während die Kirchen sich auf evolutionäre Weise der neuen Wirklichkeit anzupassen suchen – ein Beispiel ist etwa das ökumenische Konzil, das die Vereinzelung der christlichen Bekenntnisse zu überwinden sucht, ein anderes die protestantische dialektische Theologie von Karl Barth –, entstanden unabhängig voneinander verschiedene esoterische Bewegungen, welche die Frage der Beziehung vom Menschen zur Transzendenz auf eine radikal neue Weise stellten.

Im Anschluß ans biologische Denken läßt sich das Buch ›Cosmic Consciousness‹ (1895) des kanadischen Irrenarztes Bucke verstehen, der in enger Beziehung zu den amerikanischen Transzendentalisten Emerson und Walt

Whitman stand. Bucke stellte fest, daß jenes Erleben, welches frühere Zeiten als religiöse Erweckung oder mystische Erleuchtung bestimmt hatten, seit der Mitte des 19. Jahrhunderts immer häufiger auftauchte und den Menschen, die es erfuhren, als innere Wirklichkeit einen höheren Grad von Wahrheit bedeutete als die Teilnahme am traditionellen Ritus, wobei dieses Erleben manchmal gefühlsmäßig betont, manchmal intellektuell oder empfindungsmäßig als ungeheure Erweiterung des Gesichtskreises, als neue Bewußtseinslage betrachtet wurde.

Hieraus schloß der kanadische Psychiater, daß wahrscheinlich dieses Erleben bald im gleichen Sinne den Ausgangspunkt für den Durchschnittsmenschen bilden werde, wie etwa die christliche Bekehrung vor zweitausend Jahren. Die Beschreibung dieser Erfahrung ähnelt den Schilderungen der Zen-Meister und Yoga-Meister, doch mit dem Unterschied, daß das kosmische Bewußtsein nicht als Ergebnis langer Übung, sondern spontan, wenn auch oft in Zeiten tiefer Gemütsbewegung auftauchte.

Buckes kosmisches Bewußtsein ließ sich noch in den normalen Kategorien des wissenschaftlichen Denkens begreifen; der wesentliche Impuls der esoterischen Bewegungen kam jedoch aus Indien. 1828 hatte Raja Mohan Roy in Kalkutta den Brahmo Samaj begründet, um den Hinduismus von irrationalem Beiwerk zu befreien oder anders ausgedrückt die Begegnung mit dem Christentum fruchtbar werden zu lassen, während die hinduistische Orthodoxie seit Jahrhunderten in den scholastischen Systemen erstarrt war. Doch abseits von der hinduistischen und auch der islamischen Orthodoxie hatte es eine ungebrochene Folge einsamer Heiliger gegeben, die jenseits der Bekenntnisse die persönliche Gotteserfahrung weiterentwickelten. In den neunziger Jahren versuchte Madame Blavatsky, und im Anschluß an sie Annie Besant, die Grundgedanken des indischen mythischen Denkens in Zusammenhang mit den neuen Erkenntnissen der Wissenschaft und manchen Lehren dieser einsamen Meister in der Theosophie wiederzuerwecken, wobei diese Erweckung auch nationale Züge zeitigte; Annie Besant war eine der ersten Präsidentinnen der indischen Kongreßpartei, die seit der Selbständigkeit die Regierungsgewalt übernommen hat. Die Theosophie bemühte sich um eine synkretistische Verschmelzung der religiösen Traditionen durch Schaffung einer Theologie und eines Kultus, der christliche, islamische, parsische, taoistische und konfuzianische Elemente umfaßte. Die wissenschaftliche Ausrichtung der Theosophie wurde in der Anthroposophie Rudolf Steiners weiterentwickelt, der sich bald von der indischen Theosophie trennte und sein Hauptaugenmerk auf die Erziehung richtete, vor allem die Entfaltung bisher unberücksichtigter Anlagen der Psyche, der in seinem Lehrgebäude aber persönlichen Visionen und Erfahrungen die gleiche Bedeutung zuerkannte wie der Tradition, während die Theosophen ihre Erfahrungen im Lichte des traditionellen Hinduismus zu verstehen suchten. Die innere Erneuerung des Hinduismus selbst kam aber durch drei Weise, die der Tradition der einsamen Lehrer zugehörten und die drei mythischen Richtungen wiedererweckten: für die Tantrik Ramakrishna und sein Schüler Vivekananda; für den Vedanta der Saivas Ramana Maharshi, und für die Evolutionslehre der Vaishnavas des Bhaktiweges Aurobindo Ghosh.

Während die Theosophen die Religionen eklektisch zu

vereinigen suchten durch Aufdecken des Gemeinsamen, vor allem des ethisch-moralischen und mystischen Gedankengutes, erlebte Ramakrishna die innere Wahrheit aller Bekenntnisse durch persönliche Erfahrung, aber der wesentliche Gottesbegriff blieb ihm die göttliche Mutter. Er ging nicht den orgiastischen Weg des Tantra, sondern den asketischen Liebesweg. Durch Versenkung in die Urmutter Kali und ihre Kraft, die der Ursprung der Schöpfung sei, erlange der Mensch das Heil auf kürzerem Weg als durch Reue und Übung. Im Vertrauen auf die Kraft der göttlichen Mutter, die Ramakrishna ein ständiges gegenwärtiges Erleben war, bis er zuletzt auch sie transzendierte, überwand er den Gegensatz von Triebhaftigkeit und geistiger Erfahrung, da beide aus der gleichen Wurzel stammten. Ergriffen von der Schau Ramakrishnas verwandelte sein Schüler Swami Vivekananda – der im Parlament der Religionen in Chicago um die Jahrhundertwende die tatsächliche Einheit der Religionen lange vor der ökumenischen Bewegung verkündete – dessen Impuls in eine missionarische Aufgabe, die sich einerseits der Versöhnung von Kultur und Religion im traditionellen tantrischen Sinn, andrerseits der aktiven Nächstenliebe, der praktischen Sorge für den Mitmenschen im christlichen Sinn widmete, welche im Hinduismus mit seiner engen Kastenverantwortung nur eine geringe Rolle gespielt hatte.

Sri Ramana Maharishi erlebte die Wahrheit des Vedantaweges, des Advaita. Mit siebzehn Jahren wurde ihm das erste Mal spontan ganz im Sinne des Kanadiers Bucke die kosmische Wirklichkeit, die Überschreitung der Todesschwelle in einem kataleptischen Zustand, wie er als letztes Ziel mancher Yogaübungen auftaucht, bewußt. In diesem Zustand erfuhr er eine Berufung, das einmal Erlebte als bewußte Ebene des Gewahrseins zu festigen, und er zog sich schweigend durch viele Jahre auf den Berg Tiruvannamalai bei Madras zurück, wo sich bald die ersten Schüler zu ihm gesellten. Die Einheit des inneren Selbst und der göttlichen Wirklichkeit, von Atman und Brahman, war ihm eine lebendige Erfahrung. Seine Lehre bestand in der Vertiefung der einzigen Frage: »Wer bin ich?« Wenn jemand zu ihm mit Sorgen kam, so pflegte er zu fragen: »Wer ist es, der fragt? Wer ist es, der Sorgen hat?« Unter dem Eindruck seiner überwältigenden Klarheit, ja Verklärung gelang es seinen Schülern und Besuchern, selbst in seiner Gegenwart zu diesem Ursein vorzustoßen und einen Vorgeschmack des wirklichen Lebens zu haben, das ihnen dann allein erst als Frucht langer Bemühungen wieder zuteil werden konnte.

Der Erneuerer des dritten Weges, Sri Aurobindo in Pondichery, begann seine Laufbahn als Revolutionär gegen die englische Oberherrschaft. Nach dem Erleben einer geistigen Berufung wandte er sich dem Entwicklungsgedanken zu. Für ihn handelte es sich fortan darum, die heute notwendig werdende geistige Stufe, die er als das Überselbst bezeichnete, als Schritt der Entwicklung zu verstehen, wie ja auch die Vaishnavas heute als neunte Inkarnation Vishnus Jagganath, den Gott der Technik, erwarten, mit welchem natürliche Evolution und geistiger Läuterungsweg verschmelzen sollen. Gleich dem indischen Dichter Rabindranath Tagore, der sich der kulturellen Erneuerung zuwandte und durch den die Künste wieder auf traditioneller Grundlage zu ihrem Recht kamen, war er sich des Wertes der europäischen Tradition bewußt, versuchte aber die Vereinigung der Evolutionsrichtungen nicht synkretistisch, sondern in einem echten kulturellen Gespräch zu erreichen.

Auch die Wirkung der Einsiedler wie Sai Baba in Bombay, der im Sinne Kabirs Hinduismus und Islam in sich vereinte, begann in der Öffentlichkeit Anklang zu finden. Der letzte Repräsentant dieser Richtung, Meher Baba, der als Perser der zoroastrischen Tradition entstammt, formuliert in seiner Botschaft die Einheit Gottes und aller Bekenntnisse in stärkster Weise, indem er sich und damit alle Menschen als göttliche Inkarnationen und Avatars bestimmt. Er erfaßt seine Aufgabe in der Ergebung in Gottes Willen, aber jenseits des islamischen heiligen Krieges oder der zoroastrischen Teilung in Himmel und Finsternis: es gelte den Willen ohne auch die kleinste Reserve der Gottheit zu überantworten; denn nur in der Überwindung der persönlichen Willkür lasse sich die wahre Erlösung erreichen.

Meher Baba schweigt seit vierzig Jahren: die wirkliche Einheit mit Gott liegt jenseits des Redens, welches der Welt angehört. Während der dreißiger Jahre fuhr er zu allen geheiligten Stätten der Welt, um dort die göttliche Gegenwart zu meditieren; und während des Zweiten Weltkrieges widmete er sich denjenigen gottergriffenen Menschen, die vom gewöhnlichen Gesichtspunkt als verrückt bezeichnet werden, doch nicht im normalen Sinne krank sind, sondern in einer absurden Weise die Gotteskindschaft zu verwirklichen suchen, ähnlich wie die seltsamen chinesischen buddhistischen Heiligen.

Mit Beginn des neuen kosmischen Zeitabschnittes 1962 verkündete er die Einheit aller Wege: sein Anspruch, daß er die Gottheit verkörpere, ja sei, ist als Anruf zu verstehen, in besonders provozierende Form gekleidet, daß unterhalb der Vereinigung mit der Gottheit und der Überwindung des sterblichen Ichs ein menschengemäßes Leben auf der Erde nicht mehr zu verwirklichen ist.

Von der islamischen Erneuerung drang nur wenig über den Kreis der Bruderschaften hinaus, die sich selbst wie erinnerlich jenseits aller Bekenntnisse betrachteten. Der kaukasische Philosoph G. I. Gurdjieff vereinte die Lehre der Bruderschaften mit der christlich-orthodoxen esoterischen Überlieferung im Sinne des Dionysios Aeropagita. In seiner Jugend schloß er sich einer Gruppe von Forschern an, den ›Wahrheitssuchern‹, die es sich zur Aufgabe setzten, das verstreute Wissen über den menschlichen Entwicklungsweg wieder zu sammeln. Im Laufe seiner Reisen kam er in Kontakt mit der Bruderschaft Sarmoun; und während die anderen Mitglieder seiner Gruppe dort blieben, da sie das Ziel gefunden hatten, sah er seine Aufgabe darin, dieses Wissen für die kommende Zeit in eine neue Form zu gießen.

Er bildete 1915 in Moskau eine Gruppe, die sich später nach der Revolution in Paris etablierte und vor allem durch seinen Schüler Ouspensky im angelsächsischen Bereich bekannt wurde.

Die Schwierigkeit der esoterischen Bewegung war gewesen, daß der Läuterungsweg die Abgeschiedenheit von der Zivilisation verlangte, welche heute kaum jemandem mehr auf der Welt erreichbar ist. Gurdjieff formulierte seine Lehre als neuen ›Vierten Weg‹: Es gelte die Wirklichkeit selbst, das alltägliche Leben zum geistigen Arbeitsfeld zu machen, die Arbeit an den Dingen in Arbeit an sich selbst zu verwandeln. Während die meisten Seelenärzte nach Harmonisierung des Gemüts strebten, versuchte er den Gegensatz im Menschen zu akzentuieren:

Nur in bewußter Trennung von absichtlichem Leiden – der dauernden Übung der Selbstüberwindung im Aufsuchen von Schwierigkeiten im Gegensatz zur heutigen Kultur des Sichleichtmachens – und bewußter Arbeit im Studium der Weltgesetze, die allerdings der zeitgenössischen Wissenschaft zum großen Teil verborgen sind, da zu ihrer Erkenntnis eine andere Bewußtseinslage notwendig ist, kann der Mensch eine innere Spannung erzeugen, in der seine Seele der Klärung und Befreiung fähig wird. Gurdjieff verkündete, daß alles Heil in unserer Zeit nur durch Arbeit an sich selbst erreicht werden könne. Seinen Weg hielt er geheim, obwohl immer wieder Nachrichten über seine Tätigkeit an die Öffentlichkeit drangen. Die Geheimhaltung war ein wesentlicher Teil der Gruppenarbeit, weil die persönliche Anstrengung, ja die verzweifelte Suche nach der Wahrheit nach vielen Enttäuschungen gerade die Möglichkeit gibt, aus der Welt des Scheines in die wahre Wirklichkeit aufzusteigen.

Zuerst versuchte er das Wissen der menschlichen Läuterung in systematischer Weise seinen Schülern zu übermitteln. Doch als er sah, daß dieses Wissen zu bloßer Kenntnis im wissenschaftlichen Sinn entartete, schrieb er es in verschlüsselter Weise in Form eines kosmischen Märchens ›All und Alles, oder Beelzebubs Erzählung an seinen Enkel‹ nieder, dessen ausdrücklicher Zweck es sein sollte, die falsche Sicherheit des Welt- und Selbstverständnisses zu zerstören: Beelzebub sei wegen Auflehnung zur Sühne vom Weltzentrum auf den fernen Planeten Erde verbannt worden und erzählt jetzt seinem Enkel das seltsame Gehaben der Erdbewohner. Der zweite Band dieses Werkes bringt in Form einer Lebenserinnerung an bedeutende Persönlichkeiten die Komponenten der wirklichen

Erfahrung; und der dritte Teil, der nur für den inneren Schülerkreis bestimmt war, unter dem Titel ›Die Welt ist nur wirklich, wenn ich bin‹ die tatsächlichen Übungen.

Gurdjieff wählte als Mittel seines Lehrens die Bewegung, den Tanz. Die falsche Einstellung des Menschen, der zum Homo sapiens berufen ist, sich aber als Pseudo-Instinktwesen gebärdet, welches gleich einer – allerdings nicht mechanischen, sondern kybernetischen – Maschine von außen gesteuert wird, äußert sich in seiner Konditionierung als Bündel von pawlowschen Reflexen. Bekanntlich ist es das Wesen des Gedächtnisses, daß ein Reflexbogen dann in Tätigkeit tritt, wenn ein Teil seines Ablaufs stimuliert wird; daß also ein Hund, der sein Essen immer in Verbindung mit einem Klingelzeichen erhielt, auch dann Speichel absondert, wenn das Klingelzeichen allein ertönt. Im gleichen Sinne ist jede menschliche Körperhaltung mit einer bestimmten seelischen Stimmung und geistigen Assoziationskette verknüpft. Da nun der Körper leichter als Seele und Geist der Einwirkung zugänglich wird, ist das beste Mittel, um die Sklaverei der Reflexe zu durchbrechen, diesen in ungewohnte Stellungen zu bringen – also nicht harmonische Tänze nach natürlichen Rhythmen zu vollziehen, sondern ungewohnte Bewegungen auszuführen und damit einerseits sich selbst aus neuer Sicht zu erleben, andrerseits aber auch die in Reflexbahnen fixierten Energien zu befreien, um ein größeres Potential an Aufmerksamkeit zu gewinnen, welches die Voraussetzung einer wirklichen Arbeit an sich selbst bildet.

Ein Mensch allein wird nicht imstande sein, sich in diese Lage zu versetzen, weil er sie nicht kennt; hierzu ist die Arbeit einer Gruppe nötig; vor allem, um die ›Puffer und Schranken‹, wie Gurdjieff die Verdrängungen bezeichnet, abzubauen, die nicht nur bei der multiplen Persönlichkeit, sondern bei jedem Menschen unzählige Teilpersönlichkeiten voneinander trennen. Lichtenberg verkündete, und Ernst Mach hat es aufgenommen, daß das Ich nicht eine Wirklichkeit, sondern ein Postulat sei; Gurdjieff ergänzte ihre These dahingehend, daß die Einheit des Ich nicht aus dem Rousseauschen guten Willen, sondern nur über technisch-methodische Kenntnis im Sinne des Yoga zu erreichen ist. Das Erreichen eines wahren Ich als Wesenskern ist nicht Erbrecht oder Naturnotwendigkeit, sondern das höchste Ziel der menschlichen Existenz. Gurdjieff bezeichnete dieses Ziel als kosmisches Individuum, das kosmologisch nicht mehr auf die Erde beschränkt ist, sondern im Rahmen des Sonnensystems Unsterblichkeit erreicht. Er veranschaulichte dies im kosmologischen Schema des ›Schöpfungsstrahls‹:

↓	0	das Absolute		
	3	die manifestierte Gottheit		
Involu-	6	Milchstraßen		
tion	12	Sonne	Wollen	↑
	24	Planeten	Denken	Evolu-
	48	Erde	Fühlen	tion
	96	Mond	Empfinden	

Der Mensch hat – ganz wie im Yoga – an allen sieben Schöpfungsbereichen teil. Doch ist er, falls er sich nicht bewußt entfaltet, unter dem Einfluß von so vielen Gesetzen und Impulsen – 96 im Empfinden, 48 im Fühlen, 24 im Denken –, daß er diese nicht integrieren kann. Nur auf der Ebene der Sonne ist eine Integration des Willens im zwölffältigen Rahmen der Sonnenbahn gegeben.

Daher gilt es, alle menschlichen Tätigkeiten einerseits im Rahmen der zwölf Gebiete zu integrieren und andrerseits im Enneagramm (s. S. 246 f.) die Sprache, die Welt der Begriffe so weit zu reinigen, daß sie die Integration möglich machen. Sinnvolles Leben setzt voraus, daß das Bewußtsein eine Ebene erreicht, in welcher die Lebensgleichung überhaupt lösbar wird.

Diese Erweckung des Bewußtseins im Einklang mit dem Gewissen sah Gurdjieff – in seiner Vision des Propheten Ashiata Shemash – als Aufgabe der Zukunft. Die Impulse Liebe, Glaube und Hoffnung seien unwirksam geworden. Doch jeder Mensch könne realisieren, daß seine Bewußtseinslage nicht der Wirklichkeit entspricht, daß er in seinem durchschnittlichen Zustand in gleichem Maße von äußeren Einflüssen abhängig ist wie eine (kybernetische) Maschine; und daß daher die Aufgabe, diesen Zustand zu verwandeln, vor alle anderen Anliegen zu treten habe.

Indische, islamische und auch Gurdjieffsche Esoterik blieben im Rahmen der Übung stehen. Sie waren esoterisch in dem Sinne, daß sie die Erlösung nur für kleine Gruppen von Menschen für möglich hielten, welche die Anstrengung bewußt unternehmen, der Sklaverei der falschen Bewußtseinslage zu entrinnen. Aber nicht nur der Mensch, auch die Gestaltung seiner Welt zeigt ein falsches Bild seiner Wirklichkeit. So gilt es auch diese zu verwandeln. Dies war einerseits das Ziel der künstlerischen Esoterik, andrerseits der Kulturphilosophie.

Die Revolution der modernen Kunst der Jahrhundertwende läßt sich in vielen Hinsichten mit der Wandlung des wissenschaftlichen Weltbildes vergleichen. In beiden Fällen ging es darum, alte Begriffe und Synthesen, das perspektivische Weltbild zu vernichten und auf die Elemente selbst, die Farben, Töne und Formen zurückzugehen und ihre möglichen Kombinationen zu erfassen. Kubismus und Dadaismus, Surrealismus und Konstruktivismus oder Funktionalismus in Malerei und Dichtung versuchten, das verfälschte bürgerliche Weltbild in die ursprüngliche naive Schau zurückzuführen. Doch in zwei Werken kam das esoterische Anliegen unverfälscht zum Durchbruch: einerseits bei Gustav Meyrink und andrerseits bei Josef Matthias Hauer.

Prag unterschied sich auch noch im endenden neunzehnten Jahrhundert vom übrigen Europa durch die Tatsache, daß die esoterischen Traditionen weiter gepflegt wurden; daß also die hintergründige Welt ebenso Gegenstand des Interesses blieb wie die vordergründige Alltagserfahrung. Nicht ohne Anlaß hatte Madame Blavatsky in ihrer Lehre von den Meistern – Menschen oder Impulse, die die Sphäre der Inspiration beherrschen – den europäischen Meisterimpuls mit Prag identifiziert. Um die Jahrhundertwende hatte sich nun in Prag eine Gruppe gebildet, deren prominenteste Vertreter der tschechische Dichter Weinfurter und Gustav Meyrink waren, die nun bewußt, ähnlich den Wahrheitssuchern Gurdjieffs in Asien daran gingen, die esoterischen Überlieferungen nicht wissenschaftlich im Sinne der Spiritisten, sondern experimentell am eigenen Leibe auf das traditionelle Ziel der Erleuchtung hin zu prüfen und durchzuexperimentieren. Nach einiger Zeit – so schrieb Weinfurter in seinem ›Brennenden Dornbusch‹ – erhielt die Gruppe Führung aus der Wiener christlichen Esoterik, und ihre Mitglieder gelangten zu Erfahrungen, die viele der traditionellen Behauptungen bestätigten.

Während Weinfurter und seine Freunde fortan persönlich den mystischen Weg gingen, setzte sich Meyrink eine andere Aufgabe: nämlich dem größeren Publikum vor der kommenden Weltkatastrophe, die dann kurz nach seinem Tode 1932 mit der erwarteten Schärfe, wenn auch weniger spektakulär als vermutet hereinbrach, die Verbundenheit der jenseitigen mit der diesseitigen Welt sowohl in ihren Tiefen als auch in ihren abstrusen und absurden Ausdrücken zu zeigen. Jedes seiner Bücher hatte einen anderen der traditionellen Wege zum Gegenstand: der ›Golem‹ den kabbalistischen Weg, der ›Engel vom westlichen Fenster‹ den alchimistischen, ›Der weiße Dominikaner‹ den christlich-esoterischen, die ›Walpurgisnacht‹ den magischen und ›Das grüne Gesicht‹ den prophetischen Weg. Seine Novellensammlung ›Des deutschen Spießers Wunderhorn‹ zeigte die Wechselbezüge zwischen oberflächlicher Dummheit und einerseits falschem Okkultismus, andrerseits echten Einsichten in der Mischung, wie sie tatsächlich das zeitgenössische Leben bestimmte. Die kleine Novelle ›Der Uhrmacher‹ schilderte seinen im Traum geschauten eigenen Weg, der genau der Tradition mit ihren zwölf Schritten und sieben Stufen entspricht, wie wir sie immer wieder im Lauf der Geschichte kennengelernt haben.

Meyrinks Werk war nicht ein literarisches, sondern ein prophetisches Anliegen: Er wollte seinen Zeitgenossen die Wirklichkeit des Jenseits nicht in Form einer Predigt, sondern eines absurden Erlebens, einer Doppelgründigkeit ähnlich wie Kafka darstellen, sie an- und aufregen, damit der durch die Aufklärung vollzogene Bruch zwischen Todeswelt und Lebenswelt überwunden werde. Sein Roman ›Das grüne Gesicht‹ schließt mit den Worten, die auch das Motto seines Lebens sein könnten: »Er war hüben und drüben ein lebendiger Mensch.«

Gurdjieff wollte den Menschen durch Arbeit an sich selbst dazu bringen, die neue Bewußtseinslage zu erreichen, in welcher allein der Mensch der technischen Zivilisation gewachsen ist; Meyrink versuchte in der Fantasie Diesseits und Jenseits so zusammenzuschließen, daß beide Welten für seine Leser unbemerkt wieder zusammenflossen. Der nächste Denker, der Musiker Josef Matthias Hauer, kam aus der Notwendigkeit eines neuen Komponierens dazu, die Musik wieder in ihre ursprüngliche Rolle als Erkenntniswerkzeug, in der sie Pythagoras etabliert und die Renaissance gefestigt hatte – aus der sie aber einerseits durch den Einfluß der Wiener Klassik und andrerseits des wissenschaftlichen Denkens verdrängt worden war –, einzusetzen.

Die Theorie des Boethius hatte die drei Bereiche der musica mundana als Spiegel des Makrokosmos, der musica humana als Spiegel der Triebsphäre und des Mikrokosmos und der musica instrumentalis als Spiegel der menschlichen Kultur unterschieden. Doch blieben sowohl Boethius als auch die Philosophen der Renaissance die kritische Begründung ihrer These schuldig, weshalb die Musiktheorie sich seit dem 18. Jahrhundert von dieser Dreiteilung abwandte und statt ihrer einerseits die Zweiteilung von ernster und populärer Musik annahm, andrerseits alle Melodien aus den Dur-Moll-Tonleitern ableitete, womit jede Beziehung zwischen Philosophie und Musik zerstört wurde. Zwar gelang es von Thimus und seinem Nachfolger Hans Kayser die pythagoräische Grundlage der Musik größtenteils aus den neuplatonischen Quellen zu rekonstruieren und damit die Harmonik als eigenständige Wissenschaft zu etablieren. Doch die entscheidende Wendung brachte Josef Matthias Hauer mit seinem Zwölftonspiel, welches die boethische Theorie kritisch fundiert hat.

Gleichzeitig mit Einsteins Relativitätstheorie erkannte Hauer, daß die Bevorzugung des Raumes vor der Zeit, der Ruhe vor der Bewegung im abendländischen Denken auch die Musiktheorie verfälscht hatte: Ausgangspunkt allen Musizierens ist niemals eine Tonleiter, sondern immer eine Folge von Tönen, eine Melodie. Unter Annahme von zwölf Tönen ergibt sich ohne Rücksicht auf die Tonhöhe eine ursprüngliche Fülle von 479 001 600 Zwölftonreihen, die als das Rohmaterial der Musik zu gelten haben und ihre Ordnung in 44 ›Tropen‹ oder Wendungsgruppen der Intervalle haben, die den Strichdiagrammen des I Ging entsprechen.

Die Musik entfaltet sich zwischen zwei Polen: einerseits der Obertonreihe, die arithmetisch dem Gesetz der ganzen Zahlen folgt, und andrerseits den Intervallen, welche sich nur über das geometrische Mittel aufeinander abstimmen lassen. Im Gegensatz zu den zeitgenössischen Musiktheoretikern betrachtete Hauer die temperierte Skala, die auf der Teilung der Oktave in zwölf gleiche Halbtöne beruht, nicht als Kompromiß, sondern als das Gesetz der musica mundana, und die Obertonreihe als das Gesetz der musica humana. Als einfachste Verbindung der beiden prägte er das auf zwölf Vierklängen gegründete Zwölftonspiel als Grundlage einer philosophischen Musik im Sinne der musica instrumentalis. Diese habe weniger eine künstlerische als vielmehr eine kathartische Bedeutung: Durch Vernehmen eines Zwölftonspiels befreit sich der Mensch aus den tonalen Assoziationen, die dem stärksten Impuls folgen, und erreicht in sich die Ausgeglichenheit, die innere Ruhe, welche bei allen esoterischen Überlieferungen die Voraussetzung eines sinnvollen Lebens gebildet hat.

Esoterisch war Hauers Zwölftonspiel darin – und damit vergleichbar dem Sprachspiel Wittgensteins –, daß es als Ziel die Erreichung einer Bewußtseinslage anstrebte, welche dem Menschen Klarheit und Ruhe vermittelt; hier war sein Streben eines Sinnes mit dem der anderen Esoteriker. Doch betrachtete er Musik nicht nur als Kunst, sondern auch als Grundlage allen Wissens. Musik ist nicht nur die sinnliche Wahrnehmung von Tönen und Intervallen, sondern sie spiegelt auch die Gesetze der beiden anderen Welten, des Mikrokosmos und des Makrokosmos. Mikrokosmisch hat der Kohlenstoff als Grundelement des organischen Lebens mit seinen sechs Protonen, sechs Neutronen und vier Valenzen die gleiche Strukturierung wie das Hauersche Zwölftonspiel. Die Gewichtsabweichung der Protonen und Neutronen von der Ganzzahligkeit im ›Packungseffekt‹ entspricht der Abweichung der arithmetischen von der geometrischen Stimmung, wie wir sie schon bei Pythagoras darstellten. Auch die anorganische Materie läßt sich in musikalischer Gesetzlichkeit begreifen.

Hieraus ergaben sich bei Hauer viele Ansätze für weitere wissenschaftliche und philosophische Forschungen, welche zum Teil, zusammen mit der Harmonik Hans Kaysers, in meinem Buch ›Klaviatur des Denkens‹ ausgeführt worden sind.

Die Entsprechung der makrokosmischen Planetenumläufe zu musikalischen Harmonien hatte bereits Kepler nachgewiesen. Nehmen wir nun noch die Gurdjieffsche

These hinzu, daß der Mensch nur im Rahmen des Zwölfergesetzes zur Integration seines Wesens und Wissens kommen kann, so zeigt sich die Berechtigung des Hauerschen Postulats, das auch Kayser vertreten hat, demzufolge nicht nur Mathematik und Logik, sondern beide vereint mit dem Tonsystem den Rahmen des natürlichen Systems der Philosophie zu bilden hätten.

Hauer eröffnete Ausblicke in dieser Richtung; die Brücke zwischen Wirklichkeit und Musik zu finden war nicht sein Anliegen. Er beschränkte sich darauf, sein Zwölftonspiel als musica instrumentalis so zu vervollkommnen, daß es kommenden Generationen als grundsätzliche Grammatik der Tonwelt dienen könnte.

Die unmittelbare Durchdringung der menschlichen Wirklichkeit war dagegen das Anliegen der vier Kulturphilosophen Leo Frobenius, Oswald Spengler, Graf Hermann Keyserling und Pierre Teilhard de Chardin, mit denen wir zum Abschluß des ganzheitlichen Denkens kommen.

Die Anfänge der Kulturphilosophie liegen bei Taine und Gobineau im 18. Jahrhundert; sie waren die ersten, die die menschliche Gesellschaft auf rassische und kulturelle Triebfedern zurückführen wollten. Doch erst in Houston Steward Chamberlains ›Grundlagen des neunzehnten Jahrhunderts‹, das um die Jahrhundertwende erschien, gewann dieses Denken eine konkrete Form. Wie die Biologen die Wirklichkeit der Triebe bestimmten, so erkannte Chamberlain rassische und völkische Determinanten als Faktoren der Geschichte und der Politik.

Von der Kulturgeschichte im Sinne Burckhardts unterschied sich Chamberlain durch seine Ablehnung der traditionellen Werteskala. Alles, was wirksam war, sollte gleichmäßig zur Darstellung kommen, wobei ihm nicht zu Bewußtsein kam, daß damit anstelle traditioneller Wertungen nur seine eigenen Vorurteile maßgebend wurden. Dies war den Nachfolgern aber offensichtlich, und so suchten sie zu einer objektiven Grundlage vorzustoßen: Frobenius in der Lehre des Zusammenhangs von Kultur und Landschaft im Raum, Spengler in seiner ›Morphologie der Weltgeschichte‹ in der qualitativen Zeit und Hermann Keyserling im Begriff des Sinnes und des Stils.

Für Leo Frobenius vollzog sich die Kulturgeschichte nicht in Form von Eroberungen und Staatsgründungen aus dem aktiven ›Ergreifen‹, sondern ›von Ergriffenheit zu Ergriffenheit‹: die Landschaftsseele jedes Kontinents und jedes Kulturgebiets hat nur ganz bestimmte Ausprägungsmöglichkeiten; diese offenbaren sich allein jenem Volk, das sich ihnen hingibt.

Schon LeBon hatte erklärt, daß die Völker nicht durch ihre Institutionen regiert würden, sondern durch ihren Charakter. Frobenius ging einen Schritt weiter: nicht nur das Volk in seiner geschichtlichen Entfaltung, sondern auch die Erde, die Landschaft und die klimatischen Verhältnisse haben einen kulturprägenden Charakter. Er beschrieb diesen vor allem in Afrika, dessen Kulturen er als erster systematisch erforschte, allerdings in ganz anderem Sinn als die wissenschaftliche Völkerkunde. So achtete er zum Beispiel darauf, welche Zahlen im Vordergrund des Bewußtseins stünden; die Drei deute auf eine männlich-patriarchalische Kultur, die Vier auf ein Matriarchat.

Das Denken von Frobenius setzte sich in mannigfacher Hinsicht fort. Eine praktische Anwendung suchte Haushofer mit seiner Geopolitik, einer Wissenschaft, die aus dem Verständnis der landschaftsgebundenen Kulturen

Rückschlüsse auf die Politik zu ziehen trachtete. Der Gegenpol von Frobenius, Oswald Spengler, 1880–1931, sah den Ansatz zur Kulturkritik in der Zeit anstelle des Raumes. Er untersuchte in seinem berühmten Werk ›Untergang des Abendlandes‹, unter welchem Titel seine ›Morphologie‹ erschien, die Stileinheit und -abfolge der Kulturen: Die Musik von Johann Sebastian Bach, die Architektur des Barock, die absolutistische Staatstheorie und die Philosophie des Rationalismus ließen sich aus einem Stilgefühl, einem Geist heraus begreifen. Solch ein Stil erfasse alle Lebensgebiete. Doch unterliege er zyklischen Wandlungen; es ließen sich über lange Zeiträume hinweg historische ›Gleichzeitigkeiten‹ erkennen, wie etwa zwischen der jonischen Aufklärung der Vorsokratiker und der französischen, oder zwischen dem Hellenismus und dem ausgehenden 19. Jahrhundert. Gleich wie Tiere vor dem Aussterben ihrer Art wie die Ammoniten in der Erdgeschichte Riesenwuchs erreichten, ebenso ließe sich eine überdimensionierte Architektur wie der spätrömische Stil oder der Bau der Neuen Wiener Hofburg als Ende einer Epoche deuten. Nicht alle Entwicklungen seien jedoch echt; es gebe auch Pseudomorphosen, wo eine Kultur sich in der Gestalt einer fremden zufällig entfaltet und so untypische Züge zeigt.

Der dritte Kulturphilosoph Hermann Keyserling, 1880–1946, aus Livland gebürtig, war ursprünglich Geologe und wandte sich unter dem Einfluß Chamberlains der Philosophie zu. Der Ausgangspunkt seines Denkens war einerseits die Mathematik und Weltrhythmik, die später von Hauer geforderte Gleichsetzung von Zahl und Musik als Grundlage einer philosophischen Mathematik, die er in seinem ›Gefüge der Welt‹ 1905 entwickelte, andrerseits der perspektivische Ansatz seiner ›Prolegomena der Naturphilosophie‹: nur eine Vielzahl von Gesichtspunkten sei befähigt, die Ganzheit der Erfahrung zu erfassen. Wie man etwa ein Pferd vom anatomischen, physiologischen und biologischen Blickwinkel betrachten könne und jeder andere Erkenntnisse vermittle, so müsse man in jedem Fall eine Mehrzahl von Koordinaten annehmen, um der Wirklichkeit ganzheitlich gerecht zu werden. Die wesentliche Anwendung dieser Auffassung brachte sein ›Reisetagebuch eines Philosophen‹, das unter dem Motto erschien: »Der kürzeste Weg zu sich selbst führt um die Welt herum.« Nicht das Allgemeine, also die abstrakte Systematik, sondern der einzelne sei der Gegenpol des Universellen. Daher gelte es zur Entfaltung der Persönlichkeit diese mit der Gesamtheit der menschlichen Kulturschöpfungen zu konfrontieren, und zwar nicht mit deren formalem Grund, sondern ihren lebendigen, geschichtlich gewordenen Gestalten, wie sie sich nun einmal entwickelt haben.

Auf Grund dieses Buches wurde Hermann Keyserling nach Verlust seiner Güter in der Folge der russischen Revolution vom Großherzog von Hessen eingeladen, die Erkenntnisse des Reisetagebuchs in einer Institution fruchtbar werden zu lassen, die dann 1920 als ›Schule der Weisheit‹ in Darmstadt eröffnet wurde. Ihr Ziel war die Vorbereitung der Menschheitsökumene, insofern ausschließliche Richtungen vom persönlichen Standpunkt ihrer Vertreter in den Tagungen von 1920 bis 1927 unter Generalthemen wie ›Gesetz und Freiheit‹, ›Weltanschauung und Lebensgestaltung‹, ›Mensch und Erde‹ zu Wort kamen, um im Zuschauer das Bild der geistigen Einheit des Planeten aufscheinen zu lassen. Nicht nur die verschiedenen Bekenntnisse wie Katholizismus und Protestantismus, Islam und Buddhismus, sondern auch die soziologischen und wissenschaftlichen Standpunkte vieler der bisher zitierten Persönlichkeiten wie Jung, Frobenius, Scheler und Driesch kamen dabei zur Erörterung. Ihr Ziel war nicht eine Wissensvermehrung – eine Diskussion der Standpunkte wurde abgelehnt –, sondern die Vereinigung von geistigem Wachstum und seelischer Läuterung als ›Neuverknüpfung von Geist und Seele‹.

Voraussetzung dieser Neuverknüpfung war nun die Erkenntnis der Kulturen als Verwirklichungsfeld des persönlichen Geistes in der Relativierung ihres Eigenwertes. Der Durchbruch zu dieser Auffassung gelang Hermann Keyserling unter dem Eindruck Südamerikas 1929 in seinen ›Südamerikanischen Meditationen‹. Jede Kultur läßt sich als besondere Verknüpfung von vier Koordinaten bestimmen: einer Triebgrundlage, die er mit dem spanischen Wort Gana, blinder Lebenswille, bezeichnete; die Delicadeza als Ordnung der Empfindungen, die er als eigenen Bereich etablierte; ferner die rationale Ordnung, die sowohl das intellektuelle Leben als auch die Ordnung der Gesellschaft im soziologischen Sinne bezeichnet, und schließlich die emotionale Ordnung, die auf den Gefühls-

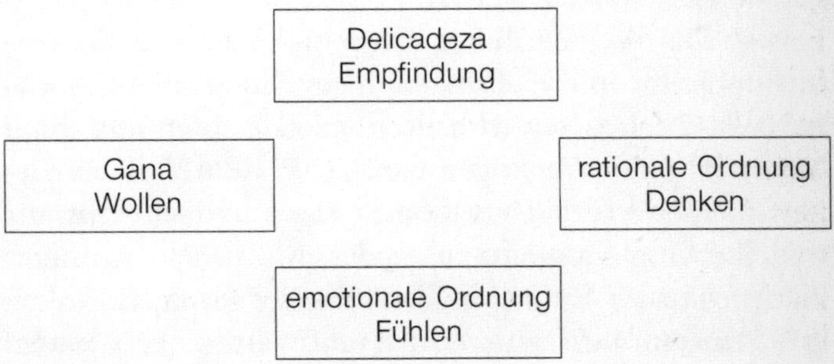

beziehungen beruht. Jedes Volk stellt sich nun als ein bestimmtes Verhältnis dieser vier Komponenten dar, die je nach Geschichte und Landschaft in anderer Gewichtsverteilung und Kombination auftreten.

In sich hat keine Kultur einen substantiellen Wert; die heutigen Franzosen halten aus den gleichen Gründen an ihrer literarischen Kultur fest wie die Kanaken am Kannibalismus: aus Gewohnheit. So gelte es, den entscheidenden Punkt in der Kultur zu bestimmen, wodurch diese sich aus der Trägheit in die Freiheit erheben kann. Dies ist der Einbruch des Geistes, der die blinde Lebenskraft erleuchte, wie es im Bibelspruch »Es werde Licht« zum Ausdruck kam.

Die zähflüssige Gana birgt in sich die Welt des Mythos, das Tor zur möglichen Überwindung des Todes. Kennzeichen des unerlösten Menschen sei die ›Traurigkeit der Kreatur‹, Kennzeichen des befreiten die Freudigkeit. Der Aufstieg von der Traurigkeit zur Freudigkeit führt nicht über die emotionale, rationale oder Delicadeza-Ordnung, sondern nur über die zwei Urausdrücke des Geistes im befreiten Wollen: den Mut und den Glauben; Glaube als Selbstbehauptung des Geistes, und Mut im Sich-Stellen der Wirklichkeit, auf daß diese in ihrer Ganzheit zum Feld der Bewährung werde.

In seinen Werken über Europa und Nordamerika versuchte Hermann Keyserling die Vorstellung eines objektiven Werts der einzelnen Kulturen zu zerstören und ihren bloßen Materialcharakter aufzudecken. Kein Volk verkörpere einen Wert, jeder nationale Hochmut sei nicht nur ein Widersinn, sondern führe den Menschen in immer tiefere Verstrickung an die Trägheit der Gana. Gewohnheit sei der eine Feind geistiger Entfaltung. Das innere

Wachstum verlange vom Menschen, jedes Ereignis als Anlaß zur Selbstverwirklichung zu erkennen. Auch die gestalteten Religionen gehören der Welt der Verhärtung zu. Niemals ist im Buchstaben der Sinn, sondern es gilt diesen von Fall zu Fall durch aktive Sinngebung zu erwecken.

Aus dieser Einstellung wandte sich der Philosoph anschließend in den dreißiger Jahren den persönlichen Problemen zu, um auch hier eine Richtigstellung der Bezeichnungen im konfuzianischen Sinn vorzunehmen; es gelte jegliche Gestaltung und Bildung aus ihrer Eigenform zu lösen, aus der traditionellen Wertung zu befreien und sie in das Feld der Bewährung zu stellen, ganz im gleichen Sinne wie das 13. Kapitel der Bhagavad Gita die irdische Existenz bestimmte.

Wissenschaftliche Wahrheit gehört immer der Ebene der Buchstaben zu. Es gelte aber nicht nur die wissenschaftliche Erkenntnis, sondern die gesamte Erfahrung in das ›Weltalphabet‹ zu verwandeln, mittels dessen der einzelne seinen persönlichen Sinn ausdrückt, wobei diese Verkörperung, im Gegensatz zur religiösen Entweltlichung, den künftigen Weg zur Vollendung darstelle.

Auch den Mitmenschen gelte es der gleichen Wertung zu unterziehen, ihn als Vorbild oder Sinnbild des eigenen Strebens aufzufassen, wie dies der Philosoph einerseits in ›Menschen als Sinnbilder‹ und andrerseits in seiner ›Reise durch die Zeit‹ darzustellen versuchte. Erst auf dieser Ebene ergibt sich der wahre menschliche Kontakt im Gegensatz zur Banalität und Trivialität des Alltagslebens. Die Ebene der Selbstverwirklichung und damit der Sinnesphilosophie sei nicht die Wissenschaft, die als letztes Ziel die Erkenntnis hat, sondern die Kunst, bei der die Erkenntnis der Beherrschung des Gestaltungsmaterials dient, wie etwa der Maler die Gesetze der Farbmischung oder der Musiker jene von Harmonie und Rhythmus zu kennen hat. Weder Geist noch Körper bestimmen die Ebene der Kultur, sondern diese gestaltet sich im Zwischenreich der seelischen Beziehungen. Die Gefahr der Existenz ist die Verhärtung im Zwischenreich; diese kann nur überwunden werden, wie in seinem Alterswerk ›Das Buch vom Ursprung‹ erläutert wird, wenn der Weg nach beiden Ursprüngen, dem geistigen wie dem körperlichen, offen bleibt.

Für Hermann Keyserling war das wesentliche Anliegen die Bestimmung der Kulturen als Verwirklichungsfeld der Persönlichkeit. Der letzte ganzheitliche Denker, Pierre Teilhard de Chardin, bemühte sich, beide Wurzeln der Kultur in ihrem Sosein zu erkennen und damit die Rolle des Menschen in der Welt sowohl biologisch als auch religiös zu bestimmen.

Teilhard de Chardin, der Geologie und Biologie studiert hatte, gehörte dem Jesuitenorden zu. Seine entscheidende Entwicklung erfolgte in China, wo er dreißig Jahre weilte und im universistischen Geiste eine mögliche Versöhnung von Naturwissenschaft und Religion erahnte. Bekanntlich wollte er die These der Evolution mit der Tradition der Kirche versöhnen. Doch Teilhard ging dieses Problem nicht als biologischer Darwinist an, sondern er strebte nach einer Synthese, von welcher die katholische Lehre und die Evolutionstheorie komplementäre Aspekte darstellen würden. In diesem Sinne interpretierte er den biblischen Schöpfungsbericht, in dem er eine Schilderung der geologischen Stadien der Erdgeschichte vermutete, von der Erschaffung des Lichtes als Ursprung allen Lebens am ersten Tag bis zur Erscheinung des Menschen am sechsten Tag und vor allem der Geburt eines neuen Bewußtseins – der Fähigkeit der Überlegung und der Entscheidungsfreiheit – im Zeichen der göttlichen Ruhe des siebten Tage.

In dieser Schau wurde der Mensch nicht mehr, wie seit der alexandrinischen Gnosis, in Gegensatz zur Natur gestellt, sondern galt gleichsam als ihr integrierender Faktor. Doch Teilhard zog seine Schlüsse noch weiter: Diese Möglichkeit der freien Willensentscheidung und der Reflexion wäre schon seit Beginn der Schöpfung deren Ziel gewesen, in dessen Licht allein man die verschiedenen Stadien der Naturreiche verstehen könne. Schon um das Atom zu begreifen, müsse man seine Zielstrebigkeit auf den Kohlenstoff als Urbaustein des organischen Lebens erkennen. Und die Sprünge, die Mutationen, die wir in der geologischen Geschichte immer wieder beobachten, bilden sie nicht einen unumstößlichen Beweis für die Tatsache, daß die Natur eine bewußte Schöpfung ist, welche von Anfang an auf die Erscheinung des Menschen hinzielte?

Um Mißverständnisse zu verhüten, bezeichnete sich Teilhard als Pantheisten, wohl darüber bewußt, daß diese These ihn in Gegensatz zur herrschenden Dogmatik brachte. Doch war seine Vorstellung der Gottheit keineswegs immanent und pantheistisch im häretischen Sinn, sondern transzendent: die Schöpfung war für Teilhard das Werk und keineswegs die Emanation des persönlichen Schöpfergottes. Den Beginn dieser Schöpfung bezeichnete er als den Punkt Alpha der Evolution, in deren Endstadium der Mensch dereinst, in der Entwicklung seines Bewußtseins zur Reife, den persönlichen Gott wieder erreichen wird. Dieser Zielpunkt Omega der natürlichen Evolution sei in der christlichen Offenbarung vorgegeben. Religion beziehe sich nicht auf die Vergangenheit, sondern auf die menschliche Zukunft, auf den möglichen Weg zur Erreichung der Ganzheit oder des Heils. Daher könne es auch keinen Widerspruch zur Wissenschaft geben, deren Gebiet definitionsgemäß auf Gegenwart und Vergangenheit beschränkt bleibt.

Um die menschliche Bestimmung zu verstehen, bedeutet es letzten Endes das gleiche, ob man die natürliche Evolution beschreibt oder der Offenbarung folgt. Gott, Ursprung der Schöpfung und Endziel der Evolution, offenbare sich den sehenden Menschen auf allen Stufen der Natur.

Doch die Evolution verläuft nicht gradlinig und kontinuierlich – sie vollzieht sich in Sprüngen über die Mutationen. Um die Stufe der freien Willensentscheidung und Reflexion – des siebten Tages – zu erreichen, wo erst natürliche Entwicklung und religiöse Offenbarung zusammentreffen, müsse der Mensch eine Wandlung seines Bewußtseins durchmachen, eine echte Metanoia. Laut Teilhard ist die Notwendigkeit für diese Mutation, welche von jeher das religiöse Anliegen gebildet hat, in unserer geschichtlichen Epoche unausweichlich geworden. Um in der neuen technischen und industriellen Zivilisation, in welcher erst sich das dem Adam gegebene Versprechen Gottes erfüllt hat, daß er Herr der Natur sein werde, sinnvoll leben zu können, müsse der Mensch auch die letzten Überbleibsel des heteronomen tierischen Instinktes ablegen, unter dessen Herrschaft noch heute ein großer Teil der Menschheit dahinlebt. Er sollte bewußt den Weg zur Vermenschlichung, zur ›Hominisation‹ einschlagen, um die menschliche Zivilisation, die bis heute nur am Rande der Natur besteht, in eine ›Noosphäre‹ zu verwandeln, welche sich dem organischen Leben integriert wie die Atmosphäre der Erde. Die Hominisation, die Schaffung der Noosphäre als wahres menschliches und daher auch göttliches ›Milieu‹, werde aber eine Gesellschaftsordnung jenseits aller bisherigen regionalen Kulturen bilden und eine Synthese des Lebens bringen, reicher als je eine bestanden hat: die wahre ökumenische Menschheitskultur als Endziel und Vollendung der historischen Zivilisation.

Die Kulturphilosophie verstand sich als Erfüllung des ganzheitlichen Denkens, brachte aber letztlich eine Relativierung seines Absolutheitsanspruches, vor allem nachdem dieses sich in seinem Totalitarismus mit dem deutschen Nationalsozialismus gepaart hatte. So war die Nachkriegsgeneration mit Ausnahme der beiden antagonistischen soziologischen Denkstile, des amerikanischen Positivismus und des dialektischen Materialismus, skeptisch und relativistisch eingestellt. Die ›Entmythologisierung‹ der Religion zusammen mit den ökumenischen Bewegungen führte im Verein mit der technisch-wissenschaftlichen Revolution zu einer grundsätzlichen Wandlung, der keiner der traditionellen Stile mehr gewachsen war. Bei allen Völkern wurde der Abstand zur eigenen Tradition größer als jener zu anderen Kulturen, und auch der neuausbrechende Gegensatz zwischen Entwicklungsländern und Industrieländern äußerte sich dialektisch: als Auseinandersetzung auf dem gleichen Weg zum biologischen Wohlstand, für den die geistige Bemühung im Osten wie im Westen zum Überbau erklärt wurde. Die Betonung der Kulturautonomie bei den aus dem Kolonialismus befreiten Völkern Asiens und Afrikas darf nicht darüber hinwegtäuschen, daß diese der Politik und Wirtschaft untergeordnet bleiben. Der Schatten der Atombombe brachte eine globale Zerstörung aller Zivilisation in den Bereich der Vorstellbarkeit – amerikanische Denker behaupten, daß nach dem Gesetz der Wahrscheinlichkeit dieses Schicksal unausweichlich sei; eine Gesellschaft, die die Mittel zu ihrer Zerstörung in der Hand habe, würde sich in längstens fünfhundert Jahren vernichten. Utopien im Sinne Orwells und Huxleys trugen das ihre dazu bei, um die Zukunft ebenso wie die Geschichtsmodelle unglaubhaft, wenn nicht unerwünscht zu gestalten, und so schien die Menschheit an das Ende der Geschichte angelangt; ja in Gefahr, die Wandlung, die Mutation vom Homo faber in den Homo sapiens rückgängig zu machen – denn es war die technische Begabung, die den Menschen als Werkzeugmacher stärker als alle Tiere werden ließ, bis schließlich die Harmonie mit der Natur im Sinnbild des Paradieses verlorengegangen war. Alle Denkstile waren ein Versuch gewesen, die hieraus entspringende Angst zu überwinden. Die gleiche Rolle übernahm jetzt eine Dialektik, welche nun die wirtschaftliche Arbeit einer Muße im Sinne der Zerstreuung gegenüberstellte; mit dem Erfolg, daß die unbestimmbare Angst immer stärker zu werden begann, immer stärkerer Zerstreuungsmittel bedurfte, die sich im Westen in eine Übersteigerung des Konsums, im Osten einer solchen der Planung, und in den Entwicklungsländern in einer nationalen Hysterie ähnlich dem Faschismus zu äußern begann. Die geistige Einbeziehung der Todeswelt und Traumwelt im Sinne der Religionen verlor selbst für deren Vertreter ihre Glaubwürdigkeit, obwohl die offiziellen Stellen sich weiter mit dem Mantel der Tradition und Repräsentation schmückten. Und so kam es zu einer Revolution der Jugend gegen das ›Establishment‹ in allen Ländern der Erde, die die ehemals führenden Protagonisten in Ost und West in die Rolle der Konservativen drängte. Der Abbau der geschlechtlichen und sozialen Tabus führte zu einer Lebensform, die einen Bruch der historischen Kontinuität bewußt anstrebte: Wenn alle diktatorischen Kulturen sich nur im Sinne des Strukturalismus als ein möglicher Ausdruck gegebener Komponenten verstehen lassen, so ist nicht nur ihr absoluter, sondern auch ihr relativer Wert zu bezweifeln; denn schließlich ist keine bisher ein Ausdruck aller menschlichen Möglichkeiten gewesen, und sofern der einzelne seinen Sinn nicht mehr im Vorbild einer Persönlichkeit zu finden vermag – weil alle Menschen eine verschiedene Veranlagung besitzen –, so hat er dies um so weniger in einer nationalen Tradition. Hieraus entstanden die Bewegungen der Beatniks und der Hippies, welche teils in soziologisch frühere Formen wie jene des Stammes regredierten, teils aber eine neue Vertiefung über jene einzige und letzte Tradition zu finden versuchten, die bisher nicht im Rahmen der Weltkultur Aufnahme gefunden hatte: der indianischen von Nord- und Südamerika.

Die indianischen Kulturen sind nicht jünger als die Hochkulturen von Europa und Asien. Doch schienen sie mit der europäischen Eroberung endgültig vernichtet, wobei die Mayas und Inkas sich im Rahmen der Koordinaten der Stierzeit und Zwillingszeit, die der Stämme der großen Ebene der Zwillingszeit und Krebszeit begreifen ließen; beide hatten ihre Kontinuität durch Widder- und Fischezeit bewahrt.

Zwar waren Teile der indianischen Lebensform, der Ethos und das Kriegertum, bald in die Jugendromantik im Westen eingegangen; man denke nur an die Popularität von Coopers ›Lederstrumpf‹ und Karl May, der Boy Scouts etc. für die Gruppe der Sieben- bis Vierzehnjährigen: also jene Mentalität, die im Weltenjahr der Zwillingszeit entspricht.

Doch die wesentlichen Koordinaten des indianischen Denkens konnten erst in der Gegenwart, mit Anbruch der neuen kosmischen Periode der Wassermannzeit einbezogen werden. Sie bergen den Schlüssel, wie sich die Rückbindung zur Natur vom Bewußtsein her erringen ließe – ein Schritt vom Mythos zum Logos, der in seiner Bedeutung jene Wandlung des griechischen Denkens in den Schatten stellen mag.

Niemals ist den Indianern ein Zweifel an ihrer künftigen Aufgabe aufgestiegen. Die Mayas und Inkas gingen ihrer Vernichtung bewußt entgegen, erwarteten die spanischen Eroberer gemäß ihrer Prophezeiung ohne Widerstand; und die Hopis werteten nach zeitgenössischen Berichten die Explosion der Atombombe als Ankündigung der neuen Ära, in der sich die Problematik der Menschheit nicht mehr äußerlich kriegerisch, sondern im Bereich der Psyche mit der Gefahr von kollektiven Wahnsinnsausbrüchen abspielen soll. Und erst dann werde die Rolle der Indianer sich erfüllen, wenn nicht nur ihr Stamm, sondern alle Erdbewohner ihre wirkliche Aufgabe erkennen: der Natur, deren Teil sie bleiben, zur Entfaltung und Eingliederung in den Kosmos zu verhelfen.

Bei Teilhard blieb dies Anliegen eine dichterische Vision und die Wege zu deren Erfüllung verborgen; sein Werk ist eher die Schilderung eines Wunschtraumes als ein Einstieg in die natürliche Wirklichkeit. Bei den Indianern war dagegen die Kosmogonie von jeher auch innerlich verstanden worden. Dieser schied sich von verwandten Anschauungen dadurch, daß er experimentell über Kommunion mit Pflanzen und Tieren zu verwirklichen ist; eine Kommunion, die den Menschen auf direktem Weg die unbestimmbare Angst transzendieren läßt, während die anderen Denkstile sie letztlich nur über den Bereich der Vorstellung, und dann auch nur für eine Elite wie die heiligen Weisen und Berufenen in China, oder die zweimalgeborenen Kasten in Indien konstellieren konnten, zu denen sich die Massen des Volkes im Verhältnis von Kindern zu ihren Eltern verstanden.

Diese Kommunion bedeutet ein geistiges Verstehen der Pflanzenwelt, welche – im Sinne der Weltenesche oder des indischen Skambha als Symbol der Wirbelsäule – dem Menschen den Zugang zu den verschlossenen Bewußtseinsschichten freilegt.

Aldous Huxley war einer der ersten, der diesen Zugang mittels der Frucht des Peyote-Kaktus über Meskalin beschrieb und dessen Unterschied zu den rauschhaften Opiaten darlegte, die die Traumwelt intensivieren. Er bezeichnete die Wirkung dieser Früchte als ein »Öffnen der Tore der Wahrnehmung«; also nicht Zugang zu Halluzinationen, sondern zu jenen anderen Wirklichkeiten, die in den asiatischen Traditionen erst ab einer gewissen Stufe dem Yogi oder Derwisch erlebbar werden und die sich in der abendländischen Mystik als Ergebnis langer Askesen eingestellt hatten.

Meskalin gab den Anstoß; bald wurden neue Mittel entdeckt: die mexikanischen Pilze, die wahrscheinlich im Mittelmeer und in Sibirien im Fliegenpilz ihre Parallele hatten, und vor allem die chemische Auslösung der bewußtseinswandelnden Faktoren des Mutterkorns – eines

Pilzes, der im Mittelalter öfters zu kollektiven Wahnsinnsausbrüchen geführt hatte – durch den Chemiker Hofmann 1943 in Basel.

Damit wurden die psychedelischen Drogen einem größeren Kreis zugänglich. Haschisch und Marihuana, die ähnliche Erfahrungen, wenn auch von geringerer Intensität vermitteln und verhältnismäßig leicht zu bekommen waren, verbreiterten den Kreis noch weiter, so daß sich jetzt eine neue Frage stellte: Anstelle der wunderbaren Reise aus dem Alltag begannen sich manche damit zu beschäftigen, wie es möglich sei, die Alltagswelt an diese größere Wirklichkeit anzupassen. Einige, wie T. Leary, betrachteten die Öffnung und die damit verbundene Absage an das Establishment als revolutionäre Aufgabe und experimentierten anhand traditioneller Texte wie dem tibetanischen Totenbuch, gleichsam als nach innen gekehrte Naturforscher. Die Forschungsgruppe Houston Masters untersuchte zahllose Einzelfälle in ihrem Buch ›The Varieties of Psychodelic Experiences‹, wobei die Stufen des Wesenskreises sich immer wieder offenbarten: Als erstes klärte sich das Empfinden, wurde zur Wahrnehmung einer Märchenwelt. Die Natur gewann jene Schönheit zurück, die sie anscheinend dem Kind bis zum siebten Jahr bietet. Als nächstes galt es die banalen Erfahrungen des Alltags zu durchstoßen. Dann tauchten als drittes verdrängte Trauminhalte auf, psychische Komplexe, die in vielen Fällen zu Verzweiflungsausbrüchen führten, und schließlich wurde die Sphäre des Mythos erreicht, in der der ›Reisende‹ entweder Allmachtsfantasien erlebte – sich mit der Gottheit identifizierte – oder aber tatsächliche Dramen im Sinne des mythischen Denkens neu durchlebte, welche je nach seiner Herkunft eine verschiedene

Prägung hatten: das ausgesetzte Kind wie bei Moses, die Suche nach dem Gral wie bei Parzival.

Aus diesem Grunde begann sich die Psychotherapie der Drogen anzunehmen und betrachtete sie als Mittel zum Durchbruch zur Individuation im Sinne Jungs. Wie dieser die Traumsequenzen bis zum Auftauchen des vereinigenden Symbols ohne Eingriff ablaufen ließ, ebenso wurde vom bloßen Nacherleben solcher Mythen eine heilende Wirkung erwartet. In dieser Weise, unter klinischer Aufsicht, versuchte das wissenschaftliche Denken auch diese Welt dem Heilungsziel der Anpassung an die gegebene Wirklichkeit unterzuordnen.

Damit wurde aber die wirkliche Bedeutung dieser Erkenntnismittel im Sinne der indianischen Tradition eskamotiert, und ihre Gefahren machten sich bemerkbar: In all diesen Erlebnissen wird das sterbliche Ich – der im dialektischen Gegensatz zwischen Über-Ich und Unterbewußten entstehende Verhaltenskomplex, der den Menschen der jeweiligen sozialen Wirklichkeit anpaßt und seine positive Rolle als Werkzeug durchaus besitzt – für die Zeit der ›Reise‹ ausgeschaltet. Die banale Todesangst verschwindet – wenn sie nicht aus unterbewußten Komplexen mit vervielfachter Intensität wiederkehrt und zur Selbstzerstörung führt. Aber alle möglichen Naturkulte, Energiebündel der Evolution, können die Herrschaft im Sinne einer Persönlichkeitsspaltung an sich reißen; und wenn der Betreffende nicht im bloßen Erleben – gleich einem inneren Kino, also der vollen Passivität – sein Genügen findet, können zerstörende Impulse die Oberhand gewinnen; es kommt zu jenen Fällen der Besessenheit, die die schwarzmagische Überlieferung aller Traditionen geschildert hat.

Früher erwähnten wir die Beobachtung von Bucke, daß das kosmische Bewußtsein im Sinne einer Mutation immer mehr Menschen ergreift. Jede Mutation in der biologischen Evolution wird durch zwei Komponenten bestimmt: die positive der neuen Gestalt und die negative des Sterbens derjenigen Arten, die der neuen Wirklichkeit nicht angepaßt sind. Dieser negative Aspekt der Evolution wird durch die technische Zivilisation unausweichlich. Wer nicht imstande ist, aus echtem Bewußtsein zu leben, unterliegt der Manipulation; nicht nur durch andere Menschen, sondern durch die Werkzeuge selbst, was etwa J. v. Neumann in seiner Vorstellung sich reproduzierender Roboter vorwegnahm.

Einer solchen Welt kann nur jener gewachsen bleiben, der den Zugang zu seiner Spontaneität freigekämpft hat. Aller Schutz, den die Traditionen gaben, versagt in dieser Situation: jeder einzelne muß den Schritt zur neuen Autonomie als Wagnis selbst machen. Und so führt sowohl die Technik als auch die immer weiter sich verbreiternde Erweiterung des Bewußtseins – deren Durchschlagskraft durch das Verbot der Drogen in allen Ländern nur noch intensiviert ist – zum endgültigen Verlust der traditionellen Sicherheit; denn geistige Autorität ist in jenen Augenblick bereits vernichtet, wo sie überhaupt in Frage gestellt wird. Diese Entwicklung gehört im kosmischen Denken einer neuen Periode zu, der 1962 angebrochenen Wassermannzeit; und in diesem neuen Zeitabschnitt wurde auch ein positiver Weg bekannt, wie das ganzheitliche Denken nicht nur von außen, sondern auch von innen der Mutation gewachsen sein könnte.

Im Jahre 1961 begann ein junger Anthropologe, Carlos Castaneda, eine Forschungsarbeit im Auftrag der Berkeley-Universität, um die Rolle der pflanzlichen Drogen bei den Sonora-Indianern zu bestimmen. Diese Forschung brachte ihn in Kontakt mit einem wirklichen Vertreter der indianischen Tradition, dem 1891 geborenen Yaqui-Indianer Don Juan. Binnen kurzem kehrte sich das Verhältnis um: Castaneda erfuhr, daß er das Wissen nur dann gewinnen könne, wenn er bewußt diesem Weg selbst folgte; und Don Juan sah die Gelegenheit, oder besser die Erfüllung seiner Berufung, das Wesen dieser Tradition allgemeinverständlich darzustellen.

Der griechische Mythos bedeutete gegenüber den asiatischen Religionen eine neue Etappe der Bewußtwerdung: während diese den Fahrplan zum Heil zu kennen vorgeben, mußte sich der Grieche den Weg zum Ursprung freikämpfen unter der steten Gefahr des Scheiterns. Mit dem logischen Denken, vor allem seit Parmenides, wandelte sich die Richtung; das Wagnis begrenzte sich auf die Suche nach objektiver Wahrheit, und bald wurde mit der Rezeption des Christentums das innere Wagnis durch die Heilsgewißheit, die frohe Botschaft verdrängt, mit dem positiven Erfolg, daß die Suche nach objektiver Wahrheit fortan im Ganzen frei weiterging – bis zur Gegenwart, wo diese Gewißheit selbst wieder durch die wissenschaftliche Kritik in Frage gestellt ist – und deren positive Bedeutung sich darauf beschränkt, daß sie die Mittel der irdischen Existenz, die werkzeughafte Erweiterung des Organismus, bereitstellt. Die Komponenten der Heilswege, die dreifaltigen Gottheiten, die Mysterien von Taufe und Abendmahl als Schwellen zum Unterbewußten und Unbewußten, regredierten in die Ideologie, so daß sich keine heutige Verfassung mehr auf eine echte Weihe im Sinne des theokratischen Denkens berufen kann.

Doch dieser Weg ist nicht etwas Übernatürliches; der Gegensatz von Natur und Übernatur im Sinn des Thomas von Aquin war stets eine heuristische Fiktion. Der Mensch als Naturwesen kann seine Rolle in der Evolution nur nach erfolgter Mutation zum Homo sapiens erfüllen. Die Stufen hierzu mögen in der Erziehung inkarniert sein, den Weg aber muß jeder in seiner Weise beginnen.

Dieser Weg bedeutet einen metalogischen Zusammenhang, er führt von Handlung zu Handlung, die ihn überhaupt entstehen lassen. Als erstes gilt es, den Ausgangspunkt zu finden. Castaneda erreicht diesen in seltsamer Weise: Er soll in einer Hütte jenen Ort suchen, der ihm Stärke gibt und an dem er sich nicht fürchtet; wo er also mit den Naturkräften in Kontakt bleibt – eine buchstäbliche Anwendung des Satzes im I Ging: »Alles Heilige hat seinen Ort.«

Der nächste Schritt war, Peyote nicht aus Neugier, sondern zum Erkennen des kosmischen Lehrers zu verwenden, dem ›Protektor‹, der die Pflanzen beseelt. Auch in der asiatischen Überlieferung wurden Engel als Gegenpole der Tiere und Pflanzen verstanden, wobei der Unterschied zwischen Tier und Mensch darin besteht, daß ein Engel eine Tier- oder Pflanzengattung personifiziert (als Gattungsseele), während der Mensch im Zodiakos (Zoon = Leben) alle tierischen und pflanzlichen Eigenschaften zur Verwirklichung bringen sollte – der Tierkreis als Matrix der Bewußtseinsentfaltung.

Castaneda erlebt den Protektor ›Mescalito‹; als erstes beichtet er ihm seine Sünden, wie in den antiken Mysterien oder vor der urchristlichen Taufe. Aber die Fragen, die er zu stellen vermag, sind nur banal; er kennt noch nicht die Notwendigkeit des Weges.

Zu dem Protektor Mescalito, in seiner Rolle dem Heiligen Geist vergleichbar, gesellt sich der ›Verbündete‹, der entweder männlich, im Rauch der Pilze (Navahos: Großer Wassergeborener Coyote) oder weiblich im Stechapfel (Erster Zorn) zu finden ist. Ersterer verschafft Klarheit und Richtung, vermag Raum und Zeit zu überschreiten, den Körper zu verlassen; der andere bzw. die andere vermittelt die Fähigkeit der Macht, ist aber trügerisch und schwer zu beherrschen. Alle drei gilt es einzubeziehen, wenn man ein ›Mann des Wissens‹ werden will, als welchen die indianische Tradition den Erwachten bezeichnet. Auf diesem Weg gibt es vier Feinde: Angst, trügerische Klarheit, Machttrieb und schließlich Trägheit als Sehnsucht nach Ruhe.

Die Angst ist nicht die Todesangst, sondern jene Angst, die den Menschen überfällt, sobald er, die Schranken des alltäglichen Bewußtseins überschreitend, mit unbegreiflichen Erfahrungen in unbekannten Dimensionen konfrontiert wird. Wird diese Angst überwunden, erreicht er die Klarheit einer neuen Schau.

Diese Klarheit aber wird zu seinem zweiten Feind: Er scheint nun alles zu wissen, zu kennen, zu durchschauen und erstarrt zu einem sarkastischen Clown.

Wenn er der Gefahr des Wissens nicht unterliegt, wird ihm dieses zur Macht; Wirksamkeit manifestiert sich nicht nur in allem, was er tut, sondern auch in allem, was ihm zustößt. Damit begegnet er seinem dritten Feind, der Macht, die, wenn er sie *sich* zuschreibt, sich ihr verschreibt, seinen Weg verstellt.

Wenn er auch dieser Versuchung überlegen bleibt, findet er Frieden und Ruhe. Damit ist er seinem letzten Feind begegnet: denn hinter dieser Ruhe verbirgt sich die

Müdigkeit der Kreatur, die Trägheit des alternden Menschen. Wer auch diesem Feind nicht unterliegt, ist wahrhaftig ein ›Mann des Wissens‹, ein echter Weiser.

Kein Weg ist vorgezeichnet; alle beginnen irgendwo in der Wildnis und enden auch dort. Doch es gilt Wege mit Herz von solchen ohne Herz zu unterscheiden: die einen sind im Anschluß der Geschichte, haben Ehrfurcht vor den Vorgängern und Liebe zu den Nachfolgern, die anderen dienen der Natur, und der Mensch geht in ihnen verloren. So gilt es als letztes, das Bewußtsein von dem Ja-Nein der oberflächlichen Entscheidung zur Intuition des Weges zu erheben, der nur gemeinsam mit anderen im Sinne der ›Catena Aurea‹ zu gehen sein wird.

Carlos Castaneda, der glaubte, bereits am ersten Feind, der Angst, zu scheitern, ist inzwischen zu Don Juan zurückgekehrt und bemüht sich um weitere Erhellung. Mit seinem Werk ist nun der Anschluß an den Beginn der Überlieferung gefunden und der Kreis der Denkstile geschlossen: Fortan gilt es, auf den ganzen Reichtum der Traditionen gegründet, den wahren Kosmos sichtbar zu machen und damit jedem einzelnen den Anstoß zu seinem eigenen Weg zu geben, auf daß die Vorbilder zu Sinnbildern seines Strebens werden.

»Ich bin das Nichts im Etwas«

Nichts ist in den sichtbaren und unsichtbaren Welten außer einer einzigen Macht, die ohne Anfang und Ende ist und nur ihrem eigenen Gesetz untertan. Versucht nicht, ihre Unermeßlichkeit mit Worten zu fassen. Wer fragt, irrt schon, wer antwortet, irrt ebenfalls. Erhofft euch keine Hilfe von den Göttern, sie sind wie ihr dem Gesetz des Karma unterworfen, werden geboren, altern und müssen sterben, um wiedergeboren zu werden. Sie können ihr eigenes Schicksal nicht wandeln. Erwartet alles von euch selbst. Vergeßt nicht – jeder kann zu jener höheren Macht durchstoßen.«

Diese Worte der letzten Predigt des Buddha vor seinem Tod umreißen besser als alle theologischen Spitzfindigkeiten das wahre Wesen dessen, was die Intention des Wortes Gott meint, und zeigen gleichzeitig auch die Schwierigkeit an, diesem mit dem Denken näherzukommen. Trotzdem müssen wir es in Worte fassen, in Worten ausdrücken. Denn mit dem Nichtausdrücken ist genauso eine Aussage gesetzt wie mit der konkreten Bestimmung etwa der hundert Namen Allahs oder den verschiedenen scholastischen Versuchen, die Existenz Gottes zu beweisen. Der Nicht-Name ist genauso ein Name wie der Begriff Elohim, JHWH, das dunkle Wollen des Scotus Eriugena, das Tao des Buchs der Wandlungen oder das unerschöpfliche Brahman. Jeder dieser Ausdrücke schafft eine bestimmte Wirklichkeit in der Welt unter Ausschluß von anderen: er bestimmt notwendig die Subjektseite, das SEIN des Bewußtseins.

Doch was irgendeinen Aspekt der Wirklichkeit ausschließt, kann nicht die Totalität des Seins konstellieren. Auch das Nichtsprechen führt letztlich nicht weiter, es verlagert die Problematik auf das Gebiet der Übung, sei es der Bemühungen, verschiedene Bewußtseinsstufen zu meistern, wie bei den Theravadims, oder im achtstufigen Weg der Lehre Buddhas selbst. Stufen werden aus der Möglichkeit der Stufenhaftigkeit herausgegriffen, sie sind wieder eine bestimmte Wahl. Das Ganze müßte sich auch direkt anpeilen lassen, ohne Kunstgriffe, ohne ein Bekenntnis zu einem Aspekt.

Der Löwe löwt; er geht in seiner Existenz auf. Doch der Mensch tut nicht menschen: er nimmt einen Teil seiner selbst für wirklich und entwertet in dessen Namen einen anderen; sei es die Triebhaftigkeit wie in der Askese, das Alltagsleben aus der klösterlichen Disziplin oder die bürgerliche Existenz aus der revolutionären Ethik. Hierin liegt das Grundproblem seiner Existenz. Dessen Wurzel läßt sich historisch leicht erkennen: die sprachliche Zivilisation ist eine Mutation nach Millionen Jahren instinkthafter Existenz und wurde daher als Erreichnis betrachtet. Jetzt besteht sie aber immerhin schon elftausend Jahre, und so wäre es an der Zeit, mit der Vorstellung einer Elite, der Zweimalgeborenen und dergleichen endgültig Schluß zu machen. Alles deutet in der Natur darauf hin, daß die Fähigkeit zur abstrakten Sprache evolutiv einprogrammiert ist und die menschliche Geschichte nicht einen Gegensatz, sondern die Fortsetzung der Entwicklung der Arten auf dem Weg zum Bewußtsein und damit vielleicht zu höherer Existenz im Kosmos darstellt. Daher wird es notwendig, die ›Intention Gott‹ jenseits allen Bekenntnisses im Sinne des reinen Seins zu bestimmen, zu erleben und zu verwirklichen, auf daß der Mensch aus vollem Bewußtsein ohne falsche Probleme *mensche*.

Gott ohne Bekenntnis: objektiv, als Inhalt läßt er sich niemals erfahren. Er offenbart, enthüllt sich in dem Augenblick, wenn die Leere erreicht ist, fließt in sie ein. Daher ist die Voraussetzung der großen Erfahrung der als Motto vorangesetzte Satz

ICH BIN DAS NICHTS IM ETWAS.

Gegenpol des Nichts ist die Fülle. Wer selbst Kraft will, verliert sie. Die Anstrengung muß darauf gehen, alle Fehler zu beseitigen, alle Blindheit, die den Menschen am Kristallsein hindert. Jeder Mensch, aber auch jedes Tier und jede Pflanze, ja jeder Stein nimmt seine Existenz aus der Urkraft, dem unerschöpflichen Weltenursprung, der gleichzeitig das Bild der Vollendung vermittelt. Nicht nur persönlicher Kraftsuche gilt es zu entsagen, auch dem persönlichen Planen; wird einer offen, so begegnet ihm der nächste subjekthafte Schritt von selbst, die vertikale Ordnung offenbart sich als Kosmos, welcher aber nicht existiert, sondern nur ist: er verlangt die persönliche Teilnahme, um wirklich zu werden.

Bewußtsein kann inhaltlich bestimmt sein; dann ist es nur horizontal und dauernden Krisen oder Leerläufen unterworfen. Es kann doppelt werden, die vertikale Richtung einbeziehen: dann wird der Organismus zum Gefährt der Lebensmelodie. Die Beseitigung der eigenen Fehler, das Erreichen der Mündigkeit ist Sache jedes einzelnen, hier gibt es keinerlei Offenbarung. Diese kann erst erfolgen, wenn die große Gemeinsamkeit entsteht: Gott ist zwischen den Menschen, offenbart sich im Zwischenraum, im Intervall, in der Leere – ja er ist die Leere selbst, die gleichzeitig höchste Intensität bedeutet, wie es am eindringlichsten der ›Vijnana Bhairava Tantra‹ veranschaulicht.

Für die Chinesen lebte der Mensch zwischen Tao und Te, Sinn und Leben. Der Sinn ist die ewig neu geschaffene Richtung, das Leben hingegen offenbart sich über die eigene, in der Wirklichkeit geborgene Entelechie. Wer nicht sein Leben bejaht, der bringt gleichsam keine Mitgift in die Ehe; nur »wer da hat, dem wird gegeben werden«. Doch wer sein Wesen zu wahren sucht – das heißt als statische Vorstellung, als Ich behauptet –, muß es verlieren, weil er sich durch den Akt selbst seine Wurzeln zur Urkraft abschneidet. Gott ist auf drei Weisen aus dem Denken zu erreichen: nach rückwärts über die unterbewußten Triebe, nach vorwärts durch die überbewußte Empfindung und schließlich als drittes in der Gegenwart durch den auf Verwirklichung gerichteten Dialog zwischen Ich und Du in der Liebe.

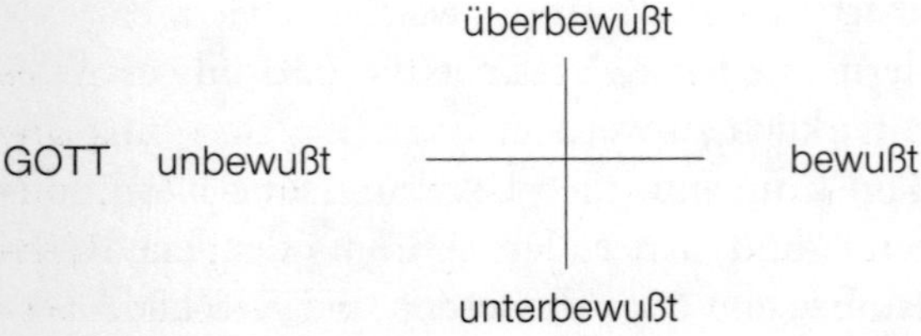

Im ersten Falle gilt es die Kontinuität des eigenen Wesens bis zurück zur Geburt zu verfolgen, für alles einzustehen, was je geschehen ist, eigene Fehler nicht aus Scham zu verleugnen, Demütigungen nicht als endgültiges Scheitern zu betrachten; denn in der Gegenwart wird alles Vergangene durch die Möglichkeit der Zukunft überwunden. In jedem Moment kann der Mensch sein Karma zum Weg verwandeln, indem er alles auf die Ganzheit der Menschheit und der Natur ausrichtet, alle Abkapselung aufgibt und sich seinen wahren Strebensinspirationen anvertraut, solchen, die nicht aus der Vergangenheit stammen.

Hierin eröffnet sich der zweite Weg. Ein indischer Spruch sagt: »Brauchst du den Guru, so steht er bereits an der Türschwelle.« Diesen Spruch aus vergangener Mentalität gilt es zu übersetzen: Die nächste Handlung, das nächste Lernen und Erfahren, die nächste Verwirklichung folgt, sobald die letzte durchgeführt wurde.

Der Mensch ist nicht Guru, nicht Herr des anderen: er ist Gefährte. Gott als Vater oder Herr führt nicht mehr weiter, seine Zeit ist vorbei: er ist Offenbarung aus dem Dunkel. Die direkte Offenbarung enthüllt sich im Dialog, in der gemeinsamen Arbeit – dem, was die Rosenkreuzer als goldene Kette, catena aurea meinten. Nur, daß es keine geheime Kette mehr ist: es geht nicht länger an, daß der normale Mensch der verborgene sein soll; jeder Mensch muß menschen.

Der Mensch ist der Gefährte jedes anderen; er ist es aber nur dann, wenn er dessen vertikale Richtung anspricht und die horizontale Bemühung nicht als Ziel, sondern als Mittel wertet. Der Einstieg in die vertikale Richtung ist nur über den Mut erreichbar, er ist nicht zu vermitteln. Die großen Führer der Bekenntnisse sind Sinnbilder, nicht Vorbilder; ihre Imitation ist undurchführbar, weil jedes Wesen anders ist, andere Möglichkeiten hat und deshalb eine andere Verwirklichung suchen muß. Buddha erklärte, daß die Buddhanatur in jedem ruhe; Christus verkündete die Gotteskindschaft jedes einzelnen, der Prophet Mohammed betrachtete sich als ganz gewöhnlichen Menschen, der nur die Aufgabe habe, die Offenheit gegenüber Gott und Wirklichkeit, dem Islam zu verkünden. Von ihrer Intention her gesehen strebten alle dem gleichen Ziele zu. Deshalb ist die ökumenische oder im Urwortsinn katholische Haltung die einzig wirklichkeitsgemäße. Entscheidend ist, ob die Intention auf die Vollendung gewahrt bleibt oder nicht. Da jedem Bewußtsein diese Intention innewohnt, erledigt sich der Totalitätsanspruch der Bekenntnisse von selbst. Wo sie wesentlich sind, stimmen sie miteinander überein. Wo sie aber bestimmte Formen, bestimmte Strukturen und Kulturen verwirklichen, da unterliegen sie – gleich den früher von Buddha zitierten Göttern – dem Gesetz des Werdens und Vergehens, ja jenem der Enantiodromie. Die ursprüngliche Intention verkehrt sich in ihr Gegenteil, wie etwa in Ceylon die reine Bewußtseinslehre des Buddha einen Dämonenglauben erzeugte und die Alloffenheit des Islam in seinen Anfängen – man denke an das Wort des Propheten: »Ihr sollt alles Wissen heimholen, und wenn es sich in China befände« – in die erstarrte sunnitische Orthodoxie mündete, die gleich der griechischen Kirche nach Justinian jede echte Philosophie in ihrem Bereich untersagte.

Für Mystiker oder Zen-Buddhisten ist die Verfälschung der Begriffe und Namen gegenstandslos, vielleicht sogar positiv zu werten, weil sie wenigstens dazu hilft, das Gefängnis des Denkens durch seine offensichtliche Absurdität zu sprengen. Wenn aber die Zivilisation selbst betrachtet wird, so wandelt sich der Sachverhalt: die Nahtstelle zwischen Mensch und Gott, Wirklichkeit und Möglichkeit, einzelnem und Gemeinschaft wird allentscheidend. Der Name Gottes wandelt sich, wenn der alte stirbt. Einen solchen Vorgang haben wir in der Gegenwart, wo jegliche Art des Bekenntnisses, so positiv sie im Ursprung auch gewesen sein mag, nur noch negativ im Sinne einer Ideologie wirken kann.

Was soll ein Bekenntnis überhaupt! Im besten Sinne ist es wahr; dann erübrigt sich darüber zu reden. Wenn es falsch ist, dann verdoppelt es die Welt um eine Scheinwelt. Alle Worte gehören nicht dem Sein, sondern der inhaltlichen Wirklichkeit zu. Hier ist Pietät falsch am Platz: Ein Glaube im Sinne des Fürwahrhaltens ist nicht nur Unsinn, sondern entwertet das Wissen, das sich an ihn klammert; schon der leiseste ideologische Anklang verhindert die Suche nach dem echten Sein, weil dieses nicht ohne weiteres zugänglich wird: zwischen Sein und Dasein steht berechtigt die Todesangst. Ein Bewußtsein, das sich mit einem Inhalt identifiziert, muß mit diesem zugrunde gehen, falls jener stirbt. Auch die Hoffnung kann hier nichts ausrichten, denn entweder gelingt der Durchbruch, oder er wird nicht erreicht.

Nur *ein* Glaube ist echt: daß die Wirklichkeit einen Sinn haben kann, der sich im Verwirklichen offenbart. Alle Pläne, alle Vorstellungen, die in die Zukunft weisen, gehören der Vergangenheit an. Die sogenannte Futurologie hat mit echter Zukunft nur insofern zu tun, als sie das Vergangene, noch in der Gegenwart Weiterwirkende bestimmt und damit die Aufmerksamkeit für das echt Unerwartete befreit, was das Wort Zukunft = das Zukommende meinte, wie dies in der katholischen Übersetzung des Vaterunsers »zukomme uns Dein Reich« noch zum Ausdruck kam.

Die Vereinigung der Bekenntnisse oder der Religionen, wie dies etwa den Theosophen vorschwebte, ist ein Unsinn: Bekenntnisse verstellen allesamt den Weg. Desgleichen die Psychologie mit ihrer Ichvorstellung, wenn sie statische Gesundheit oder Persönlichkeitsbildung anstrebt. Das Nichts ist das Tor zur Transzendenz. Daher kann keine Wissenschaft, keine Technik und keine Methodik je dem wirklichen Streben schaden. Ein Atheist ist dem wahren Gott näher als jener Bekennende, der glaubt, durch das Bekenntnis die Erlösung zu erwerben, wie dies im letzten Satz der Predigt des Buddha am Totenbett zum Ausdruck kommt: »... so wirst du von selbst mit der Überwindung des Hochmuts, dich auf dem Weg zum Heil zu wissen, dem Nirvana näherkommen.«

Dies bringt uns in eine zweischneidige Situation. Einerseits ist es notwendig, alle religiöse Überlieferung, alle Wege, die die Transzendenz anpeilten, zu verstehen und zu erlernen und gleichzeitig ihre Führer als Weggefährten zu achten, da sie den inneren Kosmos bilden. Andrerseits gehören alle ihre Formulierungen der einen Wirklichkeit zu, müssen kritisch verstanden und aller Substantialität entkleidet werden: die Bekennenden aller Arten von Ideologien sind die wahren Feinde des neuen Verstehens. Im scheinbaren Opfer ihrer Selbständigkeit setzen sie eine neue ausschließliche Ichhaftigkeit, die schwerer als der bloße Egoismus zu überwinden ist, weil sie im Bekenntnis zur Gruppe scheinbar die Selbstsucht überwindet, jedoch damit diese – die Kirche, Sekte oder Partei – mit der Transzendenz identifiziert und in deren Namen alles, sogar das Opfer des eigenen Lebens fordern kann.

Der jüdische Gott hatte als hauptsächliches Gebot: Du sollst keine anderen Götter neben mir haben. Alle Gottesformulierungen sind axiomatisch, stammen aus einer möglichen Struktur. So entspricht der dreieinige Gott der Christen oder die indische Trimurti dem Zeiterleben: Gottvater oder Brahma in der Vergangenheit, Gott Sohn oder Vishnu in der Gegenwart, der Heilige Geist oder Shiva in der Zukunft. Und die Manavorstellungen der Personen – von welcher die Gnade erfließt – führen zur Unterscheidung bestimmter Kulturformen, wie etwa jene der orthodoxen Christen (Gnade aus der Kraft des Vaters, Leugnung der Geschichtlichkeit), der Katholiken (Gnade aus Vater und Sohn, Bewertung der wandlungsfähigen Geschichte) oder der Protestanten (Gnade aus der Schrift allein, Ablehnung der Tradition). Der zweifältige Gott (China, Ägypten, Alchimie, Yoga, Tantra) zeigt dagegen Wege der Selbsterlösung, betrachtet aber die soziale Wirklichkeit als Vorhof ohne eigene Bedeutung, und leicht verliert der Adept über der Methodik das Ziel aus den Augen. Die Übung wird zum Selbstzweck, oder es ergeben sich Pseudoziele wie das Elixier eines ewigen physischen Lebens, die Erzeugung materiellen Goldes oder die Erreichung eines überbewußten kataleptischen Zustandes.

In der traditionellen Metaphysik unterschied man die Richtungen nach Maßgabe der zugrundeliegenden Zahlenstruktur: Monisten, Dualisten, Trinitarier, Verehrer des vierfältigen Gottes oder des fünffältigen natürlichen Menschen (Pentagramm). Doch die Zahlen entstammen der Zahlenwelt, sie sind inhaltlich. Diese Art von Metaphysik gehört zur Grammatik. Sie bestimmt, wie Wissensformen zustande kommen, und ist das eigentliche Feld philosophischer Prämissenkritik. Ein Bekenntnis zu einer Zahlenform und damit auch zu einem zahlerzeugten Gottesnamen wie Dreifaltigkeit verhaftet das Verstehen an einen Aspekt unter Ausschluß der möglichen anderen. Wer drei sagt, sagt nicht zwei, und glaubt er sich als Träger der Wahrheit, so wird er die Gezweiten verfolgen wie die mittelalterliche Kirche die gnostischen Sekten.

Metaphysik im traditionellen Sinn fußt auf einer bestimmten Zahl, die zum Glaubensansatz wird. Diese Prämisse ist nicht denknotwendig; denn die Zahlenwelt selbst weist auf ihren Ursprung in der Null, im Nichts, aus dem – oder im Gegensatz wozu – sie sich verwirklicht. Null ist jene Stelle, wo das Sein zum Etwas durchbricht. Sie ist immer offen, verhindert die Schließung des Systems der Zahlenwelt. Damit werden alle Zahlen zum Gegenstand des Wissens, zu Klassen der Wirklichkeit; sie zeigen die Art und Weise, wie sich die Wirklichkeit aus Elementen zu Erscheinungen verknüpft.

Betrachten wir die Zahlenwelt aus mathematischer Sicht, so zeigt Null in allen Dimensionen einen verschiedenen Charakter. In der nullten Dimension ohne Ausdehnung, der Punkte und zeitlosen Momente, bedeutet es die Wurzel allen Zählens, die Zahl als Möglichkeit, als Klasse. Damit zeigt die nullte Dimension den Vorgang der Schöpfung aus dem Nichts, in religiöser Sprache aus Gott an; denn jedes Wesen hat seine Form in einer ganz bestimmten Zahl. Seine Möglichkeit ist in der Qualität enthalten, die durch seine Zahlenstruktur bestimmt wird: Das Gold, mit 79 Protonen, verliert bei deren Verminderung seine Qualität, es wird etwas anderes – etwa 78 Platin.

In der ersten Dimension der Linie und Bahn bedeutet die Null den Ausgleich zwischen positiv und negativ im Rahmen der ganzen Zahlen:

$$\ldots -5-4-3-2-1-0-1-2-3-4-5\ldots$$
$$-\qquad\qquad\qquad\qquad +$$

In der zweiten Dimension der Fläche und des zeitlichen Umlaufs, der rationalen Zahlen – denen allein das Denken gerecht wird, weshalb der Ausdruck rational für die Vernunft gewählt wurde – bestimmt es die Copula, das inhaltsleere Sein der Gleichung:

$$3 \times 4 = 12$$

Die erste Dimension wird dem Empfinden gerecht. Die Null als dialektische Mitte, als Ausgleich zwischen positiv und negativ kennzeichnet den Vorgang aller Wahrnehmung: Gegenstand und Organ, Bild und Gesichtssinn vereinen sich zur Empfindung, deren Subjekt weder im einen noch im anderen Pol enthalten ist. Aus den Gegenfarben entsteht additiv das weiße Licht oder substraktiv Dunkelheit: Addition und Substraktion bestimmen die Methodik der ganzen Zahlen, alle ihre Ergebnisse befinden sich immer auf der einen Zahlengeraden.

Die Ergebnisse des Denkens dagegen verlangen die Anschauung der Fläche: Die rationalen Zahlen, Brüche und Produkte ergeben sich durch die Bildung der senkrechten Achse auf einer Linie. Eine unendliche Anzahl von Linien schichten sich zur Fläche, wie eine unendliche Anzahl von Punkten von der endlichen Linie umfaßt sind. Während jedoch die Null der ganzen Zahlen die Mitte zwischen positiv und negativ bedeutet, bestimmt den Zusammenhang einer Gleichung das Istgleichzeichen: der Ausgleich der ersten Dimension wird zum Verstehen in der zweiten.

Verstehen kann man logisch nur den Satz, dessen Prädikat ›sein‹ ist; denn dann allein ist sein Gegenteil falsch, und im Rahmen beider Möglichkeiten gibt es keine dritte. So verlangt Denken immer die Verknüpfung von Analyse und Synthese im Sein; und die Nichtheit, die Null des Seins äußert sich darin, daß das Bewußtsein für neue Inhalte frei wird.

Im Bereich der dritten körperlichen Dimension mit den reellen Zahlen finden wir etwa das Fallgesetz der Mechanik, demzufolge ein frei fallender Körper Strecken zurücklegt, deren Länge mit dem Quadrat der Zeit wächst:

$$0 - 1 - 4 - 9 - 16 - 25 \ldots$$

oder die Struktur des Atoms mit sieben Schalen, die sich in den quantenhaft bestimmten Abständen vom Atomkern befinden und diesen umkreisen. Hier bezeichnet die Null den intervallischen Zusammenhang in Raum und Zeit, die Kraft der Integration: das, was die Atome zusammenhält – die letztlich Strukturen in der Leere darstellen –, ist die intervallische Leere selbst, die sich aber nicht als reine Leere, sondern als Gesetz darstellt. Für das Denken ist Gleichung das Gesetz, das verstanden und assimiliert wird und damit die Aufmerksamkeit befreit. Für das Fühlen als Funktion wird dieses Gesetz auf ein Subjekt bezogen, das nach Ganzheit strebt: das Beharren in der Beschleunigung in der Schwerkraft oder das Beharren in der gleichen Form in der Schalenbildung der Atome, das Beharren als Gestalt im grobstofflichen Bereich der wahrnehmbaren Körper.

Die Gestalt äußert sich als Sehnsucht nach Ganzheit im Rahmen einer vorgegebenen Struktur, ob nun Kristalle nach immer gleichen Parametern wachsen oder Organismen Geschädigtes heilend ergänzen.

Die Dauer wird in der dritten Dimension aus der Sicht des Beharrens betrachtet; in der vierten wird sie zur Bewegung. Be-wegung heißt Vereinigung von Raum und Zeit, und so sind wir im Wollen angelangt: im Begriff der Gegenwart, dem Nichts oder der Leere zwischen Vergangenheit und Zukunft, welches entweder Möglichkeiten im Entscheiden verwirklicht oder in ruhiger Intensität west. Wollen alterniert zwischen potentieller und kinetischer Energie, sein Subjekt ist die Gegenwart. Die entsprechende raumzeitliche Zahlenwelt der komplexen Zahlen – sie beschreibt die vielfältigen Schwingungen, während dreidimensional *eine* Umdrehung einer Fläche um ihre Achse den Raum eines Volumens ausfüllt – bestimmt die Monaden der Wirklichkeit. Denn wirklich sind nur entscheidungsfähige vierdimensionale ›Ereignisse‹. Alle beobachtbare Energie entsteht aus Massepunkten, deren gemeinsames Medium die endliche Lichtgeschwindigkeit bildet. Alle Räume und Zeiten sind Schwingungen in ihrem endlichen Medium, so wie etwa jeder Ton sich als bestimmte Wellenlänge und Frequenz, Raumspanne und Zeithäufigkeit äußert, doch nur mittels der einen Schallgeschwindigkeit andere in Resonanz, in Mitschwingen versetzen kann. Die vierte Dimension bestimmt den raumzeitlichen Zusammenhang der Wirkeinheiten. Dies ist die tatsächliche Wirklichkeit, die im Entscheiden fußt. Das mineralische Atom kennt nur das Wollen, die Fähigkeit zum Ja und Nein. Beim Tier tritt zum Wollen das Fühlen, die Beharrung als Gestalt; beim Menschen das Denken, die Fähigkeit des Verstehens, und bei der Pflanze das Empfinden, die Umsetzung von Energie durch Gegensätzlichkeit zum Kraftquell der Sonne.

Doch der Mensch ist nicht nur im Denken: er teilt mit Mineral, Pflanze und Tier deren Wesenhaftigkeit über die Funktion. Das Empfinden, das ihn mit den Pflanzen verbindet, hat als Inhalt die Sinnesdaten; das Fühlen, welches ihn den Tieren verschwistert, die Triebe; das Denken, das er für sich allein hat, die Sprache und das Wollen, welches ihn dem Wirken der anorganischen Welt eingliedert, den potentiellen und kinetischen Aspekt der Energie, als Aufmerksamkeit (Öffnung) und Entscheiden (Schließen). Was ist nun aber das Sein der vier Aspekte? Identifiziert sich der Mensch mit einem der Inhalte, so geht er sich selbst verloren: Willenskonsequenz ohne Sein führt zur Sturheit, Gefühlsstärke ohne Sein zur Leidenschaft, Denken ohne Sein zur Meinungsbildung und Empfinden ohne Sein zu Eitelkeit und Habsucht. Nur auf die Null, den Weltengrund bezogen, kann das Sein wirksam werden. Gott ist keine Hypothese, sondern jeder seiner ›Namen‹ bedeutet einen anderen dimensionalen Zugang zum Unerschöpflichen. Im Wollen offenbart er sich als die Fähigkeit der Allgegenwart. Dies wollten die früher erwähnten dreifältigen Gottesnamen erreichen, die Vergangenheit und Zukunft in der Gegenwart des Sohnes oder der Inkarnation Vishnus verbanden.

Im Fühlen bestimmt er die Fähigkeit der Integration, die Urkraft, scholastisch der Prädestination zur eingeborenen höchsten Möglichkeit, deren Erfüllung nicht nur die eigene Monade, sondern auch die Fremdmonade umgreift.

Im Denken bedeutet er das Sein, dessen Voraussetzung

die Entsprechung von Analyse und Synthese bildet. Verstehen tut der Mensch, doch die Möglichkeit des Verstehens entstammt dem unendlichen Begriff des Seins.

Im Empfinden vereinen sich die Gegensätze einzig und allein im *Urlicht,* das dem Denken als Mysterium conjunctionis verschlossen ist, aber der inneren Wahrnehmung als das weiße Licht der Erleuchtung zugänglich wird, das die Seligkeit der körperlichen Vereinigung umgreift. Fühlen strebt nach Vereinigung, aber im Sinne der Heilung; Empfinden erreicht sie ohne Sehnsucht, bedarf aber der subjekthaften Ergänzung: dies ist die Urproblematik der mann-weiblichen Beziehung.

Öffnung des Raumes

Die Welt der Zeit bestimmt die menschliche Wirklichkeit zwischen Geburt und Tod. Doch selbst ist sie mit der Erde eine einzige inkarnierte Möglichkeit des Alls, des unmanifestierten Nagual. Um in der zeitlichen tonalen Welt seine Verwurzelung zu finden, bedarf es der Kriterien des Raumes, die wie jene der Zeit während der Herrschaft der matriarchalen und patriarchalen Ideologien in Vergessenheit geraten waren. Nur die indianische Überlieferung hat sie unverfälscht aufbewahrt, und dank ihrer ist es uns heute möglich, den Lichtkreis des Menschen zu verstehen.

Physikalisch wird uns Energie auf zwei Weisen verständlich: als Materieschwingung und als Lichtschwingung. Die Materieschwingung ist longitudinal und wird über das Ohr als Zeit bewußt. Die Lichtschwingung ist transversal und wird als Vision über das Sehen bewußt.

Die Verwirklichung des Raumzeitrahmens vollzieht sich über die Vereinigung der Bereiche und Funktionen und hat als kleinsten gemeinsamen Nenner den zwölffältigen Tonkreis. Die Erkenntnis, wie Energie unmittelbar wahrnehmbar wird, geht über den achtfältigen Kreis des

Lichts, der die Beziehung zwischen Masse und Energie bestimmt.

Jedes Atom ist durch acht Richtungen allverbunden. Den Beweis der mathematischen Notwendigkeit und der chemischen Veranschaulichung habe ich in meinen *Kriterien der Offenbarung* dargelegt. Für das Bewußtsein sind die acht Kriterien – vier Funktionen, drei Bereiche und das Gewahrwerden – die unterscheidbaren Qualitäten des Aufnehmens des Nagual, die durch die Großhirnstruktur verständlich werden.

Der Rahmen der zeitlichen Erwartung ist räumlich in Ruhe; ein Musikstück ist als Partitur vorgegeben. Im Tonal ist es nicht möglich, mehr als die gegebene Potentialität zu erfüllen. Der Rahmen der räumlichen Verwirklichung hingegen reicht ins Unendliche und ist allbezogen. Die psychischen Funktionen und Bereiche können als Komponenten des strategischen Ich betrachtet werden; doch dann bleibt der Mensch im Gehäuse seiner Reflexion, das die Indianer als Blase der Wahrnehmung bezeichnen. Doch sie können als Tore zum All geöffnet werden, wenn ihr räumlicher Ursprung verstanden wird.

Die Raumrichtungen entstehen durch die Bewegung der Erde im Verhältnis zur Sonne und zum Polarstern, der als Verlängerung der Erdachse die Himmelsmitte bildet – tatsächlich das erste Mal im Jahr 2059. Die Bedeutung der Richtungen ergibt sich aus der Art und Weise, wie ein auf die Erdmitte bezogener Mensch die Bewegungen erlebt.

In einem flächigen, sich drehenden Rad ist die Nabenmitte ruhig, da die Bewegung der Mitte zu unendlich klein wird. In einer Kugel ist es die Achse und damit die Schwerkraft. Nur in dieser gegründet, also auf der Fähigkeit der inneren Leere, sind die Richtungen überhaupt zu unterscheiden. Wer von einem Bewußtseinsinhalt, einem Wissen ausgeht, kann sie nicht bemerken. Doch diese Leere ist dauerndes Werden, vom Etwas der Offenbarung zum Nichts der Erdmitte, womit dieses Etwas zum Teil des eigenen Wesens wird.

Der Ausgangspunkt des Verständnisses der Raumrichtungen ist der Osten, im Horoskop der Aszendent und im Weltenjahr der Frühlingspunkt. Um die Offenbarung des Nagual zu erreichen, muß man die Mitte des Rades vor sich haben und sich mit dem Rücken nach Osten setzen. Alles taucht im Osten auf, nicht nur die Sonne, sondern der ganze Himmel. Darum ist dies der Ort der Offenbarung, der Inspiration, wo man den nächsten Schritt erfährt, der die augenblickliche Lage aus dem Nichtgewußten ergänzt.

Bereits die Haltung, auf eine solche Inspiration zu warten, wird zur Sprengung der Reflexionsblase. Als ich im Frühjahr 1981 das erstemal mit dieser Überlieferung vertraut wurde, habe ich mich im Wald einen Monat lang immer wieder in den Osten gesetzt, zusammen mit meiner Frau, deren Platz der Süden war. Während der Zeit des Sitzens erlebte ich nur ein Wohlsein, keine Bilder; diese kamen meistens während der nächsten Nacht.

Unser Körper lebt durch physische Ernährung, durch verwandelte Masse, zu der auch die Atemluft gehört. Unser geistiger Leib hingegen, das elektromagnetische Feld, das die Wurzel der Vitalität dieses Körpers ist und der Sonne entstammt, wird durch Öffnung gegenüber der Energie ernährt, indem die leere Aufmerksamkeit – die Ruhe der Erdmitte – ihre Ergänzung und Erweiterung erfährt, die das Wesen vermehrt. Das Mehrwerden der Integration läßt sich physikalisch als Ausdruck der kleinen

Bindekraft, der alchemischen Wandlung verstehen. In der Religion bezeichnet man diesen Durchbruch als Glauben; die Vision des Ostens wird als Auftrag erfahren, von dessen Erfüllung die kommende Entwicklung abhängt.

Sobald Hoffnungslosigkeit einen überkommt, ist die Öffnung nach Osten der Weg zur Befreiung, zur Vitalisierung. Im Gewahrwerden wird die Öffnung jede zweite Sekunde erreicht, wenn die Aufmerksamkeit auf Beobachtung gerichtet ist. Wer aber zu viel auf sich selbst vertraut und sein Leben autonom lenken will, bei dem wird die Aufmerksamkeit nicht auf das Kommende, den Geist gerichtet, sondern auf einen Gedächtnisinhalt, eine Überlegung, und so sperrt sich der Mensch im Wissen ein, wobei er seine geistige Energie verliert.

Der Zugang zum Nagual ist die Vision; sie vollzieht sich über die rechte Hemisphäre, den Traum. Das Licht entspricht der elektromagnetischen Energie, die nicht als materielle Kraft im Sinn der Entropie, sondern ungreifbar als Informationsvermehrung negentropisch zu integrieren ist. Wer sich ihr nicht öffnet, bemerkt sie überhaupt nicht; und in einer Welt, wo alles Geschehen auf die Bemühung der einzelnen Menschen zurückgeführt wird, kann der Geist überhaupt verlorengehen, wie die heutigen negativen Prophezeiungen und die Hoffnungslosigkeit der Ideologien zeigen.

Im Osten geht der Himmel auf, im Westen geht er unter. Untergehen bedeutet Weggeben. Licht wird zur Kraft. Kraft habe ich nur als Steuermann, als jener, der die Mitte gegenüber den anderen und der Welt wahrt, für sich selbst eintritt, seine Wahrheit im Wollen vertritt.

Körperlich ist die Richtung des Ostens die Teilhabe an der Kreativität, im Liebesakt wird jedes Ichgefängnis gesprengt. Die Richtung des Westens bedeutet dagegen, zu sich zu stehen, indem bewußt alles weggegeben wird, was nicht zum Wesen des Augenblicks gehört.

Vor allem gilt es, im Westen alle Krankheiten, alle Leiden wegzugeben. Wer alles hingibt, was nicht zu seinem Wesen gehört, kann nicht anders als freudig sein. Der wird auch nicht so leicht krank. Die Ärzte des Mittelalters, die sich während der Pestepidemien selbstlos um andere kümmerten, wurden selten angesteckt.

Alles ist im Gleichgewicht: Krankheiten im Sinn von Bakterien und Viren können im schamanischen Sinn als Geister aufgefaßt werden, die ihre Aufgabe der Gleichgewichtserhaltung durchführen. Eine Krankheit ist immer die augenblicklich bestmögliche Antwort des Körpers bei einem Menschen, der den Westen, seinen Willen verloren hat. In der Zeit patriarchalischer und matriarchalischer Bevormundung war das Selbstfinden, die echte Willensverantwortung, oft schwer. Wenn Gott als der allmächtige Vater bezeichnet wurde, verwechselte der Mensch die echte Hingabe für andere mit Selbstkritik oder Selbstmitleid, die ihn in seiner Reflexionsblase festhalten.

Um diesen Egoismus zu überwinden, ist das Vertrauen und die Unschuld des Südens der Weg. Der Osten entspricht im Tageslauf dem Sonnenaufgang, dem ersten Gebet, der Sonnenuntergang der gesellschaftlichen Kommunikation, wie auch die Vögel in dieser Zeit miteinander ausschwärmen. Der Süden ist die helle Sonne des Mittags, unter welcher der Mensch alle anderen erblickt.

Die Überlieferung des Südens kam erst durch die Indianer zurück, die die Kommunion mit Pflanzen, Tieren und Steinen nie verloren hatten. Die materielle Verkörperung des Ostens ist das Feuer als Nachbild der Sonne; jene des Westens der Erde, der Stein, in seiner reinsten Form der Kristall. Jene des Südens dagegen die Pflanze, mit der der Mensch als Seele in Kommunion tritt.

Laut indianischer Überlieferung kann man Krankheiten bewußt als fehlgeleitete Energien Bäumen übergeben, wenn man diese als Wesen anspricht und bittet. Theoretische Vorstellungen nützen hierbei nichts; man muß es laut aussprechen, weil sich die Erdkraft nur über die Sprache oder Gebärde überträgt, während die mentale Vorstellung im elektromagnetischen Bereich hängenbleibt.

Jeder Mensch ist seelisch immer wieder gekränkt worden. Wenn er daraus Schlüsse zieht und sich seinen Mitmenschen gegenüber versperrt, kann er nicht mehr echte Wesenskommunion, seelische Offenheit, das Bubersche Ich und Du erreichen, wodurch nach dessen Auffassung Gott allein als Liebe an den Menschen teilhaben kann.

Buber berichtete, daß der Wiederbegründer der chassidischen Frömmigkeit, der Baal-Schem-Tob, zu Pflanzen und Tieren gepredigt habe. Aber Predigen genügt nicht, man muß von ihnen lernen.

Der Norden als vierte Richtung der Erde weist auf den Polarstern, um den sich der ganze Himmel dreht. Diese Drehung des Himmels entspricht der Integration neuer Bewußtseinsinhalte, es ist die Ichwerdung der Strategien, der Ort der Weisheit und der Macht. ›Taking ones power‹ bedeutet nicht Generaldirektor zu werden – das ist eine fiktive Macht in einem Theaterstück in der Zivilisation –, sondern die Integration echter Geister, der Verbündeten. Ein solcher Verbündeter ist eine höhere Verantwortung für andere Wesen. Diese Möglichkeit präexistiert im Nagual, und es bedarf eines Kampfes, um sie zu integrieren.

Mit dem Rücken zum Norden zu sitzen bringt die Integration. Im Erdheiligtum ist in der Mitte ein Meteorstein, ein Eisen aus dem All versenkt, und der Pfeil, der auf den Polarstern weist, ist aus Chromnickelstahl, also magnetisch. Magnetismus ist nur Eisen-Nickel-Metallen eigen, der magnetische Nordpol der Erde ist in der Nähe des physikalischen. So kann diese Achse die Verbindung zwischen Tonal und Nagual für die Erde herstellen; denn ein sich drehender Eisenkern erzeugt elektrische Energie.

Die Gefahr des Nordens ist, aus dem bereits Gewußten zu handeln, im Zerrbild des Experten, der auf jede Frage eine Antwort aus seinem Gedächtnis bereit hat. Gedächtnis ist die große Fähigkeit des Denkens, daß es einmal erfahrene Situationen speichert und damit die Aufmerksamkeit offen bleibt. Aber hierzu muß der Mensch echtes Wissen und Kompetenz von bloßer Meinung und Erinnerung unterscheiden, was durch bewußte Integration der Mitternachtsrichtung möglich wird.

Der Polarstern ist in der unbeweglichen Erdachse auf deren Mitte bezogen; daher kann der Mensch sich gleich dem Tier selbständig bewegen und auf immer anderer Höhe der Integration am Leben als Ich mitwirken. Dies ist die echte Macht, die aus dem Denken kommt. Wer jene Stellung, die ihm nach Wissen und Kompetenz gebührt, nicht nur hat, sondern meistert, lebt aus seiner Achse heraus. Und Riten wie der Yoga oder Tai-Chi befähigen ihn dazu, auch in der Bewegung die Mitte zu wahren. So ist der Mensch in seiner Nordrichtung in Kommunion mit dem Tierreich.

Denken ist nicht auf Erkenntnis, sondern auf Strategie gerichtet. Diese ist nicht Programm im Sinn einer festgelegten Melodie und Abfolge, sondern freie Wahl im Rahmen gegebener Wesenstöne, etwa wie die indische Raga-

Musik die Tonleitern festlegt, nicht aber die Melodien, und diese frei im Zusammenhang mit einem gewählten Rhythmus abwandelt.

Alle Tiere sind strategisch aufeinander bezogen; nur der Mensch ist in Gefahr, den großen Zusammenhang zu verlieren. Wer imstande ist, alles Wissen immer wieder auf die Mitte zu beziehen, ist in seiner echten Macht. Damit findet er Zugang zum wahren Menschen der Mitte, welcher nicht mehr eine Richtung, sondern die Kommunion über die Sprache mit dem Menschen im All eröffnet.

Der Mensch ist das fünfte Naturreich; doch nicht als Individuum, als strategisches Tier, sondern als jener, der über seine Fähigkeit der Sprache die Kommunion zwischen den vier Reichen als Noosphäre schafft. Darum bleibt die Mitte des Rades leer. Dort ist der Zugang zu allen Göttern und Geistern, die der Überlieferung zufolge den Weltenbaum vom Polarstern heruntersteigen, um dem Menschen bei seiner kreativen Arbeit zu helfen.

Die vier Richtungen sind die Koordinaten der Mitte, nur von ihr aus zugänglich. Wer sein Subjekt in der Gattung Mensch, im Menschen im All als dessen Glied gefunden hat, ist der liebenden Kommunion fähig. Daher ist auch, wie die Sufis sagen, der eigene Name als Lautgebilde jenes Wort, worüber dem Menschen das Göttliche zugänglich wird.

Die Offenbarung betrifft nicht nur die Art und Weise, wie der Mensch zu seiner Mitte findet, sondern auch wie sich das All ihm mitteilt. Dies wird durch die sekundären Raumrichtungen bewußt, die je zwei primäre zu einer Substanz vereinen.

Osten und Süden, Kreativität und Seele, vereinen sich

im Südosten zu den Geistern der Ahnen, der Geschichte, die das morphogenetische Feld der Gattung Mensch prägen. Mit dem Rücken zum Südosten findet der Mensch Zugang zu jenen Verstorbenen, die seinen Geist prägen oder ihm dazu verhelfen, Mitarbeiter der Schöpfung zu werden.

Solange man aus dem denkerischen Gedächtnis spricht, bleibt einem die lebendige Geschichte verschlossen. Doch alle, die an ihr mitgewirkt haben, die das persönliche Ich überwanden und menschheitsbedeutsam wurden – Goethe sagt: »Wer keinen Namen sich erwarb, gehört den Elementen an« –, sind Freunde, die uns zugänglich werden. Seit über zwanzig Jahren lehre ich Geschichte, und jedesmal offenbart sich die historische Persönlichkeit, über die ich spreche, als Freund in einer neuen Weise. Sie hilft mir, mich selbst zu verstehen und auch die augenblickliche Situation. Ein Sokrates, ein Kant, ein Goethe hat jeder Generation etwas anderes zu sagen. Jene Ahnen – das Wort allein zeigt schon den Doppelsinn, daß man nämlich durch sie zur wahren Deutung des Geschehens kommen kann –, die dem großen Rund der Gattung zugehören und die Vereinzelung hinter sich ließen, sind Öffnungen zum weiten Feld des Universums; sie sind Teil des Menschen im All, der alle Wesen umfaßt, die je gelebt haben.

Feuer und Ahnen ergeben die Geschichte: die Begeisterung entzündet sich, wie das *Buch der Wandlungen* sagt, an den Worten der Vorzeit und den Taten der Vergangenheit. Geister mögen gestorbene Wesen oder auch künftige Menschen sein, die uns jetzt nur als Engel, Botschafter zugänglich sind. Aber letztere bedürfen des Menschen, auf daß ihre Botschaft wirksam werden kann; ohne ihn sind sie machtlos.

Zwischen Seele und Wollen, Süden und Westen, ist der Zugang zur Vision der Elementarkräfte; die Naturgeister, die die Körperlichkeit zusammenhalten. Einstieg zum Südwesten ist der Traum. Für den in der Reflexion befangenen Menschen bleibt er Ausgleich, für den geöffneten wird er Zugang zur averbalen Vision, die sich dann verkörpert.

Über diese Richtung kann der Mensch als Geist auch seinen Körper verlassen, hat wunderbare Kräfte, findet heilende Antwort für alle Probleme, die ihn und andere betreffen, die sich an ihn wenden. Doch diese Kräfte finden ihre positive Auswirkung in der Gemeinsamkeit.

Dies bringt uns zur nächsten Richtung, der Vereinigung von Wollen und Denken im Nordwesten, die den ganzen Körper im Verhältnis zu seiner Umwelt und damit das triebhafte Fühlen erfaßt.

Denkerische Gemeinschaft führt nur zu Zusammenarbeit, gefühlsmäßige Kommunion akzeptiert die Bedürfnisse des anderen. Wer sich mit dem Rücken zum Nordwesten setzt, erfährt, wie er die Motive der anderen mit den seinen in Heiterkeit vereint. Hieraus entsprang der Heilige Kreis des Gesetzes der Indianer und der Thing der Germanen als Grundlage aller Gemeinschaft.

Die Triebe, die einen Menschen im jeweiligen Integrationsniveau des Denkens bestimmen, sind Gegebenheiten wie die Wirklichkeit. Es gilt sie nicht zu unterdrücken, sondern anzuerkennen, weil sie sonst als Kräfte andere Bahnen nehmen, die sich der Kontrolle des Bewußtseins entziehen und den Menschen krank machen.

Das Fühlen als Funktion ist im Werden und Vergehen,

schließt das Gewahrsein des physischen Todes, des Schmerzes immer ein. Im Fühlen gibt es keine Trennung zwischen Ich und Du, sondern beide sind in die empathische Gemeinsamkeit eingebettet.

Der Südwesten ist der Zugang zu den Naturgeistern, den Elementen Feuer, Wasser, Erde und Luft. Der Nordwesten eröffnet den Zugang zu den Urgründen der Triebhaftigkeit. Doch um diese in die Kultur einzubeziehen, muß die ›Medizin‹ des Menschen einbezogen werden, die Vereinigung von Denken und Kreativität im Nordosten. Medizin bedeutet indianisch, daß der Mensch eine bestimmte Tätigkeit, eine Gestaltung des Empfindens, im Verein mit anderen zur Schaffung der Zivilisation ausübt.

Wie die Tiere ihre Rolle im Ökosystem finden, so hat der Mensch diese in der gestalteten Zivilisation, in dem Rollengefüge, wo er mit anderen zusammenarbeitet, um die Schönheit der Erde zu läutern.

Dieser Zusammenhang ist wiederum die Mitte, das Höhere Selbst des Menschen als Teil des Menschen im All. Der Wesenskern ist nicht inkarniert; seine Struktur ist das Rad selbst, das Horoskop als Instrument der Selbstaktualisierung. Nur jener dringt zu dieser Mitte als höhere Oktave der sprachlichen Kommunion durch, der seine eigene Individualität als Gefüge der Elemente des Rades begreifen kann.

Begreifen und nicht verstehen: das Höhere Selbst als Teil des Großen Rund tritt im normalen Leben nur als Zeuge, als Wahrnehmer auf. Doch kann es bewußt im Ritus der großen Feste der Sonne einbezogen werden; in ihren acht Stationen macht sie jeweils einen anderen lebendigen Aspekt des Universums zugänglich, und in der gemeinsamen Feier ist der einzelne für die Dauer des Festes im Großen Einklang, kann sein Wesen in diesem heiligen Augenblick ›himmeln und erden‹, aus der Wahrnehmungsblase befreien, um dann im Alltag weiter an sich und der Welt zu arbeiten.

Wortleib der Seele

Die christliche Theologie hat den Reichtum der biblischen Überlieferung in eine Geschichte mit Anfang und Ende gepreßt, zwischen Paradies und Jüngstem Gericht, und damit vielen der Offenbarungen nur eine Bedeutung als Geschehnis zuerkannt und das darin verborgene Wissen vernachlässigt. Doch eine Ceschichte gleicht einem Theaterstück; die Bibelinterpretation in Nachfolge Augustins ist bewußt den dramatischen Kategorien des Aristoteles nachempfunden:

1.	Exposition	Paradies
2.	Opposition	Sündenfall
3.	Krise	Erlösung durch Christi Tod
4.	Peripatetik	Jüngstes Gericht
5.	Katastrophe	neues Jerusalem

Die philosophisch entscheidende Stufe, die Peripatetik, wo im dramatischen Ablauf im vierten Akt alles offen ist – laut Aristoteles existiert Philosophie nur zwischen Krise und Katastrophe –, wird als Jüngstes Gericht am Ende der Zeiten oder persönlich in der dauernden Gewissenserforschung erlebt. Diese Interpretation vergißt, daß das Ziel der Erlösung nicht nur eine Höherentwicklung, sondern auch eine Wiederherstellung des ursprünglichen Zustandes ist: der Harmonie mit dem Kosmos, auf daß der Mensch Freund und Mitarbeiter des Menschen im All werde, nach dessen Bild er entstanden ist und als dessen Sohn Christus sich bezeichnet.

Aus diesem Gesichtspunkt sind die Geschehnisse der Überlieferung nicht in linearer Folge zu verstehen, sondern existentiell als eine Wandlung des Bewußtseins. Dies gilt besonders durch die Sage von der Sintflut, die sich in allen Überlieferungen findet, obwohl es nachweislich in historischer Zeit keine totale Überschwemmung der Erde gegeben hat. Wichtig darin ist die Konstruktion der Arche mit ihren drei Stockwerken, in welcher Noah von jeder Tierart ein Paar retten sollte.

Das Wort Arka ist weder hebräisch noch babylonisch. Es gehört einer verlorenen Sprache an, hat aber seine Bedeutung des Kreisbogens bis heute überall beibehalten. Nehmen wir nun den Bibeltext mit seiner genauen Bestimmung der Konstruktion der Arche zur Hand:

»Mache dir eine Arche aus Tannenholz, mache Kammern darin, verpicke sie mit Pech inwendig und auswendig. Und mache sie allso: dreihundert Ellen sei die Länge, fünfzig Ellen die Breite und dreißig Ellen die Höhe, dazu noch eine Elle mit einem Fenster; und sie soll drei Böden haben, einen unten, einen anderen in der Mitte und einen dritten in der Höhe.«

Ein Amerikaner, Charles Sherburne, erlebte nun eine Vision, daß er diese Arche nachbauen, aber anstelle der rechteckigen Elle Kreissegmente entsprechender Länge verwenden sollte. Dies gelang ihm, und das Ergebnis hat die Form eines Kajaks, des Schiffes der Eskimos, die in der Arktis leben, im griechischen Land der Hyperboreer, wo die Weisheit herkommt. Als er nun ein Modell fertiggestellt hatte im Verhältnis dreier Kreisbögen zueinander, erlebte er etwas Seltsames, das nach Newtonschen Prinzipien unmöglich schien: Dreht man das Modell auf einer Glasplatte nach links gegen den Uhrzeigersinn, so fängt es an zu schlingern, geht in eine Pendelbewegung über, und sobald diese zur Ruhe kommt, dreht es sich ohne einen äußeren Anstoß in der Gegenrichtung im Uhrzeigersinn.

Sherburne erkannte, daß die Bootsform die Bewegungen der Erde nachvollzieht: das Schlingern entspricht der Bewegung der Erdachse, die einen Kreis in der Nähe des Polarsterns im Weltenjahr beschreibt. Die Pendelbewegung bestimmt das Jahr im dauernden Wechsel von Tag und Nacht, das in Analogie zum Lebenskreis als Ganzheit zu betrachten ist, und die freie Rechtsdrehung weist darauf hin, daß der Himmel dauernd im Osten aufgeht und dem Menschen Inspiration bringt – er also die ›Orientierung‹ – Orient heißt Osten – nicht verliert. Darüber hinaus aber zeigt der Modell der Arche den Rahmen der seelischen Erfahrung, dessen Erkenntnis notwendig ist, um zur Reife zu kommen, daß der Mensch Mitarbeiter des Göttlichen werde. Noah war der Sage nach der erste Weinbauer; er verstand, daß die Pflanzen imstande sind, dem Menschen die Vision des Jenseits zu eröffnen.

Der Kraftleib des magischen Kindes verwurzelt den Menschen in der Urkraft, dem Mana des Alls. Der Lichtleib des Aka verbindet ihn mit der geistigen Welt. Beides sind Räume. Doch der Wortleib der Seele ist in der Zeit zu bestimmen, die sich durch die drei Bewegungen des Tages, des Jahres und des Weltenjahres begreifen läßt.

Die Arche Noah war dreißig Ellen hoch, das Wasser bedeckte die Bergesgipfel nur fünfzehn Ellen; so muß sie von Anfang an auf der Spitze des Berges gestanden sein. Wie in anderen esoterischen Traditionen gilt es die Bedeutung der Zeiten der Seele genau zu verstehen. In meiner ›Geschichte der Denkstile‹ habe ich den Ablauf anhand bestehender Überlieferungen geschildert. Entscheidend ist nun, daß wir mit dem Beginn der Wassermannzeit an das Ende der Geschichte gekommen sind, wo das Nacheinander der Planetenimpulse in das Miteinander des Rades übergeht und die Urreligion der Vereinigung von Kraftleib, Lichtleib und Wortleib wieder zugänglich wird. So wollen wir nun in der Sprache des Rades den systemischen Rahmen der Seele als Grundlage aller Zivilisation untersuchen und bestimmen.

Der Kraftleib des magischen Kindes wird in der vertikalen Nord-Süd-Achse erfahrbar, der Lichtleib in der horizontalen Ost-West-Achse. Der Wortleib vereint nun Kraftleib und Lichtleib in der Seele, die ihre verbindende Rolle erst dann erfüllen kann, wenn sie ihrer eigenen Struktur bewußt geworden ist. Mit dem Beginn der Wassermannzeit ist im Tierkreis der Konstellationen die Ost-West-Achse auf Südost-Nordwest verschoben, und damit ist das Rad vollendet: Jeder einzelne kann fortan seine eigene Geschichte als Weg zur Vollendung erfinden und gestalten.

Die Bewegung des Schlingerns entspricht der Kreiselbewegung der Erdachse im Weltenjahr. Betrachten wir nun die bisherigen Epochen aus kritischer Sicht. Vor der Geschichte lebte seit Millionen von Jahren der Mensch als Homo faber, als werkzeugschaffendes Tier, das sich als ein Tier unter anderen verstand, wie wir es bei all jenen Gruppen finden, die die neolithische Revolution nicht vollzogen haben und weiter in der Mentalität der Altsteinzeit verharren. Diese Revolution geschah im Übergang des Frühlingspunktes von der Konstellation Löwe in jene des Krebses, astronomisch 8840 v. Chr. Der Verlust des Paradieses, das Essen der Frucht des Baumes der Erkenntnis von gut und böse, also das Bewußtwerden des limbischen Gehirns als Grundlage der Seele, bestimmt den Beginn der Jungsteinzeit: der Mensch erkannte die Eigengesetzlichkeit der Zeit, des Kalenders. Gleichzeitig entstanden Ackerbau und Viehzucht, Keramik und Weberei und die sprachlich soziokulturellen Traditionen, die fortan die Instinkte als vorbewußte Eingliederung in die Natur verdrängten.

Religion bedeutet sprachliche Bestimmung der Instinkte anhand der größten erkennbaren Gruppe. Die astralmythischen Epochen gliedern sich in folgende Gegensatzpaare:

Beginn	*Gemeinschaft*	*Gottesbegriff*
8840	Krebs – Klan	Steinbock – Tradition
6680	Zwillinge – Stamm	Schütze – großer Geist
4520	Stier – Stadt	Skorpion – Götterfolge
2360	Widder – Volk	Waage – Gesetzgeber
200	Fische – Reich	Jungfrau – Götterbote
1962	Wassermann – Menschheit	Löwe – Mensch im All

Der Klan bedeutet die Gründung der Familie – Ehen gibt es auch bei Tieren –, wo die Kinder das Werk der Eltern fortsetzen. Seine Voraussetzung war die Erkenntnis des Kalenders, der Steinkreis wurde zum Kalendarium, um die Menschen zu befähigen, das ganze Jahr zu planen, wie wir es in allen Überlieferungen finden. So ist auch heute noch die erste Voraussetzung allen seelischen Lebens die Achse Familie–Beruf: die wirtschaftliche Grundeinheit als Dauer ermöglicht die Schaffung einer Geschichte über den einzelnen hinaus.

Mit dem Größerwerden der Klans begannen die großen Wanderungen der Stämme: Der Geist, die Inspiration wurde unmittelbar zugänglich, und der einzelne mußte Mutproben bestehen, um seine Aufgabe zu begreifen. Der Geist ist unvoraussehbar, und die Stämme begannen gleich den Tieren die Jagdterritorien gegeneinander abzugrenzen, wobei jeder Stamm sich als die einzigen Menschen betrachtete, die ihre Identität in der gemeinsamen Sprache haben.

Mit der Stierzeit begann die Stadtkultur mit der Schrift; die Visionen wurden zu Gestaltungsprinzipien eines bestimmten Landstrichs, der als Mittelpunkt der Erde erlebt wurde. Das Leben auf der Erde galt als Vorbereitung für das im Jenseits, wobei es Stufen der Entwicklung gab: die Götter des ägyptischen Totenbuchs waren ehemalige Menschen, sie brauchten Nachschub. Religionen folgen einander mit Göttergenerationen. Das Lernen wurde konkret, und der Kultus fand seine Verkörperung in Tempeln, die die ursprünglichen Steinkreise verdrängten.

Mit der Widderzeit wurde der normale Mensch selbst geheiligt: An die Stelle des esoterischen Lernens trat das allgemein verständliche Gesetz, das jeden Menschen im Rahmen des Volkes zu einem gleichberechtigten Glied erhob. Gott wurde als Gesetzgeber erlebt.

Im Übergang zur Fischezeit tauchte zum erstenmal die Vorstellung individueller Unsterblichkeit auf: mit Buddha die Befreiung durch den Körper, mit Christus die Erlösung der Seele und mit Mohammed die Offenbarung des Geistes. An die Stelle der persönlichen Offenbarung und Prophetie trat die Buchreligion, die Dichtung einer göttlichen Inkarnation oder eines Kulturheroen, die zu den Reichsgründungen führte, welche Völker zu einer höheren Einheit zusammenfaßten. Das Ende der Fischezeit und der Beginn der Wassermannzeit brachte das Ende der Reiche. Die Bekenntnisse wurden negativ, an ihre Stelle tritt nun das erkennende Verstehen, die Gnosis. Die Menschheit als Gattung ist virtuell und aktuell der Rahmen der Zivilisation, und Weltgeschichte erübrigt sich. Fortan findet der Mensch im Gegenzeichen Löwe seinen paradiesischen Einklang mit dem Kosmos, erlebt sein seelisches Subjekt als Mensch im All, als Teil der Gattung, doch auf bewußter und nicht mehr mythisch-instinktiver Ebene.

So hat die Weltgeschichte heute ihr Ende, und viele warten vergeblich auf die Katastrophe des Jüngsten Gerichts, die ihnen den Schritt zur Selbstverantwortung und Freiheit ersparen würde. Die vier körperlichen Zeichen des Zeitrades zeigen die Koordinaten des Menschen: der Kopf ist im Denken, im Wassermann, in der technologischen Gesellschaft. Die rechte Hand ist im Empfinden, Stier, in der Weltgestaltung. Die linke ist im Fühlen im Skorpion, in der Traumvision der Motive, und die Füße stehen im Wollen im Löwen, in der Wahl, im spielerischen Selbstausdruck. Seit jeher ist diese Ordnung als das eigentliche Bild des Menschen verstanden worden, so bei der Sphinx in Ägypten: das Engelsgesicht im unermüdlichen Stierkörper auf kraftvollen Löwefüßen, dessen Adlerflügel ihn nicht an die Erde binden.

Geschichte bedeutet Geschehen, das zum Wissen geworden ist. Aus der bisherigen Weltgeschichte entstehen fünf Postulate, die die Voraussetzung der Wassermannzeit bilden:

1. Der Ansatz ist Familie und Beruf: nur wenn der Mensch die Möglichkeit hat, die Familie zu entfalten und in seinem Beruf weiterzukommen, also einen Wohlstand zu erreichen, hat er Zugang zu seinen Motivationen. Das bedeutet Privateigentum, das der Entfaltung der Familie und des einzelnen angemessen ist, doch nicht auf Kosten anderer und der Abhängigkeit erkauft werden kann.
2. Jeder muß wie in der Zwillingszeit die Möglichkeit haben, sich immer weiter zu bilden und freizügig seiner Inspiration zu folgen, wohin sie ihn auch führen mag. Wer nicht mehr lernt, regrediert und erleidet einen geistigen Tod, worauf ihn nur der physische erlösen kann.
3. Die Welt der Instinkte und Mythen hat keine Eigenmächtigkeit, sondern ist der Born aller künstlerischen Gestaltung: die dritte Stufe ist die bewußte Mitarbeit an der Schönheit der Welt, die nichts mit dem wirtschaftlichen Denken, den Überlebensstrategien der ersten Stufe gemeinsam hat.
4. Jeder muß Mitmensch zum Gegenüber werden: die Forderung der persönlichen Selbstbestimmung und Freiheit der Widderzeit gewährleistet durch dauernde Arbeit am Gesetz, daß keiner versklavt werde.

5. Die Anerkennung der dichterischen Freiheit des einzelnen, die Möglichkeit, am Reichtum der geistigen Kultur mitzuarbeiten, des Austausches in allen Gebieten, auf daß jeder alle seine Anlagen entfalten kann.

Unterhalb dieser fünf Postulate kann niemand an der neuen Zeit mitarbeiten; sie erfüllen sich notwendig, da sie im Zeitgeist sind. Wer in eine frühere Mentalität zurückfällt – der Sicherungstrieb der ersten Stufe, das Karrieredenken der zweiten, die Exklusivität der dritten, die Gleichmacherei der vierten und die Autoritätsverehrung der fünften –, kann zu seinem Sinn nicht durchstoßen. Doch wahrscheinlich müssen manche Länder und Volksgruppen vergangene Epochen nachholen, gleich wie ein psychisch Kranker Regressionen und Übertragungssituationen braucht, bis er wieder Anschluß an die bestehende Welt findet. Die Methoden hierzu sind zugänglich, und damit können wir uns jetzt den konstituierenden Merkmalen des Wortleibes der Seele zuwenden.

Das zweite Gesetz der Arche ist das Pendel; es entspricht dem Jahr, das als Einheit zu verstehen ist und jeden Tag zwischen Tag- und Nachtbewußtsein, Tonal und Nagual wechselt. Das Gewahrsein jedes Menschen hat seine Wurzel im Menschen im All, der Gattung, der transpersonalen Liebe. Der Tierkreis ist das Bild des Menschen im All, die Mitte seine Wurzel, das Sein. Diese wird einerseits erreicht durch die senkrechte Achse der Personen im Kraftleib, andrerseits durch die Dialektik zwischen Nichts und Etwas im Geistleib. Im Wortleib entsteht sie durch Wahrung der Gegensätze der Zivilisation, die aus dem Tierkreis abzulesen sind: Gegenfarben ergeben Weiß.

I Seele-wollen, Politik, Widder –
VII Seele-denken, Recht, Waage.

Politik hat als Ziel die Freiheit des einzelnen, die Selbstbestimmung und persönliche Entfaltung, Recht und Sicherheit, auf daß keiner in seiner Freiheit durch Verbrechen oder Bevormundung beeinträchtigt werde. Ist das Recht im Vordergrund, so gibt es keine persönliche Entfaltung, ist die Persönlichkeit das Ziel, so schwindet das Recht und wird gebeugt.

II Körper-empfinden, Produktion, Stier –
VIII Körper-fühlen, Kampf, Skorpion.

Die Produktion, die Kunst auf allen Gebieten, die Schaffung einer schöneren Welt geht vom Besitz aus, einem Bereich, der einem Menschen zur Gestaltung übergeben ist und den er entfalten kann. Hier ist die Gefahr des Wucherns, wenn nicht immer wieder das Bestehende auf das Werden und Vergehen des Lebens abgestimmt wird. Jedem leuchtet die Figur des Helden ein, der aus eigenem Mut Mißstände beseitigt und verhindert, daß andere in ihrer Produktivität behindert werden. In dieses Gegensatzpaar, Wachstum der Produktivität und Verhinderung, daß Menschen von anderen ausgenützt werden, hat sich der mittelalterliche Streit Nominalismus–Realismus heute verlagert: Kapitalismus gegen Sozialismus. Der Gegensatz ist echt, entspricht der linken und rechten Großhirnhemisphäre. Um an der neuen Zeit mitwirken zu können, darf man sich daher keinem der beiden anschließen, sondern schlau das jeweils Mögliche verwirklichen, wie auch in der demokratischen Politik einmal die Konservativen, ein andermal die Sozialisten an die Macht kommen.

III Geist-denken, Wissenschaft, Zwillinge –
IX Geist-wollen, Religion, Schütze.

Wissenschaft ist das Kennzeichen des strebenden Menschen, geht von der Forschungsgruppe aus, die Bestehendes besser klärt und neue Ansätze schafft. Aber Wissenschaft ist wertfrei, hat keinen Sinn. Ihr Gegensatz ist die experimentelle Religion, das Finden des persönlichen Sinnes in der Vision, oder das geistige Innewerden einer Tradition. So gilt es, diesen Gegensatz durchzuhalten und weder aus religiöser Weltanschauung freie Forschung abzulehnen noch aus agnostischem Vorurteil Metaphysik und Transzendenz.

IV Seele-fühlen, Wohlstand, Krebs –
X Seele-empfinden, Staat, Steinbock.

Der Gegensatz zwischen Familie und Beruf ist offensichtlich die Hauptachse der Zivilisation und war in der neolithischen Revolution der Anfang der Geschichte. Die Familie hat dafür zu sorgen, daß Kinder so aufwachsen können, daß jeder seine Anlage über liebevolle Anteilnahme erkennen und entfalten kann. Doch der Beruf im Staat muß darauf achten, daß Tüchtigkeit herrscht und nicht aus Mitleid unfähige Menschen auf falsche Posten berufen werden.

V Körper-wollen, Erziehung, Löwe –
XI Körper-denken, Technologie, Wassermann.

Alles Können ist letztlich Spiel, die Übung der Erziehung geht auf Befreiung des spielerischen Ausdrucks. Das magische Kind kommt zur Selbstdarstellung und wird damit einer intensiven Freude teilhaftig. Feste und Spiele sind Kennzeichen des Kindes. Der Gegenpol ist die technische

Zivilisation, die unschöpferische Arbeiten Maschinen überträgt und damit jedem die Möglichkeit der Selbstaktualisierung schafft. Wassermann–Löwe ist die senkrechte Achse der Zivilisation: man muß bewußt sterben, sein praktisches Wissen anderen zur Verfügung stellen, gleichzeitig aber den eigenen Ausdruck finden und anregen. Technik ist Kennzeichen des Menschentiers; biologisch wird dieser Gegensatz als Merkwelt–Wirkwelt definiert. Stimmen beide nicht überein, so wird selbst das Tier neurotisch und psychotisch. Die Kultur darf nicht lokal sein, sondern planetarisch, und jeder Ausdruck der Lebensfreude, des Tanzes, des gemeinsamen Festes und der Liebe als dem Urspiel der Vereinigung der Geschlechter muß seinen Platz finden.

VI Geist-empfinden, Wirtschaft, Jungfrau –
XII Geist-fühlen, Heilkunst, Fische.

Wirtschaft beruht auf der Arbeit, dem Verwandeln von Rohstoffen in Werte, der Teilnahme an Stoffwechsel und Austausch. Heilung bedeutet Finden der großen Gemeinsamkeit, Verwandlung des ›einsam‹ in allein. Wirtschaft dient der Vermehrung der Mittel, Heilung dem Finden einer endlichen Ganzheit, die Durchgangstor der kosmischen Liebe wird. Bei jeder wirtschaftlichen Frage muß die Wirkung auf das Gesamte berücksichtigt werden, desgleichen darf man die Gesundheit nicht zu ernst nehmen: echtes Mitleid ist, dem Menschen so lange zu helfen, wie seine Entfaltung weitergeht, aber nicht ihn künstlich am Leben zu erhalten, wenn dies nur noch ein Vegetieren ist.

Alle bisherigen Kulturen haben einen Teil der Gebiete besetzt, andere aber ausgelassen. Solange die Entwicklung der Menschheit einer Schule glich, war diese Einseitigkeit nicht negativ; heute hingegen ist jegliche nationale, religiöse oder ideologische Verhärtung Zerstörung, weil sie den Menschen abhält, seine Ganzheit zu finden. Der Mensch ist, wie Christus sagte, in der Welt und nicht von der Welt. So gilt es mitzuspielen, ohne sich mitreißen zu lassen und unter keinen Umständen Partei zu ergreifen.

Sobald man über die Probleme der Zivilisation spricht, ist man in ihnen gefangen, und die Experten des jeweiligen Gebiets haben Macht über einen. Doch die Macht ist nur räumlich, nicht zeitlich: wann man etwas beginnt, steht einem immer frei, sobald man nicht in einem äußerlichen Abhängigkeitsverhältnis gefangen ist. Niemand ist dies für alle zwölf Gebiete, und so bedeutet die Magie der Seele, daß sie den richtigen Zeitpunkt auswählen kann, um zu handeln. Diese Möglichkeit ist in der dritten Drehung der Achse symbolisiert, die aktuell wird, sobald der Pendel erreicht ist. Im Raum des Kraftleibes und des Lichtleibes setzt man sich in die entsprechende Richtung mit dem Rücken oder bewegt sich in jene, um anzurufen oder zu beschwören. In der Zeit der Seele beginnt man die Wahl, die Entscheidung – der Beginn ist immer ein Ostpunkt – im Einklang mit der Stunde.

XII. Eine Entscheidung für die eigene Gesundheit, die Regeneration und Heilung ist zwischen 6 und 8 Uhr zu fällen.

XI. Eine Klärung der Zivilisation, eine historische Arbeit oder eine technische Planung zwischen 8 und 10.

X. Eine berufliche Wahl und Entscheidung zwischen 10 und 12.

IX. Eine Vertiefung in eine neue Idee, ein neuer Weg oder das Verstehen einer Tradition, die für einen verpflichtend werden kann, zwischen 12 und 14.

VIII. Ein Neuanfang, das Ergreifen einer unbekannten Gelegenheit zwischen 14 und 16.

VII. Der Abschluß eines Vertrages, ein Besuch, der wichtig werden kann, ein Sich-Durchsetzen in der Gemeinschaft zwischen 16 und Sonnenuntergang.

Dies sind die öffentlichen Entscheidungen, nun kommen die intimen.

VI. Eine Arbeit beginnt man am besten zwischen 18 und 20 Uhr.

V. Eine Selbstdarstellung, ein Theater, ein Spiel, das andere mitreißt, hat seinen zeitlichen Höhepunkt zwischen 20 und 22.

IV. Ein Problem des Verhältnisses zu Eltern und Herkunft findet seine Lösung zwischen 22 und 24.

III. Die eigene Lernfähigkeit, der einzuschlagende Weg des Werdegangs, wird zwischen 0 und 2 erkennbar.

II. Die Besinnung auf die materielle Grundlage und der Ansatz einer neuen Gestaltung zeigt sich zwischen 2 und 4, gerade dann, wenn die Lebenskräfte am geringsten sind.

I. Die Selbstfindung, das Einstehen für die eigene Person, wird zwischen 4 und 6 zugänglich.

Die Zeiten werden je nach Ort und Monat im Sinne des Häuserkreises des Placidus leicht verschoben. Durch die Wahl des richtigen Zeitpunktes hat man Fortuna, was das Mittelalter als Zeichen des Meisters wertete. Aber zusätzlich zur Wahl gilt es die neun Motive zu verstehen, die den Menschen so lange als äußere Götter lenken, bis er ihre Forderung ethisch integriert hat.

Jeder der Planeten hat seinen Ort im Tierkreis und im Enneagramm. Die Bedeutung ergibt sich einerseits durch seine Stellung im Zeichen, andererseits durch die grammatikalische Wortart, die er verkörpert.

Satz schafft Sinn, grammatikalische Kategorie Bedeutung. Wissen ist immer auch Verhalten. Analytisch habe ich diesen Zusammenhang oft beschrieben, am ausführlichsten in ›Nichts im Etwas‹. Hier gilt es nun, die praktische Anwendung zu zeigen, die die ursprüngliche Bedeutung der neun Ziffern als göttlich-menschliche Attribute zeigt.

Die Planeten bestimmen seelisch die Wirkweisen der Instinkte. Man kann ihr Spielball sein, man kann aber auch ihre Kraft verwenden, um im Einklang mit der Menschheit zu wirken, wodurch man gleich der Sonne zum strahlenden und heiteren Wesen wird.

1. Jupiter bestimmt das Inbild, die eigene höchste Möglichkeit, die der persönliche Name ist, den man als Wegzeichen vor der Geburt gewählt hat. Sowohl für sich selbst als auch für andere gilt es diese Potentialität zu erkennen, um überhaupt von einer Sache zu einer Person zu werden.
2. Venus, Form und Inhalt, verlangt den persönlichen Lebensstil im Einklang mit dem Inbild: die äußere Gestalt muß dieses als Autorität und Urheberschaft verdeutlichen.
3. Uranus, Sein, Haben, Werden, bestimmt den dialekti-

schen Fortschritt im Werdegang, der nicht einem statischen Berufsziel untergeordnet werden darf, sondern der Wandlung des echten Interesses folgen muß: die einzige Unendlichkeit bei den Planeten, weshalb für diesen Impuls der Name des Himmels gewählt wurde.

4. Mond, die Vorstellungsfähigkeit, hat die Fähigkeit, für sich und andere so zu sorgen, daß ihre Bedürfnisse erfüllt werden. Präpositionen (Verhältnisworte) beziehen sich immer auf eine Mitte.
5. Merkur als Fähigkeit des Bestimmens, Vergleichens und Hervorhebens, als Urteilskraft gibt die Möglichkeit, ein Vermögen zu bilden, wirtschaftlich unabhängig zu werden, um jene Stellung zu erreichen, in der man gemeinschaftlich wirken kann.
6. Neptun, die personale Fähigkeit des Verhandelns, der soziale Sinn, läßt einen jene Menschen finden, mit denen man in Kommunion und Kommunikation treten kann.
7. Mars, die Fähigkeit zu beginnen und für einen Wert zu kämpfen, der wichtiger ist als das Überleben, schafft den Neuanfang allen Wirkens.
8. Saturn, Beherrschung der Umstände im Sinne des Umstandswortes und der Verantwortung, zeigt einem den Ort und den Zeitpunkt, wo man in der Reihe der Generationen als Kompetenz seine Macht erreicht: nicht zu hoch und nicht zu niedrig.
9. Pluto zeigt durch seine grammatikalische Fähigkeit die Schaffung einer Dauer: Vereinigung von Vergangenheit, Gegenwart und Zukunft im Planen, Erkenntnis der Bedingungen, um das Mögliche aktiv, passiv oder mitschwingend zu verwirklichen. Hier wird der Mensch im bewußten Sterben – indem er seine Gaben

der Welt als Verkörperung zurückgibt – originell zum Erfinder seiner selbst. Wie das Genom einer Druckmaschine gleicht, zufolge welcher sich die Zellen des Körpers immer wieder erneuern, drängt Pluto jeden dazu, seine Fähigkeiten gleich neuen Maschinen, die selbsttätig zum Nutzen anderer arbeiten, dem Weltall als ›Bedeutender‹ zu übergeben.

Pluto ist der Impuls der Wassermannzeit, mythisch Herr des Hades als Ort ewiger Wiederholung. Seine Gefahr ist heute in der falschen Herrschaft der Experten offensichtlich.

Vereinzelt werden die Instinkte zu Lastern, die einen im Sinne der Dunkelwaltung mitreißen, wenn er nicht wahrer Mensch geworden ist: Jupiter äußert sich als Eifersucht, Venus als Eitelkeit, Uranus als schrankenloser Ehrgeiz, Mond als Lüge, Merkur als Geiz und Habsucht, Neptun als Neid, Mars als Streitsucht, Saturn als Machttrieb und Pluto als Ruhmsucht. Wer sich die Eigenschaften zuspricht und sich mit seinem Ichbild identifiziert, fällt ihrer mechanischen Wechselwirkung zum Opfer. Nur wer sie bewußt anjocht, wird imstande sein, aus seiner Sonne zu leben – seinem Wesen als Teilhabe des Menschen im All – und dieser die Planeten einzugliedern.

Planeten und Tierkreiszeichen sowie die astrologischen Häuser stehen in einem Horoskop in einer bestimmten Verschränkung zueinander, welche die räumliche und zeitliche Sonderart prägen: die Anlage als Weg anstelle der Teilhabe an einer historischen, notwendig einseitigen Kultur und Geschichte. Das Horoskop zeigt räumlich die

Merkwelt, zeitlich im Nacheinander der Siebenjahresabschnitte die Wirkwelt. Die Elemente sind bei jedem gleich, nur ihre Kombination ist verschieden, woraus folgt, daß jegliche Seinshierarchie ein Unsinn ist: wir sind alle gleich auf dem Niveau der Menschlichkeit, wenn wir nicht mehr von den Konstituenten mitgerissen werden, von denen jede, einzeln genommen, stärker ist als das Ichbild. Nur die Sonne, das Wesen, das Bekenntnis zum Strahlen und Opfern, ist ihnen gewachsen. So hat das Horoskop den gegenteiligen Sinn dessen, was die landläufige Astrologie annimmt: Es ermöglicht dem Verständigen, seine Anlage und Begabung, seine Eigenschaften und auch die ihn bestimmenden Ereignisse außer sich zu erleben, um ganz leere Erdmitte zu sein.

Aber diese Außer-Sich muß erst errungen werden. Es gibt die formale Erziehung der Schule und Universität, um die lokale, sprachlich gegliederte Kultur zu erlernen. Es gibt aber darüber hinaus die Freiheit und Selbstbestimmung. In der Sprache müssen die Wortarten – Hauptwort, Zeitwort, Eigenschaftswort, Umstandswort usw. gleichgewichtig gebraucht werden, um einen Sinn als Information mitteilen zu können. Desgleichen müssen die seelischen Konstituenten, die personalen Beziehungen von äußeren Zwängen in innere Fähigkeiten verwandelt werden.

Die Planeten des Fühlens und Empfindens bilden die Urfamilie, die es zu integrieren gilt:

weiblich	*männlich*
Mutter – Jupiter	Vater – Saturn
Schwester – Venus	Bruder – Mars
Tochter – Mond	Sohn – Merkur

Jede der sechs hat eine bestimmte kritische Rolle, auf die man reagiert und die man nicht ignorieren kann.

Vater – Saturn ist die Forderung, daß die Leistung in der Gesellschaft brauchbar wird und der Mensch seine Pflichten erfüllt.

Mutter – Jupiter betrifft das Verhalten und Benehmen, Würde und Ehre, Ruf und Gesicht, Anstand, Sitte, aber auch die Achtung, die man anderen zollt und selbst mit Recht verlangt.

Bruder – Mars verlangt Mut und Einsatz und kränkt sich über Feigheit: Wird einem diese vorgeworfen, so springen die meisten über sich, um zu beweisen, daß der Vorwurf nicht stimmt. Dieserart kann man im Krieg Menschen ohne ihr Widerstreben in den sicheren Tod schicken.

Schwester – Venus verträgt keine Kritik an der Schönheit, an der Form, die sie sich zurechnet und täglich immer wieder erneuert.

Sohn – Merkur ist die Forderung, geschickt und schlau zu sein, in jeder Lage einen Ausweg zu wissen – wer leidet nicht darunter, als ungeschickt und tölpelhaft bezeichnet zu werden!

Tochter – Mond verlangt die Erfüllung der eigenen und fremden Bedürfnisse. Jeder schämt sich bei dem Vorwurf, nicht richtig zu sorgen und andere zu vernachlässigen, da die Triebhaftigkeit der Pflege bedarf.

Durch diese sechs wird das Gefüge der Gesellschaft aufrechterhalten und geheiligt. Ältere Menschen beanspruchen Mutter- oder Vaterrollen in der Öffentlichkeit, Erwachsene sind in Kompetition oder im Jahrmarkt der Eitelkeiten, Jugendliche finden es selbstverständlich, daß man für sie sorgt.

Die sechs Planeten entsprechen der mannigfaltigen Figur im Enneagramm. Doch die persönliche Entfaltung aus den drei Keimblättern wird durch drei weitere Planeten bestimmt:

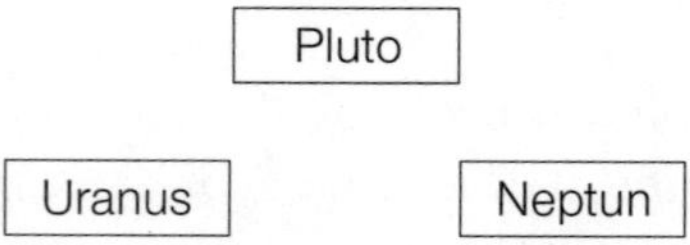

Uranus: Jeder will einer Gruppe zugehören, die im Wachstum begriffen ist und deren Zugehörigkeit Kameradschaft und Loyalität verlangt.

Neptun: Jeder will im Verkehr höflich von anderen anerkannt und bestätigt werden und verträgt es schlecht, wenn er nicht begrüßt wird und man ihn ignoriert. Er möchte eine gesellschaftliche Stellung haben und in dieser geachtet sein. So erfordert dieser Impuls die Wahrung bestimmter, sprachlich fixierter Sitten, die nicht wie bei Jupiter – Hera von einer Mutterfigur getragen werden, sondern objektiviert sind; das Recht als denkerischer Niederschlag der seelischen Gemeinschaft muß immer wieder den tatsächlichen sozialen Bedingungen angepaßt werden.

Pluto: Jeder will etwas Bedeutendes, etwas Besonderes im Werk darstellen, durch ein ›Was‹ Anerkennung finden, eine eigene Verkörperung seines Denkens aktualisieren.

Menschliche Tragödien lassen sich auf das Wechselspiel dieser neun Impulse zurückführen, wenn diese nicht vom Wesen der Sonne und dem Sein der Erdmitte integriert sind. Die jeweilige Gesellschaft hat kein Interesse daran, daß der einzelne sich aus ihrer Bedingtheit befreit, weil bisher die politische Kohäsion nur durch Angst und Feindbilder aufrechtzuerhalten war. So sind die Planeten tatsächlich jene Faktoren, die den Menschen in seinem eihaften unglücklichen Bewußtsein festhalten, bis er in der seelischen Wiedergeburt der Öffnung zu Lichtleib und Kraftleib die Schale sprengt und die Stimme seines Wesens ergreift.

Über die Chakren – Betrachtung und Erfahrung

Im Jahre 1966, als ich begann, mich mit dem Yoga zu beschäftigen und die Yogawelle in Europa gerade eine größere Anzahl von Suchenden erfaßte, waren die Chakren noch äußerst mysteriös und tabu. Ich wurde öfters gefragt: »Ist es nicht gefährlich, die Kundalini zu wecken?« Es wurden Schauergeschichten erzählt von Adepten, die mit solchen Übungen in schlimme Zustände geraten waren. Es gab auch Schriften namhafter Yogis, die ihre Engpässe und Durchbrüche zum Licht, ihre Kämpfe zwischen Verhaftung und Befreiung im Rahmen der Chakrenordnung durchspielten, wie die Heiligen der christlichen Welt sie als Versuchungen der Teufel personifizierten oder die Indianer ihre Wesenskraft in der Konfrontation mit dem Ally entfalteten. Die Identifikation meiner Probleme mit den Chakren ist mir nicht gegeben, obwohl ich oft ins ›dunkle Loch‹ falle und mein Vertrauen verliere und sich gewisse Blockaden manchmal auch körperlich an bestimmten Stellen schmerzhaft oder zumindest als Unbehagen wahrnehmen lassen.

Für mich sind die sieben Chakren Umschaltplätze, über die die feinere Energie, die den Lichtleib, die Bewußtseinsganzheit aufbaut, mit dem Körper in Berührung ist. Sie sind Orte, über die die Urkraft siebenfältig in uns einströmt, um sich in unserer Verkörperung zu verwirklichen.

Zehnfältig ist die energetische Anteilnahme unseres Lichtleibes an den Schwingungen des GANZEN, des Pleroma, des Göttlichen als Fülle. Sich dieses Zusammenhangs bewußt zu werden, ist für mich eine große Freude und kann nichts anderes sein: Der Atem Gottes strömt auch durch mich, und ich kann ihn siebenfältig bergen, um ihn zwölffältig im Lebenskreis zur Verwirklichung zu bringen.

Die Völker Indiens, dieses Stier-Kontinents, waren die ersten, die mit ihren konkreten Beschreibungen und praktischen Anweisungen der Meditation unsere Aufmerksamkeit auf die Chakren gelenkt haben. Heute brauchen wir nur eine Zeitschrift alternativer Methoden der Psychologie, Massage, Heilkunst etc. aufzuschlagen und finden das Thema ausführlich behandelt.

Sicher kann ein stures Meditieren schädlich sein, wie jede Einseitigkeit. Wesentlich scheint mir als Grundlage der Besinnung auf das Unsichtbare im Körper, die Beschäftigung mit dem Greifbaren, dem Körper selbst. Einerseits sind viele Betätigungen und Lebensumstände unserer Zelt so körperfremd, daß es eines bewußten Ausgleichs bedarf – andererseits wird die Zuwendung zum Körper in der Wassermannzeit, der Zeit des Körper-Denkens, immer selbstverständlicher. Methoden vergangener Epochen, die den Körper als Gefäß des Bewußtseins entfalten wollten, werden wiederentdeckt und den heutigen Verhältnissen angepaßt gelehrt. Neue werden entwickelt, wie die von Mosche Feldenkrais, der mit seinen genialen Übungen in die Spontaneität der Bewegung zurückführt. Jeder Teil des Körpers, der nicht von mir bewohnt ist, ist von anderen bewohnt – heißt es; und jeder Bewegungsablauf entspricht einer Denkgewohnheit, einer Neuronenverknüpfung im Gehirn; und jedes Denken und Fühlen hat wiederum im Körper seinen Niederschlag. Das innere spontane Ich ist von einer ganzen Bevölkerung von ›kleinen Ichs‹ bedrängt. So sitzt vielleicht im Nacken das Häßliche-Entlein-Ich, in den Schultern das beschimpfte, besorgte, in den Hüften das vereinsamte und in den Füßen das seinen Stand suchende. So schleppen wir die jüngste Vergangenheit der letzten Stunden und die früheste der Jugend im Körper mit uns herum. Diese Fixierungen zu lösen ist das Anliegen aller Methoden des Körpergewahrseins.

Im Yoga sind es die Asanas, bestimmte Haltungen, über die wir versuchen, das Gewahrsein dieser Körperganzheit zu erlangen. Es geschieht letztlich durch den Ausgleich von *halten:* aufwärtsstreben, aufrichten, dem Himmel zu – und *lassen:* entspannen, loslassen, sich der Erde anvertrauen. Durch diese Körperarbeit stellt sich ein ruhiges Atmen ein, das noch durch Pranayama, Atemgewahrseinsübungen, gefördert wird, bis der Atemstrom in seiner Kontinuität das Gefährt des Bewußtseins in bestimmter Richtung trägt. Dann kann die Meditation beginnen.

Wer die Chakren (im Sanskrit ›Räder‹ – Energiewirbel) meditiert, wird sich gewiß schon mit ihrer Lokalisierung im Körper vertraut gemacht haben. Die Reihenfolge in der Abbildung auf S. 120 ist von unten nach oben zu lesen.

7 und 1 sind der Wirbelsäule vorgelagert. Alle sieben können trotzdem als Senkrechte erfahren werden.

Die Schwingungsfelder dieser Chakren sind mit dem Pendel ca. 20 bis 30 cm vom Körper entfernt sowohl vorne wie auch rückwärts genau festzustellen.

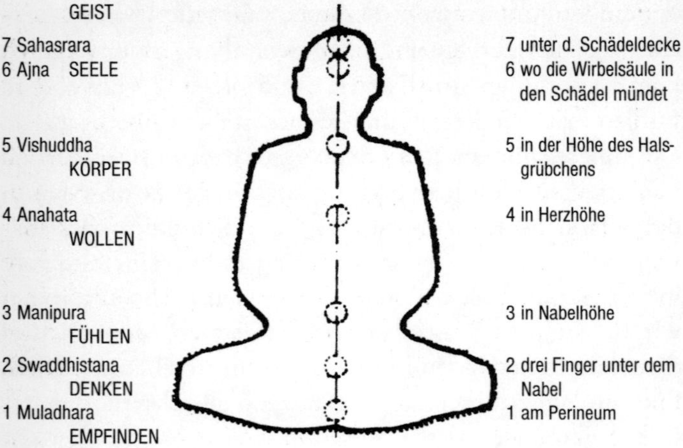

Nun will ich den Ablauf einer Chakrenmeditation beschreiben, wie ich sie auf Anregung von Swami Satyananda jahrelang mit meinen Schülern geübt habe:

Ich besinne mich zuerst auf den langsam strömenden Atem, lausche dem zarten Geräusch.

Dann fährt mein Gewahrsein mit dem einströmenden Atem in meiner Senkrechten bis zum Scheitel, sogar ein Stückchen darüber hinaus, um mich dem Unendlichen, dem Licht des Bewußtseins zu öffnen; im ausströmenden Atem sinke ich nach unten und noch ein Stückchen der Erdmitte zu, um ›die Kraft‹ zu empfangen. So habe ich den Weg zwischen Erde und Himmel freigelegt.

Dann bringe ich meine ganze Aufmerksamkeit in das Muladhara, bis ich spüre »da!« – bis mein Gewahrsein an diesem Ort der Leere weilt.

Ich spreche die Chakren mit Namen an, die indischen sind mir lieb, weil sie ein Klangbild darstellen, ohne assoziative Festlegung. Ein Name ist notwendig, denn mit diesem verbindet sich nach einiger Zeit die bisherige Erfahrung, und gleichzeitig öffne ich mich der neuen. Ich könnte auch die Zahl selbst zur Anrufung verwenden, wenn sie für mich alle bisher erfaßte Bedeutung birgt.

Mit dem langsam ausströmenden Atem versenke ich mich in diesen Ort, mit dem einströmenden steige ich in der Senkrechten auf zum nächsten, in den ich wieder ausströmend eingehe. So fahre ich fort, bis ich das siebte Chakra erreicht habe. Dies ist der Aufstieg mittels der Kraft zum Licht. Das Licht lasse ich dann im ausströmenden Atem hinuntersinken, im einströmenden verweile ich im jeweiligen Chakra.

Zum Abschluß der Meditation erfahre ich den ganzen Körper als Leere, erfüllt von feinsten Schwingungen des Alls; dann spüre ich ihn in seiner Körperlichkeit und beginne mich zu bewegen, öffne die Augen.

Diese Art, die sieben Chakren bewußt miteinander zu verbinden, ist wirkungsvoll, wenn sich über Körperruhe und entsprechende Atemtechnik der Meditationsatem einstellt. Das ist ein Umschalten der Atmung auf ein gleichmäßig sehr langsames ›Es strömt‹, das niemals gewaltsam erreicht werden kann und darf.

Solche Meditationen können in vielen Variationen durchgeführt werden; man kann ja auch längere Zeit an einem Ort verweilen. Manche verwenden Farbzuordnungen und Bildvorstellungen indischen Ursprungs, wie wir sie auf Abbildungen der Chakren finden, um der Eigenart der sieben Licht-Kraft-Zentren innezuwerden. Ich ›verwende‹ keine Bilder und Farben. Wenn sie auftauchen, empfange ich sie. In unserem Zeitalter ist der Begriff der Schwingung nicht mehr fremd. Nicht nur der Physiker, auch der Laie spricht von Schwingungen, die Kirlianschen Fotografien haben die Wirklichkeit einer der alltäglichen Sicht verborgenen Welt gezeigt.

Das Singen von Mantras, das OM-Summen, wird oft zur Erweckung der Chakren geübt. Swami Satyananda, der von Musik nicht viel verstand, bediente sich des Harmoniums mit der europäischen Siebentonleiter.

Nun hatte mein Mann – der sich seit jeher mit Pythagoras und den Obertönen befaßt hatte – 1971 den Einfall, daß der siebte Oberton, der in der nachpythagoräischen Periode als ekmelisch, als unmelodisch bezeichnet wurde, weil er sich nicht in den Rahmen der zwölf Töne (unserer temperierten Stimmung) einordnen läßt, eine besondere Bedeutung haben müsse. Als er berechnete, daß dieser siebte Oberton die Oktave in fünf gleiche Teile teilt, also die Pentatonik bestimmt, nach der manche japanische Flöten gestimmt sind, die auch in tibetanischen sakralen Gesängen vorkommt, ließ er ein elektronisches Instrument bauen, das wir ›Chakraphon‹ nannten. Im chinesischen Buch Schi Gi, das sieben Initiationsstufen darstellt, fanden wir den Hinweis, daß der erste Ton gleichzeitig der sechsten, der zweite der siebten Stufe zugeordnet sei. Dieses Instrument hat uns viel Freude gebracht und erwies sich als wirksame Einstimmung in die Chakren, als Harmonisierung der Zentren.

Eine logisch eindeutige Bestimmung dieser sieben Grundschwingungen haben wir in der indischen Tradition nicht gefunden. Nachdem die Unterscheidung der vier Funktionen und der drei Bereiche als Komponenten des Bewußtseins die Basis unserer Arbeit am Rad, am Verstehen des denkerisch faßbaren Zusammenhangs bildete – nachdem es zeitlebens unser Anliegen war, die Eigen-schaften von Zahl und Maß als Schöpfungsprinzipien in ihrem gegebenen System zu ergründen –, hat mir die Beziehung der ›Sieben‹ (empfinden, denken, fühlen, wollen, Körper, Seele, Geist) zu den Chakren eingeleuchtet.

So habe ich die Meditation mit der *Intention* verbunden,

1 im Muladhara an die Wurzel meiner Wahrnehmungsfähigkeit, die den Kontakt mit der Erde ermöglicht, zu gelangen,
2 im Swaddhistana an den Ursprung der Denkkraft, der Erkenntnis,
3 im Manipura bis zur eigentlichen Wunschkraft durchzustoßen,
4 im Anahata, als Mitte der Sieben, die Leere zu erreichen, der mein Wollen im Einklang mit dem Ganzen entspringt,
5 im Vishuddha bewußt und mutig an Leben und Tod, Werden und Vergehen verkörpernd mitzuwirken,
6 im Ajna in die Ichkraft, die Kraft der Mitte aller personalen Regungen vorzustoßen, die in Kommunion mit allen Wesen steht (Seele),
7 und mich im Sahasrara über das Licht des Geistes als Teil des Ganzen zu wissen.

Wir finden in allen Kulturen systematische Zuordnungen; da wird von höherem und niederem Fühlen gesprochen – aber was Empfinden, Fühlen, Denken, Wollen wirklich ist, wie es vor sich geht, wofür diese Begriffe stehen, wird erst wieder in unserer Zeit, wo das Denken zur tragenden Funktion wird – Wassermann = Körper-denken – zum Eckstein des Denkgebäudes.

Das Orten der Chakren über das körperliche und geistige Empfinden, das mentale Einsteigen in den Kraftstrom, gehört zu den traditionellen Praktiken, die von der Übung in die mystische Erfahrung führen. Der Wunsch, genau festzustellen, was das eine Energiefeld vom anderen unterscheidet, warum die sieben sich in dieser Weise reihen lassen und nicht anders, ist ein Anliegen unserer Zeit. Es geht heute nicht darum, vom Mysterium der heiligen Messe zum Mysterium der Chakrenmeditation überzutreten; das Geheimnis des Lebens wird durch die Klärung der Begriffe niemals geschmälert. Im Gegenteil: die Arbeit an den Begriffen reinigt das Wort von eingefahrenen Assoziationen und macht es zum Gefäß der Intuition und Erkenntnis, die Verwandlung und Fortschritt bewirken.

In all unseren Büchern haben wir diese Chakrenordnung dargestellt und versucht, die sieben Elementarbegriffe aus verschiedenen Gesichtspunkten zu beleuchten – das Verständnis hat sich wieder in der Chakrenerfahrung integriert.

Meditation ist das erwartungslose Warten auf das Unerwartete. Jedes Chakra ist ein Leerefeld, ein anderes Gefäß. Und diese Gefäße sind kommunizierend. Urkraft und Urlicht strömen hindurch.

Die Intention, in der Meditation immer wieder an den Ursprung der Wahrnehmungskraft (Empfinden), der Denkkraft etc. zu kommen, macht diese Besinnung zu einer Selbstverständlichkeit – ist es doch nichts anderes, worum ich mich täglich im Leben bemühe: den Einklang der Vier und der Drei zu wahren und den Zugang zur Erneuerung, jenseits des bereits Gewußten und Erfahrenen, offenzuhalten –, über diese vier Wirkweisen, Empfinden,

Denken, Fühlen, Wollen, in den drei Bereichen Körper, Seele, Geist, im zwölffältigen Lebenskreis meine Anlage zu verwirklichen. Das Verständnis der Sieben, der Neun und Zwölf ist auf Verwirklichung gerichtet. In meinem Buch ›Anlage als Weg‹ habe ich diesen Zusammenhang dargestellt.

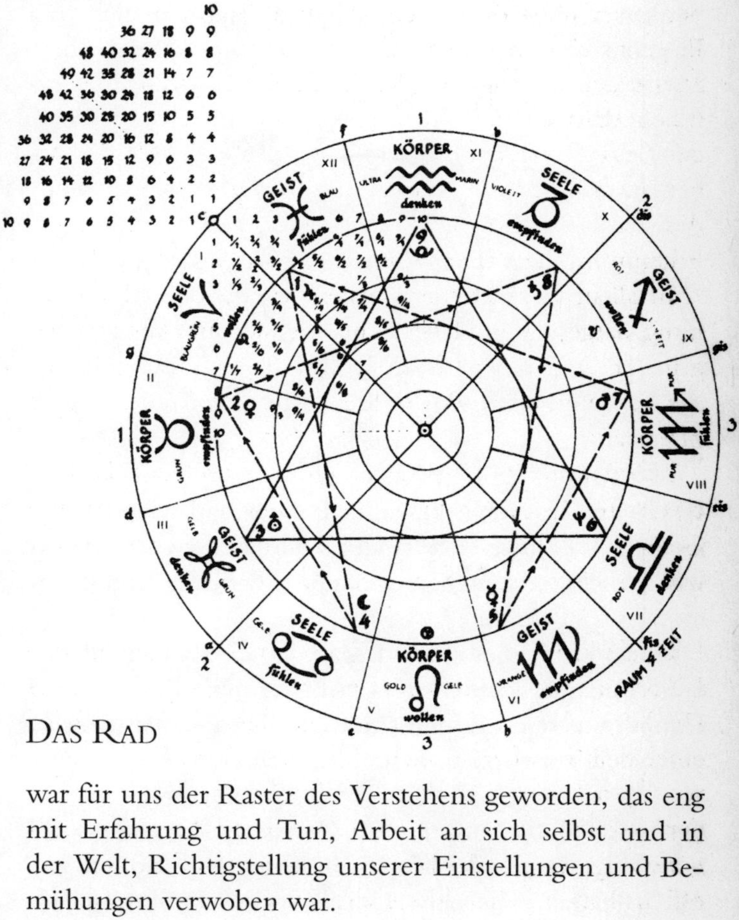

Das Rad

war für uns der Raster des Verstehens geworden, das eng mit Erfahrung und Tun, Arbeit an sich selbst und in der Welt, Richtigstellung unserer Einstellungen und Bemühungen verwoben war.

Von den Schöpfungsprinzipien blieben nur die Acht und Zehn dem theoretischen Verständnis vorbehalten. Obwohl die mathematische Erkenntnis der acht Dimensionen von Raum und Zeit und ihre Beziehung zu den Trigrammen des I-Ging für uns sehr aufregend war und bestimmt zu den wesentlichen Einsichten gehört, die die Struktur des Lebendigen erhellen, wußten wir nicht viel damit anzufangen.

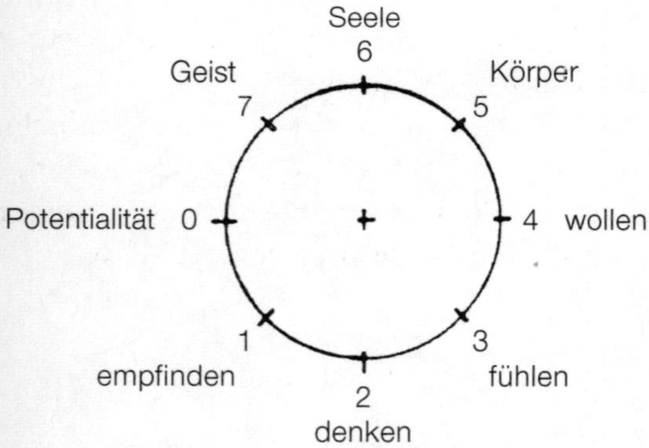

Wir waren uns nicht bewußt, daß wir und wie sehr wir im Achter-Zehner-Rad *leben* und wie wir es *verwenden,* bis wir unsere indianischen Freunde Swiftdeer und Hyemeyohsts Storm trafen.

Storm hat die besondere Begabung, die Zahlenschlüssel der nordamerikanischen Überlieferung, den ›Sacred Count‹, auf seine Essenz zurückzuführen – Swiftdeer ist manchmal ein wirklich bestrahlter Lehrer.

DAS RAD als Lebenskreis, als *Zeitrahmen*, war uns wohl bewußt: daß uns jeder Monat ein neues Wirkfeld bringt – daß jedes Jahr uns neue Umstände der Erfahrung, des

Lernens und Wirkens bietet, im Rhythmus der Planeten – die 24 Stunden von Tag und Nacht die Thematik des Tierkreises spiegeln –, daß der *Raum* mit seinen acht Himmelsrichtungen eine Wirklichkeit ist, daß er uns hält und trägt, daß er uns achtfältig beschenkt, wenn wir uns als 5 und 10 in seiner Mitte wissen, daß wir über die acht Kräfte in achtfältiger Beziehung mit ›der Möglichkeit‹, dem Ungeborenen, dem Nagual stehen und dies ganz real erfahren können, indem wir uns der Raumkraft öffnend in die jeweilige Himmelsrichtung setzen, haben wir erst durch die indianischen Riten erlebt.

Daß wir von der *Zeit* aus gesehen den Kreis umschreiten (Tag, Jahr), um uns aber im *Raum* zu zentrieren, das Kreuz schlagen: O, W, S, N, ist einleuchtend; orientieren wir uns doch auf diese Weise auf jeder Landkarte.

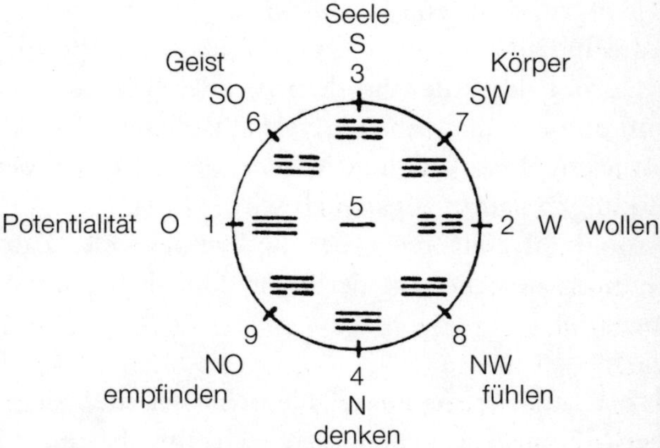

Die Chakrenordnung läßt sich im Umschreiten des Achterkreises ablesen.

Die Bedeutung der zehn Chakren, mit denen die Indianer ›arbeiten‹, geht aus der Orientierung des Menschen im Raum, der sowohl die Erde als auch den unendlichen Raum einbezieht, hervor.

Die Chakrenordnung der Zehn setzt also im Osten mit 1 an, Westen 2, Süden 3, Norden 4, 5, Mitte (südlich), ist der Mensch selbst, 6 ist die Kraft des Südostens, 7 des Südwestens, 8 des Nordwestens, 9 des Nordostens, und 10, Mitte (nördlich), ist sozusagen der zweimal Geborene, der sich über Maß und Zahl in seiner Welt orientiert, dieses seltsame Wesen, das lebt und sich leben weiß, den Einklang mit Erde und Himmel sucht.

Um diese Chakrenordnung zu verstehen, muß man sich eingehend mit dem indianischen Zahlenschlüssel, dem ›Sacred Count‹, befassen. Auch Pythagoras waren die Null und die zehn Zahlen als Schöpfungsprinzipien heilig – das der Welt zugrundeliegende Geheimnis.

Für die Indianer sind sie Kommunikationsmittel des Menschen mit der Erde und dem All, der Schlüssel der Einstimmung auf allen Ebenen, der alltäglichen wie der feinstofflichen Welt, die dem Magier, dem Weisen, der die Wirkungen kennt, zugänglich wird.

In Arnolds Ausführungen, der die Synthese aller Zahlenordnungen anstrebt, mag der Leser allmählich Einblick gewinnen.

Als ich auf die indianischen Zahlenschlüssel stieß, legte ich zuerst einmal jeglichen Vergleich mit bekannten Strukturen beiseite. Ich fuhr im Februar 1981 nach Los Angeles, um Swiftdeer und Hyemeyohsts Storm zu treffen. Einerseits war ich dem Unerwarteten gegenüber offen, andrerseits wußte ich, daß es um die Vermählung der zwei Räder geht: des Nord-Rades mit dem Rad des Südens, dem Medizinrad.

Was mir in Berührung mit der indianischen Geisteshaltung besonders wesentlich schien – wesentlich für unser Zeitalter –, war das folgende:

Die Einende Gottheit, die immer als Urkraft-Urlicht erfahren wurde, als URGRUND, unendlicher allgegenwärtiger Raum, *unendliche* Leere, der alles entspringt – Urmutter – und URSPRUNG des Geschehens, der Zeit und *Ewigkeit,* heilige Schöpfung – Urvater –, war in den Zivilisationen der letzten Jahrtausende, auf die wir uns zurückführen, zum Vatergott geworden. Die Eigenschaften des Raumes wurden zwar im Kirchenbau beachtet; ihr Symbolcharakter hatte für den einzelnen jede Realität verloren. So ist über den Raumkreis der Indianer die Beziehung zur Urmutter wieder eingebracht worden.

Bei unseren indianischen Freunden habe ich eine sehr konkrete Einstellung zu den Chakren gefunden. Nicht die mystische Erfahrung, sondern die Heilung, ›balancing‹, das In-Einklang-Bringen der Chakren, steht im Vordergrund. Worum es zu gehen scheint, ist, daß der feinstoffliche Apparat funktioniert! Die Beziehung zwischen Chakra und den im entsprechenden Bereich liegenden Organen ist für sie evident. Wenn ein Chakra ›ausfällt‹, sind auch Organe in diesem Bereich angegriffen und vice versa. Die Vitalisierung der Chakrenschwingung durch Auflegen von Kristallen, Reinigung mit der Adlerfeder und anderen Methoden kann das gestörte Verhältnis wiederherstellen.

Die Ortung der sieben Chakren ist die gleiche wie in der indischen Tradition. Das achte Chakra stellt die Körperlichkeit, auch Gesundheit, in Wechselwirkung zur Außenwelt dar.

Das neunte Energiefeld ist der Ätherleib, dessen energetische Bewegung in der Aura sichtbar wird, die den ganzen Körper umgibt. Das zehnte Chakra wird als ›Higher Self‹, Höheres Selbst bezeichnet.

In der indianischen Heilung werden alle zehn Chakren einbezogen.

Manche der Bezeichnungen waren mir gleich einsichtig, andere wieder weniger.

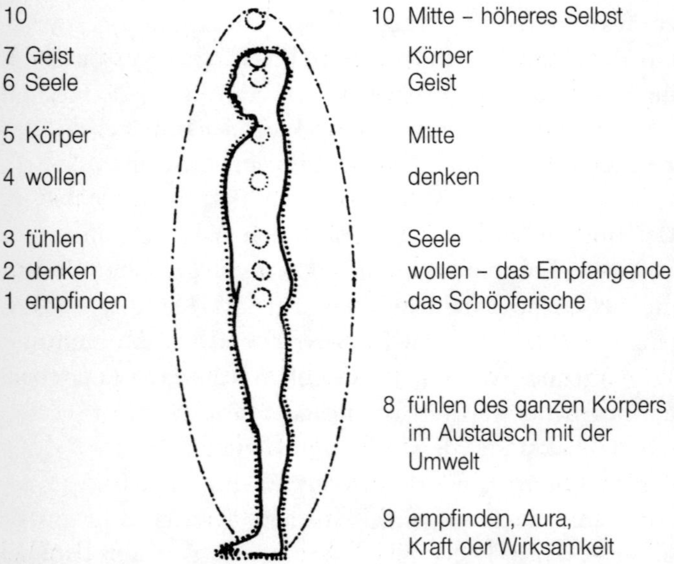

Ich hatte die Gelegenheit, länger mit meinen schamanischen Freunden beisammen zu sein. Ich versuchte zu lernen, zu beobachten, zu verstehen. Langsam begannen die verschiedenen Ordnungen einzurasten. Ich wußte, daß ich im Traum daran arbeitete, konnte den Traum aber nicht in logische Erkenntnis übersetzen. Die Chakrenmeditation hatte ich für mich und meine Schüler beiseite gelassen; ich wollte sie erst wieder aufnehmen, sobald sich meine Intention geklärt hatte. Inzwischen habe ich Einsicht gewonnen; es war aber ein langer Vorgang.

Eines Tages hatte ich das Bedürfnis, nicht länger zu warten, und bat Arnold, der die Gabe hat, zu vernehmen und aufzuschreiben, mit mir die Frage an den ›Menschen im All‹ zu stellen.

> Ich fragte: »Wie kann ich die Chakren meditieren?«
> und erhielt die Antwort:
> »Indem du dich auf deine Liebe einschwingst
> und dich als Flöte verstehst,
> durch die der Atem Gottes auf und nieder braust.
> Indem du dich leer machst
> und jedes einzelne Chakra durch genaue Bestimmung öffnest:

das erste	der Kraft sich hinzugeben, um zu tun
das zweite	die Bewegung aus der Mitte zu erleben
das dritte	im Wachsen zu sein
das vierte	seinen Platz zu finden
das fünfte	Wort zu werden
das sechste	an der Fülle teilzuhaben
das siebte	der Seligkeit der körperlichen Ganzheit innezuwerden.«

Für diese Worte war ich sehr dankbar. Sie scheinen mir einerseits, als poetische Mitte der zwei Ordnungen, eine Vertiefung in beide Richtungen freizulassen, andererseits fordern sie in ihrer unmittelbaren Schlichtheit keine Kenntnis der Struktur. Sie dienen mir als Gefährt meiner Kraft der Intention, wenn ich meditieren will, oder in jeglicher Lebenslage zur Rückbesinnung auf die meinem Wesen entsprechende Einstellung. Ich will sie hier zum Anlaß nehmen, mein Verständnis zu vertiefen und mich in ihrem Zusammenhang auf alles zu besinnen, was mir und anderen weitere Anregung bringen könnte.

Sich der Kraft hinzugeben, um zu tun

Hier geht es also um eine Kraft, die wir nicht ›haben‹ können, sondern an der wir teilhaben, wenn wir uns hingeben. Was ist Kraft?

Oft finden wir die Schlange als Symbol des Kraftstromes. In unserer Schöpfungsgeschichte ist sie die Verführung, haben zu wollen.

In der indischen Symbolik ruht die dreieinhalbmal geringelte Schlange im Muladhara, bereit, durch die Wirbelsäule aufzusteigen – bei den Pharaonen ist ihr Kopf in der Höhe des Stirnauges zu sehen, bei manchen Abbildungen des Buddha ragt er über dessen Haupt hinaus und nimmt den Platz des zehnten Chakras ein, der griechische Schlangengott Äskulap ist Heiler und Heiland, der dem Menschen im Tiefschlaf zeigt, wie er die Kraft findet.

Ja, was ist Kraft?

Wir kennen die Kraft, einen Kasten aufzuheben, die Kraft des Wasserfalls, der Lawine, der Explosion, des elektrischen Stromes: die Kraft, etwas zu bewegen. Wirkt sie immer zentrifugal?

Und was ist seelische Kraft? Sicher ist viel darüber geschrieben worden, aber was fällt mir ein, wenn ich versuche, mich an sie zu erinnern? Ich habe sie erlebt, in den Augenblicken der Dankbarkeit, »daß ich bin, daß ES ist«. Diese beiden sind nicht zu trennen: wenn ich weiß, daß ich bin, weiß ich gleichzeitig, daß ES ist, das Unerschöpfliche, das sich in ›Leben‹ äußert. Leben ist Da-Sein im Vergehen. Ich bin das Bestehende im Wandel, die ungreifbare Mitte des Sich-Drehenden. Bei manchen Menschen spüren wir eine seelische Ausstrahlung; entspringt sie dem Wesenskern der Seele, den manche Selbst oder Sein nennen? Ist diese einende Kraft der Mitte, Atman, wesensgleich Dir Einender Einer, Brahman – ist sie das Fünklein vom unsichtbaren Licht?

Wenn wir aber von einer mitfühlenden starken Seele sprechen, meinen wir die Person mit ihrem ganzen Drum und Dran, ihrem Charakter, ihren Begabungen und Schwächen einschließlich ihrer körperlichen Eigenart und geistigen Reichweite. Oft sagen wir einfach, er oder sie sei wirklich ein ›Mensch‹.

Wie äußert sich diese Seelenkraft in der Person? Ich würde sagen, in der Fähigkeit der Anteilnahme, das heißt

– auf andere einzugehen, ohne sich nach ihnen zu richten,
– negative Äußerungen *auszuhalten,* ohne mitgerissen zu werden,
– für sich und andere einstehen zu können,
– Lob und Kritik zu ertragen, ja, kreativ zu integrieren,
– unbestechlich, unerschütterlich ist die starke Seele.

Die vielen ›un-‹ und ›ohne‹ lassen mich vermuten, daß das allmähliche Nicht-mehr-Festhalten zu den wesentlichen Schritten, der eigenen Mitte zu, gehört.

Die Seele selbst ist wiederum Mitte zwischen Körper und Geist:

ich *habe* einen Körper	/	ich *bin*	/	ich *habe* Anteil
blaue Augen, feste Beine		die Willy		am Geist

Oft wird diese Trinität auch als Erde, Himmel, Mensch gezeigt:

Himmel	Geist
Mensch	Seele
Erde	Körper

Von der Erde empfangen wir die Kraft, vom Himmel das Licht. Von der Erde her gesehen ist Muladhara die Empfangsstation der Kraft, vom Himmel her gesehen bringt es als siebtes die Verwirklichung des Lichts auf die Erde.

Sahasrara als Geist ist das Gefäß des Lichts, das keinen Schatten wirft, ist der Ort, in dem sich die aufsteigende Kraft mit dem Licht vereint.

Jetzt steht aber noch die Frage offen, wie erreicht man dieses *Zentrieren?* Indem man die Gegebenheiten der Erde, des irdischen Lebens in seiner Vielfalt annimmt, so ernst nimmt (und so heiter) wie die Vision des GANZEN, die Beziehung zum Ganzen entfaltet und pflegt – wie es schließlich auch darum geht, die geselligen Beziehungen zu pflegen. Telefonieren Sie häufig mit dem Kosmos – er freut sich!

Arnold wird die Struktur der kosmischen Gesellschaft klären; meine Aufgabe ist immer, das Tun anzuregen. So will ich mir hier wieder einen Ausflug in das Indianische erlauben, eine Art der Zentrierung zu beschreiben, die mir viel bedeutet, die ich oft ausführe, wenn es mir notwendig scheint.

Sorge und Not sind schließlich ein guter Anstoß, sich ganz hinzugeben – Yin – und sich ganz einzusetzen – Yang – in Liebe.

Und ich möchte diese Anrufung so beschreiben, daß jeder sie ohne weiteres vollziehen kann, auf seine Weise, wenn ihm danach ist.

Ich will versuchen, die Intention der Anrufung teils in den Worten, wie ich sie von meinen Freunden gehört habe, teils in meinen eigenen wiederzugeben, wobei ich etwas wortreicher verfahren muß, da ich ja die Gesten (oben–unten etc.) und die darin enthaltene Bedeutung zu vermitteln suche.

Ich zeichne mir am besten einen Kreis auf den Tisch, in den Sand oder lege auf der Wiese die vier Himmelsrichtungen mit Steinchen aus (Kompaß). Dann finde ich meinen Platz. »I sit in a sacred way.« Ich kann natürlich auch stehen.

Ich wende mich dem Himmel zu – meinen Geist und jede Zelle des Körpers;

> und rufe Dich, Urmutter, Urgrund, unendliches Überall,
> das uns umfängt, absolute Leere, der alles entspringt,
> und Dich, Urvater, Ursprung, heilige Schöpfung,
> hier in unserer Mitte zu sein.

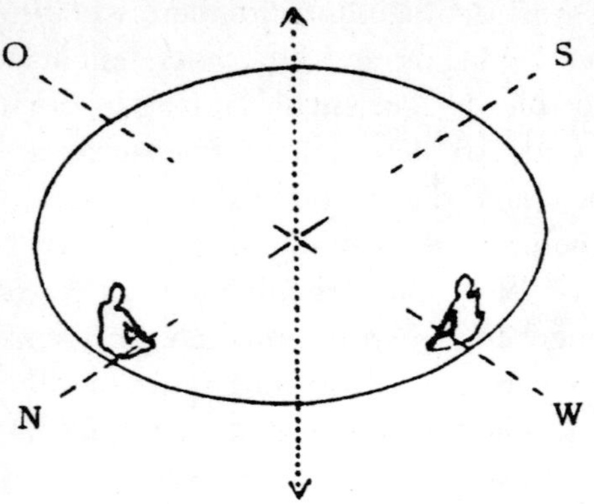

Ich versenke mich in das Wesen der Erde,

und bitte Dich, heilige Erde, Mutter, die uns Leben gibt, weise Großmutter, die uns lehrt, auf die unser Tun notwendig bezogen ist – ich bitte Dich, anwesend zu sein, jetzt,

hier in unserer Mitte.

Ich wende mich dem Osten zu, wo der Himmel in jedem Augenblick aufgeht,

und bitte Dich, heilige Kraft der Eingebung, der Erneuerung, der Offenbarung

hier zu sein;

hier, *vor* mir – in unserer Mitte. Als rufender Mensch bin ich immer, auch wenn ich allein sitze, Teil des Kreises, das heißt an einer bestimmten Stelle in Zeit und Raum, wie ich ja auch nur *ein* Tierkreiszeichen als Sonne vertrete. Und wenn wir zu zweit, zu dritt sind, ist unser gemeinsames Zentrum immer die Mitte des Lebenskreises. Wenn ich also in der Anrufung vor mir die Mitte des Kreises (zwischen oben und unten und den vier Kräften der heiligen Richtungen) konstelliere, erfahre ich auch *meine* Mitte. Ich kann niemals allein für mich, ohne Bezug zum Leben, Mitte sein wollen! Vater *unser* ist auch mein Vater.

Ich wende mich dem Westen zu, wo Tag und Nacht vergehen,

und bitte Dich, Kraft des Einblicks, des Ergreifens und Lassens, der Einwirkung und Wandlung,

hier in unserer Mitte zu sein.

Ich wende mich dem Süden zu

und bitte Dich, Kraft der Seele, der Unschuld und des Vertrauens,

hier in unserer Mitte zu sein.

Der Süden entspricht dem Tageslauf im Licht der Sonne, der Zeit des Austausches und der Bewährung. Die verletzbare Seele muß alle Kränkung vergessen, um nicht aus der persönlichen Geschichte, der emotionellen Energie zu handeln, sondern das eigene Werk als Teilhabe am Ganzen auf die Urkraft selbst zu begründen.

Ich wende mich dem Norden zu – wo der Polarstern als Mitte aller Bewegungen der Gestirne Integration ermöglicht –

und bitte Dich, Macht der Weisheit und des Verstehens,

hier in unserer Mitte zu sein.

Dieses Rufen ist so konkret, als ob ich tausend Arme in die Richtung ausstrecken würde, um die göttliche Kraft einzuholen. Wer sich auf diese Weise zentriert, erfährt

die heilige Kraft der Mitte.

Wer den Achterkreis (bzw. Zehnerkreis, 5 und 10 sind in der Mitte) kennt, kann in der Folge auch die Kräfte der 6, 7, 8 und 9 anrufen. Alle zehn sind Wesenheiten, Eigenschaften der göttlichen Kraft, die über die Chakren in uns wirksam werden können – ob wir es wissen oder nicht, daß das Vertrauen zum Beispiel gerade in der Nabelgegend seinen Sitz hat.

Nun knüpfen wir wieder an: Sahasrara ist das Gefäß des Lichts, der Ort, in dem sich die aufsteigende Kraft mit dem Licht vereint. Man spricht vom Licht des Geistes; aber gibt es auch eine geistige Kraft?

Ist sie das Streben nach dem Licht, nach Erleuchtung?

Ist sie die Fähigkeit, den Zusammenhang von Mensch und All, den man in Lichtblicken gewonnen hat, nicht wieder versinken zu lassen – zu seinen Überzeugungen zu stehen –, ist sie die Kraft des Glaubens? –, das Glaubensbekenntnis immer wieder zu erneuern?

Das Glaubensbekenntnis des Menschen der Wassermannzeit mag für jeden und in jeder Epoche des Lebens seinen besonderen Ausdruck finden, der anderen vielleicht unverständlich scheint:

Ich glaube daran,
daß das Nichts ›etwas‹ ist,
daß das Unerwartete jede Situation wenden kann,
daß die Gegenform (Nichtform) Wirklichkeit hat,
daß wir als Menschen nur einen kleinsten Teil
des Wunderbaren kennen,
daß unser Bewußtsein Anteil hat am Unbegrenzten,
Ewigen,
daß es die Allverbundenheit der Liebe gibt…

Das Überzeugungsbekenntnis eines Physikers wird anders klingen als das eines Gärtners, auch wenn ihm die gleiche Gewißheit zugrunde liegt. Jeder muß im Wort Zeuge seiner Überzeugung werden – und wenn es in einem einzigen Satz geschieht; und dieser Satz muß für ihn mehr Wirklichkeit und Kraft enthalten als Leben und Tod, Angst und Mühe.

Die dreimal geringelte Schlange ist die Kraft des Körpers, der Seele und des Geistes, über die wir in das zehnte Chakra aufsteigen.

Ist die aufsteigende Kundalini eine symbolische Redewendung? Nein. Ich habe diese Empfindung zweimal in der Form erlebt, wie sie beschrieben wird.

Einmal war es, als ich, mit *ganzem* Einsatz bestrebt, eine bestimmte Angst zu überwinden, jedem Wort eines Absatzes im zweiten Band von Castaneda folgte. Es war die Stelle, wo Castaneda Don Juan sagt, er müsse seine Lehrzeit abbrechen, weil er furchtbare Angst habe, und Don Juan erwidert (nicht wörtlich): »Du *hast* keine Angst, du glaubst nur, Angst zu haben.« Der Satz hat bei mir so eingeschlagen, daß ich, in glücklichem Staunen, in meiner Wirbelsäule, die mir so breit vorkam wie ein Ofenrohr, etwas Weiches, Warmes, Schmiegsames allmählich aufsteigen spürte, das mich wie eine gewaltige Schlange aufrecht hielt.

Hätte ich niemals von Chakren gehört, hätte ich vielleicht erzählt, in diesen zehn Minuten habe ich wieder Rückgrat gewonnen.

Ich bin kein fanatischer Meditant oder Chakrenkletterer. Die meisten wesentlichen Erfahrungen sind mir unabsichtlich, oft in Zusammenhang mit der Überwindung von Engpässen des Lebens zugekommen. Meditation ist eine Einstimmung, die mir so wichtig ist wie das Zähneputzen, das Kochen für Freunde, das Frühstücksgespräch mit meinem Mann, das Arbeiten an Büchern, Wohnung-Anstreichen, kurz, das ganze Leben – alles kann beitragen, die Chakren zu öffnen, den Atem Gottes durchströmen zu lassen.

Schlange – Drache – Adler – Taube. – Warum ist der Heilige Geist in Gestalt einer Taube erschienen? Ist es in Form einer Tierheit, daß sich ›das Licht‹ oder ›die Kraft‹ dem Menschen als Freund und Helfer darstellt, mit ihm in Kontakt treten kann?

Ich habe ›die Kraft‹ einmal ohne Gestalt, als reine Kraft erlebt. Es war die Erfahrung von etwas so Ungeheurem, Unsagbarem, daß ich sie über Nacht für zwanzig Jahre vollständig vergaß. Sie wirkte wohl auf einer Bewußtseinsebene, zu der ich keinen Zugang hatte. Es blieb nur eine unbewußte Gewißheit zurück, daß es all das Allmächtige und alles, was in den heiligen Schriften darüber angedeutet wird, wirklich gibt. Ich habe die Erfahrung in meinem Bändchen ›Gedichte an Gott und andere‹ wie folgt geschildert:

> Ich war schon verheiratet, in Wien, vielleicht achtundzwanzig Jahre alt. Ich sollte für Stuttgart eine Jersey-Kollektion machen; die Stoffe waren noch nicht gekommen, kein Geld im Haus, die Lage war recht katastrophal.
> Ich war gerade eine Woche bei Bennett, einem Gurdjieff-Schüler, in England gewesen. Bennett hatte mir gesagt, ich solle mich, wenn ich Kraft

brauche, hinsetzen und dreimal tief atmen – die Atemkraft durch die Nase bis ins Geschlecht hinunterführen – und spüren, daß in jedem Atemzug eine feine Kraft enthalten ist, mit der ich meinen ›zweiten Körper‹ baue. Ich hatte nie etwas von Atemtechnik oder zweitem Körper gehört, wußte aber, daß jemand Kraft braucht und daß es nicht mein Körper war.

So setzte ich mich am Abend aufs Bett, im Türkensitz, wie ich es von Gurdjieff gelernt hatte, entspannte mich, versammelte den ganzen Körper und atmete mit voller Aufmerksamkeit dreimal tief. Die Aufmerksamkeit schien mir nicht vollständig. Ich atmete noch zweimal – und da begegnete mir eine ungeheure Kraft in diesem letzten Atemzug. »Jetzt ist ES da – in diesem ist *alles* enthalten – nun brauche ich nicht mehr zu atmen – stundenlang!« Und dann meldete sich ein anderes Ich: »Nicht mehr atmen? Tod!« Ich erschrak und schüttelte mich ›wach‹ und legte mich schlafen. Am nächsten Tag erledigte ich, was zu tun war.

Das war eine große Erfahrung. Inzwischen habe ich gelernt, die kleinsten Lichtblicke und Zeichen zu beachten, die mir zum nächsten Schritt verhelfen, und den muß ich bereit sein, selbst zu tun. Nur wenn ich nichts erwarte, kommt mir das zu, was die Lage erfordert. – Sich der Kraft hingeben – um zu tun.

Die Bewegung aus der Mitte zu erleben

Was ist das für eine Mitte, drei Finger unter dem Nabel im Unterbauch? Es ist nicht die Mitte der sieben Chakren und auch nicht von der Körperlänge des Menschen. Die Tänzer und Bewegungspädagogen kennen sie als Bewegungsmitte. Der Punkt, wo sich die Achsen kreuzen: rechte Schulter – linkes Bein, linke Schulter – rechtes Bein. Wir können ihn finden, wenn wir uns mit leicht gespreizten Beinen hinstellen, die Finger am Hinterkopf verschlüsselt, die Hüften leicht nach rechts und den Schultergürtel mit Ellbogen nach links drehen.

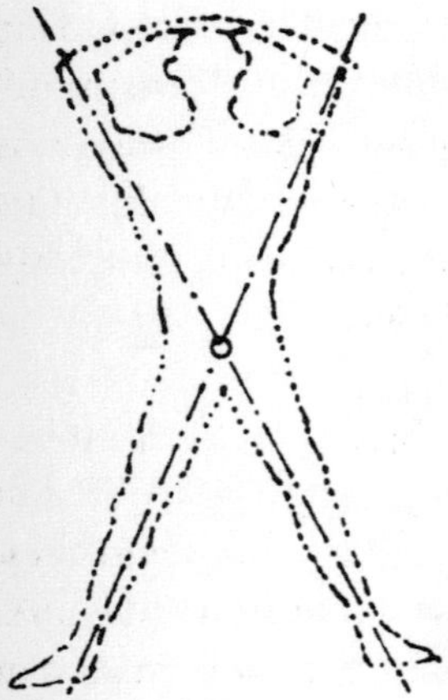

Er ist der Ausgangspunkt und Ausgleich der Bewegung. Wenn wir stehen und das Bein zum Schritt anheben, können wir das wohl auch tun, wenn der ganze Rumpf starr bleibt; aber es macht Mühe und nützt den Körper ab. Wenn wir, um das Bein vorzuheben, mit dem 5. Lendenwirbel leicht zurückgehen, hebt sich das Bein wie von selbst. Von diesem Ort geht die ganzheitliche Bewegung, auch das Heben des Armes aus.

Die chinesische Bewegungsmeditation des Tai-Chi baut sich ganz auf dem Zentrieren in dieser Mitte, ›Tandien‹, auf. In allen kriegerischen Künsten – Aikido, Karate etc. – ist es der Ort, wo die Kraft der Vision sich verkörpert. Die Voraussetzung des bewußten Wirkens ist also, im zweiten Chakra – die Japaner nennen es Hara – zentriert zu sein.

Vom Energiestrom aus gesehen, der Erde und Himmel verbindet, ist Muladhara der Zugang zur Kraft (auch zur Schöpferkraft ☰ der Sonne) über die Erde. Im zweiten Chakra vereinigen sich Erde ☷ und Denken. Hier ist ›Erde‹ das materielle Feld der Verwirklichung, und Denken bedeutet Strategie zum nächsten Schritt. Erde ist hier auch das Empfangende, die Leere des Wollens. Es ist der Ort im Körper, wo die Frau den Samen empfängt und die Bewegung der Menschwerdung beginnt.

Denken ist mit Atmung eng verbunden.

Eine wesentliche Gewahrseinsübung des Atems ist so einfach, daß jeder sie gleich ausführen kann. Sie pusten ein paarmal, als ob Sie eine Kerze ausblasen wollten, dann lassen Sie den Unterbauch locker und spüren hinein, mit geschlossenen Augen, ob Sie ein ganz feines Öffnen und Schließen bemerken, wenn ›es atmet‹. Sie tun nichts, sind ganz passiv; und wenn Sie versuchen, die Mitte dieser Bewegung festzustellen, *sind* Sie im Hara.

In der Zen-Meditation des Zazen spielt das Sich-hinunter-sinken-Lassen in das Hara eine wesentliche Rolle. Die Körperhaltung ist zwar eine bestimmte, man kann diese Atemweise aber auch auf dem Stuhl sitzend, die linke Hand im Schoß in die rechte gelegt, als ob man eine Schale halten würde, ausführen. Wenn der Körper völlig entspannt und jede Zelle als Teil des Ganzen in Bereitschaft schwingt, beginnt man langsam und tief zu atmen und dann: im ausströmenden Atem von der Herzhöhe (4. Chakra) behutsam wie eine Schneeflocke hinunterzusinken, bis man im Hara *angekommen* ist. Dann *wartet* man, bis der einströmende Atem von selbst einsetzt, von dem das Gewahrsein wieder hinaufgetragen wird.

Im Hinunterfahren ist die Aufmerksamkeit gerichtet. Im Hinauf-getragen-Werden nicht. Hier finden wir wieder den Ausgleich von Tun und Lassen: im ausströmenden Atem die bewußte Bemühung, im einströmenden das Geschehenlassen. Das Halbzeit-Bemühen und Halbzeit-Überlassen schließen sich von selbst zur Kontinuität des Gewahrseins, ähnlich dem Trick mit dem weißen Elefanten: Wenn Sie jemandem sagen: »Ich wohne im ersten Stock, aber denken Sie ja nicht an einen weißen Elefanten, wenn Sie die Stiegen hochsteigen«, wird es ihm schwerfallen zu vermeiden, an diesen zu denken.

Auch das vierte Chakra vereint, von den zwei Ordnungen her gesehen, Denken und Wollen. ›Seinen Platz finden‹ ist der Leitsatz des vierten. Wie man auf der Landkarte über die vier Richtungen feststellen kann, »hier stehe ich«, wie jedes Tier in der Natur sein Wirkfeld hat, die Ameise wie der Löwe oder Affe, und gleichfalls innerhalb der Affengesellschaft die Positionen der Mitglieder geklärt werden, so muß der Mensch auch immer wieder seinen Platz finden, von dem er im Gleichgewicht der vier Funktionen wirken kann: Was kann ich, was können andere besser; wann und wie kann ich lernen, wen lehren; wem helfe ich, mache ich Freude, von wem lasse ich mir helfen...

Seinen Platz zu wissen, Älteren und Jüngeren, Weiseren und Unwissenderen, dem Partner gegenüber, in Beziehung zu Freunden, vielleicht auch zu Tieren, Pflanzen, Bergen und Tälern, sich richtig einzuschätzen, gibt diese Ruhe, die Leere des Wollens, die Zufriedenheit, die wir als Offenheit und Herzlichkeit schätzen.

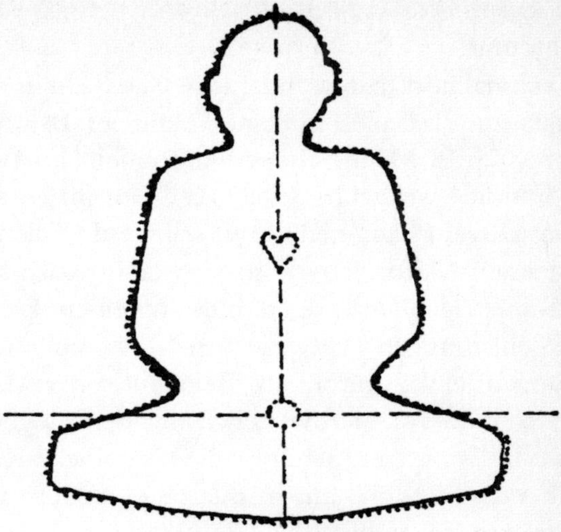

In Vier *sind* wir in der Mitte zwischen oben und unten. Die *Seinskraft* des vierten Chakras wird im zweiten zur *Kraft der Verwirklichung.* Es birgt das Geheimnis des rechten Winkels. Dort treffen sich Senkrechte und Waagrechte. Wir müssen also unseren Platz finden, vier, um Frucht zu bringen, zwei. Das ist es, was die Atemweise des Zazen fördern möchte. Wir sind kein bloßes Sprachrohr des himmlischen Lichts, das sich vom siebten Chakra direkt im zweiten verwirklichen könnte. Wir müssen unsere Kompetenz, die Weisheit des Tieres im vierten Chakra erlangen, die Schaltstelle, damit das Licht der Sieben, über Sechs, die geistig-seelische Einordnung in der ›goldenen Kette‹ zwischen Ahnen von eh und je und Avatars, den Lehrern – über Fünf, das innere Wort – und Vier, den Platz in der Welt – und dem aus Tonal und Nagual erwachsenden Vertrauen in Drei – sich in Zwei verwirklichen kann, wo ihr die Kraft von Eins entgegenkommt, »um zu tun«.

Manchmal hört man wunderliche Geschichten von dieser Kraft; zum Beispiel, daß eine Frau einen Baumstamm, den kaum zwei Männer bewegen können, im Bruchteil einer Sekunde weggehoben hat, da er auf ihr Kind gefallen war. Dieses Phänomen ist mir selbst aufgefallen, als ich mit meinem Motorrad, das so schwer ist, daß ich mich beim Schieben äußerst plagen muß, mit einem Freund auf einem schlammigen Feldweg umfiel. Ich war hinten abgesprungen, er lag mit einem Bein unter der Maschine; ich habe sie in einem Augenblick mit den Fingerspitzen aufgestellt. Es ist aber nicht nur die körperliche Kraft, die sich über das Swaddhistana manifestiert, sondern auch die sogenannten Geistesblitze.

Alle archaischen Kulturen kennen den Ort im Unterbauch als Sitz der magischen Verwirklichung. Ich glaube, wenn *wir im Tun sind,* handeln wir alle magisch, das heißt, es kommen uns die Kräfte zu. Aber solange wir in der Sorge sind, ob wir tun können, im Tun-Möchten oder der Vorstellung dessen, was wir glauben tun zu müssen, ist der Zugang versperrt; deshalb brauchen wir oft eine Situation der Lebensgefahr, um zu entdecken, daß wir Not wenden können.

Ich weiß eigentlich sehr wenig über dieses zweite Chakra und freue mich auf die Begegnung mit solchen, die mehr verstehen. Erfahren habe ich seine Wirkung am eindeutigsten in Los Angeles, als mich Swiftdeers Frau am zweiten Tage meines Besuchs mitnahm, weil sie in einem Geschäft zu tun hatte. Ich ging ein wenig spazieren und sah in dieser Stunde zusätzlich zur üblichen Sehweise auch mit anderen Augen. Die Beschreibung würde hier zu weit führen. Als die Stunde um war, hatte ich mich in den Straßen verloren und bemerkte mit Schrecken, daß ich weder Hausnummer noch Straße und nicht einmal meine genaue Heimadresse notiert hatte. Was tun? Plötzlich spürte ich im Unterbauch eine Aktivität, ein Spannen und Ziehen, dem ich folgte, und es zog mich buchstäblich vor die große Glasscheibe, durch die ich Mary erblickte, die sich gerade von der Geschäftsleiterin verabschiedete. Der Name ›Path-Wheel‹ des zweiten Chakras wurde mir ganz konkret demonstriert.

Im Wachsen zu sein

Der einzige Leitsatz, der keine Weisung zum Tun, sondern zum Sein enthält. Im dritten Chakra begegnen sich Seele und Fühlen. Es geht um das Wohl-Sein, das aber nicht statistisch erfahrbar ist, sondern über das Vertrauen, im Wachsen und Werden zu sein. Blumen, Speis und Trank gehören zur Pflege dieses Chakras, Heiterkeit, absichtslose Freundlichkeit sich selbst und anderen gegenüber.

Die irdische Mutter wie die Muttergöttin sind dem Nabelchakra verbunden. Das Wachstum im Mutterleib geht von selbst vor sich; von der irdischen Mutter abgenabelt, sind wir im Bauch der Großen Mutter geborgen – des unendlichen Raumes, der uns umfängt –, und die weiblichen Wesenheiten, Gottesmutter, White Buffalo Woman, Isis, sind Formen der Yinkraft, die uns bestätigen, daß wir im Werden sind, uns Selbstvertrauen geben, während das väterliche Prinzip im vierten Chakra die Grundlage zum beherzten Tun vermittelt.

Auch die Erde ist große Mutter. Während sie im Muladhara Kraftspenderin ist, im Swaddhistana das Feld der Verwirklichung, ist sie als lebendiges Wesen, ihr Geistleib, die Liebende, die uns zurückführt in die richtige Einstellung zum Leben.

Eine schöne Art der Besinnung auf die Weisheit der Erde ist, die Stirne auf den Boden zu legen – im Yoga machen wir es in der Hasenstellung oder Froschhaltung – und sich entspannend vollständig hinzugeben. Wenn die eigenen Gedanken und Wünsche gestillt sind und wir durch das Stirnauge hinunterblicken in das Herz der Erde, hinunterspüren, was sie uns in diesem Augenblick (zu unserer ganzen Lage) ohne Worte zuflüstert, dann wird uns vielleicht ein Gefühl zuteil, das in Wort oder Bild übersetzt unsere Lage beantwortet. Es wird nicht sensationell sein; vielleicht nur ›Vertrauen‹ – aber es genügt, wenn wir davon erfüllt werden. Neulich setzte sich die Schwingung, die ich fühlte, in ›Leben und Tod‹ um. Dies deutete mir an, Leben und Tod im Gleichgewicht zu sehen. Ich hatte mich an diesem Tag vielleicht zu ›krampfhaft‹ bemüht, jemanden vor dem Abgleiten zu bewahren und mich mit meiner Retterrolle identifiziert. Nun ließ ich mein Bemühen fallen, und das Seltsame war, daß sich am nächsten Tag eine Lösung anbot.

Kinder tun es wohl ganz natürlich, wenn sie sich auf dem Bauch auf die Wiese legen und hineinspüren, sie schmiegen sich an Frau Holle, die Erdmutter.

Das ›Erdheiligtum‹, ein Ort, wo uns das heilige weise Wesen der Erde bewußt wird, soll diese Beziehung wieder herstellen – im Zeitalter des Körper-Denkens.

Im dritten Chakra, das die emotionale Kraft der Seele birgt, müssen wir uns auch selbst Mutter sein: »Mutter bin ich mir, Kind.« Im Süden rufen wir die Kraft der Unschuld und des Vertrauens, die wir mit dem dritten Chakra empfangen. Die Unschuld ist das Kind in uns, das wir zeitlebens bewahren. Die Mutter ist jenes (in uns), das uns Vertrauen, Beachtung, Pflege schenkt, unser Wachstum fördert. Sind wir uns eine vernachlässigende, verwöhnende oder gute Mutter?

»Suche deine Göttin«, sagte unser Freund Hyemeyohsts Storm eines Tages zu mir, nachdem er das Zimmer mit forschender Miene umschritten hatte, als ob er die Schwingungen in den verschiedenen Ecken messen würde. »Da ist nichts! Da vielleicht ein wenig«, er deutete auf meinen Schreibplatz mit der Maschine. Die kleine Buddha-Statue, die ich gerne sehe, ließ er unbeachtet. Ein schöner Kunstgegenstand, Andenken, ein Bildnis, das zur Besinnung anregt, aber kein Schrein, kein Umschaltplatz der kosmischen Kraft! Da tut sich nichts – kein Schwingungsfeld.

Göttin suchen – ich war fast peinlich berührt –, ist das die Rückkehr zum Götzenglauben? Gottsuche leuchtet jedem ein, aber suche deine Göttin? Und noch dazu soll sie in einem Objekt verkörpert sein? Die peinliche Unsicherheit dauerte nicht lange.

Ich ging in die Stadt, um meine Göttin zu suchen. In den Schaufenstern weibliche Engelsgestalten, geschmacklose Madonnen, chinesische überladene Göttinnen, deren Symbolik ich nicht verstehe, indische Göttinnen. Unverrichteter Dinge kehrte ich nach Hause. Aber die Suche war in meinem Herzen. Als ich nach drei Wochen bei Freunden zum Abendessen eingeladen war, kam ich an einer Antiquitätenbude vorbei, die nicht viel größer ist als ein Würstelstand, und da sah ich sie durch das Fensterglas.

Der Eigentümer war noch verreist, stand an die Tür geschrieben. Ich hatte sie erkannt, und im Geist war sie schon bei mir eingezogen. Als ich sie denn käuflich erwarb, setzte ich sie zuerst in den rot bezogenen Schrein, den ich vorbereitet hatte. Es gefiel uns nicht, und jetzt sitzt sie in einem Blumentopf auf dem Schrein. Niemand bemerkt sie, wenn es ihm nicht zukommt. Wenn ich mich ihr gegenübersetze, in den Süden, und mit ihr Beziehung aufnehme, bin ich in der Leere. Manchmal stelle ich ihr auch bestimmte Fragen: Was ist die Göttin, die durch Saturn wirkt? Diese Frage kommt Ihnen vielleicht sehr blöd vor. Aber jeder Planet ist eine Kraft der Verwirklichung – Yang – und ein Geschenk der Göttin – Yin – oder der Fee, das uns in die Wiege gelegt wird, wie es in unseren Märchen steht. Meistens bemerken wir nur die Schwierigkeit der Verwirklichung, besonders bei diesem Herrn Saturn, wenn irgendwas nicht klappt. Daß alle Lebensumstände als ›Geschenk der Göttin‹ erfahren werden können, ist eine neue Einstellung.

Die Göttin, die uns lehrt, empfangend zu sein, bringt das Gleichgewicht von Lassen und Tun wieder. Jeder möchte schöpferisch sein, aber beim Wachsenlassen mangelt uns oft die Geduld und das Vertrauen. – Oft stagnieren wir und spüren nicht, daß sich *doch* etwas tut, auch wenn wir nicht tun können.

Im Wachsen zu sein – das ist die Besinnung des dritten Chakra; und auch den Mitmenschen nicht nur in seinem *Zustand* zu erleben, sondern das Gegenwärtige als Ausschnitt eines Stromes, der sich von der Quelle durchschlängelt, bis er ins Meer mündet – oder als Pflanze, deren Wachstum über Wurzel und Same weitergeht, auch wenn die Blätter welken.

Wie die verschiedenen Vorgänge im Körper auf den Herzschlag abgestimmt sind, der auch im Schneller- und Langsamer-Werden ein Gleichmaß hält, so bedeutet das vierte Chakra Maß und Mitte der Bewegung zu bleiben, inmitten des Geschehens aus der Ruhe zu wirken – und diese Ruhe ist nicht der Stillstand des Todes, sondern der Herzschlag selbst.

Denken gibt hier die Einschätzung, Einteilung, Einordnung der Rhythmen im Zusammenhang allen Geschehens. Die eigene Mitte als Ruhepunkt, Leere des Wollens, bedeutet nicht beteiligt (identifiziert) zu sein, sondern wählend zu entscheiden.

Alles Geschehen kann auf vier Beweger zurückgeführt werden, im Atom wie beim Menschen. Das Abstimmen der vier aufeinander: das Nein oder das Ja im Ergreifen der Handlung (wollen), die irgendeinem Bedürfnis entgegenkommt (fühlen), durchdacht ist und in der Ausführung gekonnt (empfinden), gibt das Gleichmaß im Tun. Denkfehler, Ungeschicklichkeit, Unnötigkeit lähmen den Einsatz und stören den Erfolg. Die vier Beweger stehen im Rad im Kreuz zueinander: Dieses Kreuz auf sich zu nehmen ist oft schwer.

C. G. Jung hat darauf hingewiesen, daß bei den meisten Menschen einer der vier als Leitfunktion wirkt, während ein anderer zurückgeblieben ist. Das mangelnde Gleichgewicht und die Schwierigkeiten, die damit verbunden sind, kann gerade den Ansatz zur Arbeit an sich selbst geben. So war es eine grundsätzliche Überlegung für uns und unsere Freunde: »Welche Funktion ist bei mir tragend, welche die schwächste, wie wirken sich die anderen beiden aus, wo sind Mängel, wo Vorzüge, wie wirken sie zusammen, wie im Nacheinander, woraus entstehen Kummer und Fehltritte?«

Das Wesentliche im Tun ist aber die Abstimmung meiner Vier auf die Umwelt. Ich mag allein auf meinem Stuhl im Zimmer Kaffee trinken und bin damit bereits mit Handlungen anderer verknüpft, die unbewußt meinen Bedürfnissen entgegenkamen. Im Kontakt mit anderen ist die Abstimmung der Beweger und Bewegungen unerläßlich. Das chorische Geschehen ist Beispiel für das gemeinsame Sich-Einspielen im Tun, dem ein kontinuierlicher Rhythmus zugrunde liegt.

Wie die verschiedenen Vorgänge im Körper auf den Herzrhythmus abgestimmt sind, der auch im Schneller- und Langsamer-Werden ein Gleichmaß hält, so bedeutet das vierte Chakra, Maß und Mitte der Bewegung zu bleiben, inmitten des Geschehens aus der Ruhe zu wirken. Darum meditieren wir im Anahata, das ›jenseits der Rhythmen‹ bedeutet, die Stille. Dies ist nicht der Stillstand des Todes, sondern die Pause im Herzschlag selbst. Die eigene Mitte als Ruhepunkt zu finden ist das Nicht-beteiligt-Sein (im Sinne von nicht identifiziert), sondern zu wählen, zu entscheiden. – Das Denken ermöglicht hier die Einteilung und Einordnung der Rhythmen im Zusammenhang allen Geschehens. Im eigenen wie im zwischenmenschlichen Zusammenhang ist die Gleichberechtigung bestimmter Vorgänge wesentlich, die nicht als Begleitmusik einer Leitstimme untergeordnet werden dürfen.

Wie bei einem Orchesterstück manche Instrumente nur an gewissen Stellen eingreifen, aber auch in den langen Pausen mit(er)leben, so liegt im Abstimmen der

Rhythmen das Maß nicht im Anschlag, sondern in den Pausen – dem Dazwischen. Aus dem *wachen Warten,* dem Zustand der Aufmerksamkeit in Leere, steigt der Anschlag empor. Wenn die Leere nicht durchgehalten wird, reißt der Faden ab. Die Kontinuität der Tätigkeit liegt in der Leere. Dieses »Wachet!« aber zieht sich auch durch den Körperschlaf. Die Verrichtungen sind wie Perlen am unsichtbaren Faden des Wachens. Manche dieser Ketten bestehen nur aus vier oder zehn Perlen, andere aus achtzig. Im richtigen Verhältnis zueinander lassen sie sich über den unsichtbaren Faden verknüpfen. Ist das Etwas am Faden des Nichts die Wirklichkeit, oder umgekehrt, oder beides?

Hier muß ich an einen gelähmten Malerfreund denken, der von seiner Mutter betreut wurde. Er pflegte am späten Vormittag zu malen. Die Stunde zwischen Frühstück und Arbeit war ihm die wichtigste. Seine Mutter lugte manchmal durch den Türspalt, und wenn sie sah, daß er noch nicht bei der Arbeit war, erlaubte sie sich eine Frage, z. B., ob es zu Mittag Thunfisch oder Sardellen geben sollte. Um dieser Gefahr zu entgehen, bewaffnete er sich während des Nichtmalens mit einem Pinsel, als ob er malen würde.

Während das zweite Chakra den eigenen nächsten Schritt aus der Bewegungsmitte ermöglicht, bedeutet ›seinen Platz finden‹, sich am Ort zwischen Himmel und Erde in der Mitte der vier Bewegungsrichtungen und aller daraus erwachsenden Geschehnisse, in der Leere, zu verankern.

Die Stimme der Stille zu hören, die aus der inneren Leere auftaucht. Dieses innere Wort ist eine Brücke zwischen Nagual und Tonal, Potentialität und Aktualität. Es ist auf Verwirklichung gerichtet. Wenn ich durch eine Situation der Wirrnis in die Stille dringe und höre oder spüre ganz eindeutig ›lieb sein‹, oder ›es ist viel einfacher‹, so kann ich in bezug auf dieses Geschehen lieb und einfach *werden*.

Er hat in seinen Worten die Sache – heißt es im I-Ging –, eine Verbindung von Intuition, Erfahrung, Vernunft und besonders Tun. Wie dankbar sind wir für solche Worte, wenn sie uns geschenkt werden oder wenn wir sie geben konnten. Entspringen nicht alle wesentlichen Aussagen und Entdeckungen diesem Wort, das dem Fragenden in einer ganz bestimmten Lage zur Ant-wort wird?

Leere Worte – wir kennen auch diese.

»So lernt der Edle viele Worte der Vorzeit und Taten der Vergangenheit kennen.« (I-Ging) – Wieder die Verbindung Mensch, Wort, Tat.

Die Stimme der Stille ist jenseits der vielen Stimmen, der Monologe und Dialoge, die als Gedankenfolgen wie Tonbänder in uns ablaufen. Manchmal werden sie so lästig, daß wir sie nicht hören wollen – und wir können sie nicht abstellen.

Was in Yogatechniken und vielen anderen Methoden nahegelegt wird, ist – nach verschiedenartiger Vorbereitung, es könnte auch ein Spaziergang im Wald sein – zurückzutreten und diesen Selbstgesprächen ganz genau Gehör zu schenken, in der Absicht, Vertreter des unvoreingenommenen Zeugen in uns zu sein. Wenn wir diese

Kleinarbeit gewissenhaft vornehmen, taucht der Zeuge in uns immer häufiger auf. *Sein* Zeugnis ist Schweigen. *Ich bin der Zeuge,* und ihm entspringt die Stimme der Stille – mir entspringt die Stimme der Stille.

Der Vertreter des Zeugen redet. Er ist mein weiseres Selbst. Er hört sich unsere eingespielten Redensarten ganz aufmerksam an: unsere Erklärungen, Begründungen, Rechtfertigungen, Beschimpfungen, Fantasiegespinste, Selbstmitleid und Sorgen, unsere Ängste, unser Wichtigmachen – die Ausschmückungen unserer Selbstbilder. Er ist der Lehrer in uns, und wir können gut mit ihm arbeiten. Er ist gütig und weise; man braucht ihm nichts zu verbergen. In diesem Gedankenspiel wird nicht verurteilt, sondern nur richtiggestellt. – Ich bin gerade draufgekommen, daß ich ›ihm‹ Gedanken des Selbstlobes verheimlichen wollte, und habe gestaunt, welche Angst ich vor Selbstlob habe. Dabei hatte nur eine Stimme in mir verlautbart: »Ich bin ein dankbarer Mensch« – die Formulierung ist nicht ganz richtig –, aber gleich sagte eine andere: »Pfui, Selbstlob!« Und dann sagte mein Lehrer: »Du hast die Gabe der Dankbarkeit und darfst dich darüber freuen.« Ja, man muß dauernd verständnisvoll lächelnd staunen. Ich habe mich dann an den dummen Satz erinnert, den ich von meiner Mutter als Kind oft hörte: »Eigenlob stinkt, Fremdenlob riecht nach Schokolade.«

Wir dürfen aber nicht meinen, daß man untätig sitzen muß, sich selbst auf die Couch legen, um die Gespräche zwischen dem Vertreter des Zeugen und unseren verschiedenen Kasperln zu erfassen. Im Gegenteil, während der unidentifizierten Zuwendung im Tun kann man sie am besten belauschen.

Jeder kennt bestimmte Tätigkeiten, wo er sich ganz zuwendet, ohne identifiziert zu sein, das heißt, sich von der Tätigkeit mitreißen und bedingen zu lassen. Mancher ist beim Telefonieren, beim Autofahren oder Kochen so zugewandt und so frei, daß er mit der Wortebene seiner Einfälle in Beziehung kommt. In den Lehren des Zen finden wir viele Anregungen zu dieser Art der Zuwendung.

Viele Lehren und Lehrer haben Schilderungen dieser Wortebenen gebracht; ich will auch versuchen, ein Beispiel zu geben – nicht als objektive Wahrheit, sondern als Anregung zur Erfahrung und Beobachtung dieses Phänomens.

Ein Bekannter kommt, er möchte ein Buch abholen. »Wie geht es dir, ich habe das Buch schon bereitgestellt«, sage ich freundlich auf der ersten, der Kommunikationsebene. Auf der zweiten: »Gerade jetzt, wo ich endlich in Ruhe schreiben wollte!« Dann sagt mein Lehrer: »Vertraue! Du bist deine Zeit, alles ist einbegriffen.« Ich setze mich mit meinem Bekannten und lasse meine Vorhaben fallen, lasse mich fallen in die vierte Ebene, wo aus der Liebe und Ruhe Keime einer unbekannten Verwirklichung entspringen, und vielleicht spreche ich mit einer Geste oder einem Wort etwas in ihm an, das sein eigentliches und beiden unbewußtes Anliegen betrifft.

Und ich brauche die Weisheit nicht allein aus mir zu schöpfen. Die Leere, die Stille ist das Medium der Kommunion mit allen Wesenheiten, die mir wohlwollen.

Mit der Meditation des OM ist es ähnlich. Wenn im Lassen Körper und Atemstrom bereitet sind, beginne ich die Silbe OM mit dem Atem einströmen zu lassen. Zuerst – jedenfalls zum ersten Mal – höre ich sie auf der Wortebene, die ich verwende, wenn ich sage: »Wo ist der Besen?« Dann lausche ich den feineren Schwingungen des

O und M; und den noch feineren; bis ich an den Ursprung der Lautschwingungen komme, wo O im M und M im O enthalten, in die Große Einung münden.

Jede der Wortebenen ist gleich wesentlich. Wenn wir vier Ebenen annehmen, so gelangt das Wort der Stille schließlich über die gewöhnliche Kommunikationsebene zur Verwirklichung. Das Gleichgewicht der Ebenen ist ausschlaggebend. Wenn wir uns mit der ersten identifizieren, hören wir die anderen nicht; und auf den ersten zwei Ebenen haben sich die assoziativen Abläufe selbständig gemacht.

Die Kommunikations- und Informationsebene ist außerdem überlastet und wird mißbraucht. Die Fähigkeit der Beobachtung ist, besonders in der städtischen Zivilisation, so vernachlässigt, daß die verbale Ebene benützt wird von »Wo ist der Lichtschalter« angefangen, um Sachverhalte zu klären, die mit dem Auge besser festgestellt werden könnten. »Nimmst du Zucker im Tee?« – »Nein, danke« kann auch über die Geste liebenswürdig ausgedrückt werden, während man sich anderen Betrachtungen widmet. Dazu kommt noch, daß in der sogenannten Gesellschaft das Schweigen als unhöflich empfunden wurde; was immer gesagt werde, sei besser als nichts. Wenn es bewußt geschieht, als Gefährt des seelischen Wohlseins, mag das stimmen; aber wie leicht wird diese Art der Rede zu einem mechanischen Ablauf.

Ein Schamane erzählte mir von einer Aufgabe, die sein Lehrer, sein ›Großvater‹, wie sie die weisen Männer bezeichnen, den Jungen stellte. Besuch war ins Lager gekommen. Die Jungen sollten in der Nähe der Gäste weilen, ohne mit ihnen zu reden oder sie auch nur direkt anzublicken. Nach einigen Tagen der Offenheit auf verschiedenen Wahrnehmungsebenen wußten sie sehr viel über diese Menschen, ja sie konnten sogar die Landschaft ihrer Heimat beschreiben.

An der Fülle teilzuhaben

Wie Zwei und Vier Gemeinsamkeiten aufweisen, indem Zwei den persönlichen Schritt im Tun und Vier die Einstimmung in das gesamte Geschehen ermöglicht, so ist Drei die Unschuld und das Vertrauen der eigenen Seele, während wir in Sechs den *geistigen* Zusammenhang aller *›Seelen‹* bzw. Wesenheiten erfahren, die uns angehen. Es ist eine Seinsbeziehung, die über die Liebe zum Tragen kommt. Wir sind in der goldenen Kette zwischen Vergangenheit und Zukunft, die sich in Silberfäden über die Erde spannt. Es ist die Beziehung zu Ahnen und ›Avatars‹, wie unsere indianischen Freunde die Wesen (in Sanskrit-Terminologie übersetzt) bezeichnen, die ihre irdische Aufgabe vollständig erfüllt haben, aber noch zur Erde zurückdenken.

Es ist die Teilhabe an der Geistesgeschichte. An der negentropischen Kraft der Geschichte, der Kraft der Entfaltung, wo Irrwege und Zerstörung nur insofern dazugehören, als sie zu neuem Verständnis, neuen Initiativen führen, als die Menschheit daraus *lernen* konnte. Das Wesentliche an jeder Geschichte, sei es die Geschichte der Menschheit oder der Schreibmaschine, ist ja nicht die Vermittlung der Daten, sondern der Erfahrung der Vergangenheit für den Schritt in die Zukunft. In diesem Sinne sind Ahnen und Avatars Lehrer – was denn sonst?

Ahnen sind nicht nur unsere genetischen Vorfahren, Ahnen sind wir uns auch selbst, in bezug auf die Kraft der Erfahrung und Liebe, der *Einstellung,* die uns aus vergangenen Inkarnationen trägt. Wir können lernen, dies und das zu tun, das gehört zur Weisheit des Tieres, zur Abstimmung der Rhythmen – Vier. Die Einstellung zum Leben, die das Ewige einschließt, ist, was wir aus unserer Vergangenheit (Ahnen) und von menschlichen Wesen, die ihren Raum- und Zeitkreis auf der Erde erfüllt haben, lernen können – in deren Fußstapfen wir kraft unserer jetzigen Einstellung treten. Ich bin Diener der Erde und gehöre zur Firma Gott und Co. Einer, der sich der Alte vom Berge nennt, sagt mir, er sei Diener der Erde. »Endlich kommst du zu mir, ich habe darauf gewartet.« Die Wesen warten darauf, daß wir zur Kenntnis nehmen, daß sie da sind und auch für uns da sind. Die Lehrer, die Avatars helfen, die richtige Einstimmung in das GANZE, die Fülle – über Sieben – zu finden.

Ich habe sowohl mit Lebenden, mit denen mich Liebe und Achtung verbindet, wie auch mit Jenseitigen Seinskontakte erlebt. Es waren Bekräftigungen der Einstellung, keine praktischen Weisungen; daran kann ich sie von Hirngespinsten leicht unterscheiden.

Das dritte Auge im sechsten Chakra gibt Einblicke, die erschrecken können, wenn wir nicht zentriert sind, wenn ein vergleichendes Ich negativ assoziiert. Sie können auch höchste Seligkeit vermitteln, wenn sie in Bewußtheit in einer Nahtstelle der Lebens eintreffen, wo die Liebe oder Bereitschaft, einen kleinen Tod zu sterben, eine Verhaftung oder Angst loszulassen, den Menschen befähigt und begnadet, *ganz* da zu sein.

Ich glaube, daß sich die meisten dieser Phänomene messen lassen – aber bisher ist der Mensch im Zustand einer bestimmten Ganzheit der feinste Meßapparat. Vielen echten Sehern und Heilern gelingt es, ihre Reinheit, ihre Absichtslosigkeit zu bewahren und sich in kindlicher Unschuld abzurunden. Wenn nicht, verlieren sie die Begabung. Wenn sie benutzt wird, um sich das Leben bequemer zu machen, führt sie nicht weit. Die Erfahrung der Fülle ist ein Geschenk der Entäußerung, Sammlung und Bemühung auf allen Ebenen, und ihre Entfaltung verlangt das gleiche. Dies ist, was jenen, die glauben, mit Hilfe von Drogen weiterzukommen, meistens fehlt. Ein alter Rutengänger erklärte einmal: »Bei vielen schlägt die Rute aus; aber dann dauert es noch viele Jahre, bis man gewiß weiß, wie tief das Wasser liegt und wohin es fließt.«

Die Siddhis, die wunderbaren Fähigkeiten, werden auch von den Yogis gepriesen, und gleichzeitig wird vor ihnen gewarnt. Nur zu leicht stellt sich der Wunsch ein, sie als Ersatz für die Bemühung, mit seinen ›gewöhnlichen‹ Fähigkeiten umgehen zu lernen, zu gebrauchen, eine außergewöhnliche Macht zu gewinnen, um die Ohnmacht der Unfähigkeit auszugleichen. Nur dem Heiligen Weisen stehen sie zu und dem Bescheidenen Einfältigen, und jenem, der dankbar die Zeichen der wunderbaren Welt entgegennimmt, ohne verführt zu werden, der sich in der goldenen Kette der Wesen weiß, deren Entfaltungsmöglichkeiten in anderen Ebenen und Welten vielleicht unfaßbar scheint, der aber in dieser seinen Platz kennt und seine relativ geringe und relativ große Macht ergreift.

Der Seligkeit der körperlichen Ganzheit innezuwerden

Geit ist immer auf Zusammenhang gerichtet – geht von der Ganzheit aus. Den Körper vergeistigen, den Geist verkörpern, bedeutet, im Körper Ganzheit zu erleben, nicht abgekapselte Monade, sondern Ganzheit, die gerade in dieser Eigenschaft mit dem GANZEN in Beziehung steht.

Durch das ›Licht‹ des Bewußtseins können wir der körperlichen Ganzheit innewerden. In unserer Verkörperung sind wir ein Universum. In dieser Körperform aus Knochen, Blut, Fleisch, Haaren, den Organen und tausend Geheimnissen des Lebens, derer wir nicht gewahr sind, ist die Beziehung zum ganzen Kosmos gegeben. Das Licht selbst ist weder dunkel noch hell; Es *ist;* ist eigenschaftslos. Nur wo es Körperlichem begegnet, kann es sichtbar machen; es kann dies aber gleichzeitig-allseitig, von innen und außen von überall erfahrbar machen.

Innewerden ist mehr als sehen. Es geschieht über Sehen, Riechen, Raum-Spüren, Bewegung-Erfahren – ohne Gedanken zu wissen, zu verstehen –, Innewerden, Eins-Werden, innen und außen gleichzeitig. Diese innere Schau ist nicht bildhaft im üblichen Sinn. Sie ist kein Heimkino. Es gibt Vision ohne Bild und Wort, das Bewußtsein west dann jenseits dieser beiden; sie ist ein Zustand unmittelbaren Wissens, der sich direkt im Tun umsetzt.

Vorstellung und Bildkraft zu wecken ist sehr wichtig für die Dynamik der Seele, hat aber nicht notwendig mit der Bewußtseinsebene, der das LICHT entspringt, zu tun.

Wie Eins und Zwei sind auch Sieben und Sechs eng miteinander verbunden. Während wir in Sechs als Wesenheit und Person in der Intention der Verwirklichung unserer Anlage mit anderen Wesen im Dialog stehen, ist es in Sieben das Namenlose in uns, oder mit dem heiligen Namen bezeichnete Sein, das sich absichtslos und inbrünstig dem Ewigen, dem Urgrund-Ursprung zuwendet und es als Licht des Bewußtseins empfängt.

Ich glaube, daß wir im Leben nicht berufen sind, das Göttliche unmittelbar zu schauen, und daß die Sehnsucht danach eine Flucht vor unserer eigenen Bestimmung wäre. Aber wir können unsere Seinsbeziehung zutiefst wissen, unsere Vermählung mit dem Unbekannten, Niegenannten stündlich feiern. Wir müssen Es sogar benennen, denn sein Name ist heilig heilend,

GOTT ALLAH GROSSER GEIST PARAMAHAMSA ES

URGRUND	URSPRUNG
NICHTS	DAS GANZE
URMUTTER	HEILIGE SCHÖPFUNG
URKRAFT	URLICHT

obwohl der Name, den man nennen kann, niemals alle Aspekte einschließt. Jeder hat sein besonderes Zauberwort, mit dem er sich auf das Allgegenwärtige Unbekannte einstimmt.

DAS LICHT erleuchtet nicht sich selbst, sondern zeigt uns die körperliche Ganzheit in einer Rose, einer Landschaft, einem Menschen oder vielleicht einem Stein – denn im Kleinsten ist das Ganze enthalten. Gott, Allah, sind Urbegriffe des Ganzen. Aber das Geheimnis ist, nachdem wir im Bild des Ganzen geschaffen sind, daß wir im Augenblick, da wir uns ganz einsetzen, ganz leer und offen sind –

im Kaffeekochen oder Betrachten eines Grashalms –, in diesem Teil der Schöpfung des Ganzen innewerden:

Sechs Sieben
Ich bin ein Teil des Ganzen
Du bist ein Teil des Ganzen

ist eine Meditation, die Sechs und Sieben verbindet. Sie ist ein schöner Abschluß, nachdem man die fünf Stufen erklommen hat, und ein guter Beginn der Niederkunft des Lichts durch den Menschen auf die Erde.

Ich habe nicht ›das Licht‹ gesehen, aber mein Licht.

Ich saß im Kino und sah einen heiteren Film. Da lachte es hinter mir, ein Kind, mit einem so absoluten Gelächter, das alle Trauer der Welt zu durchdringen schien. Ich drehte mich um und ›sah‹ das Leuchten, das allseitig vom Gelächter des Knaben aussprühte.

Nach dem Film ging ich mit einem Freund in den anliegenden Burggarten. Als ich zu Boden blickte, erfaßte mich ein freudiges Erschrecken. Die Herbstblätter waren derart leuchtend und vieldimensional, so mächtig, daß es mir den Atem und die Rede verschlug. Mit Schaudern blickte ich zu den Bäumen empor, die sie abgeworfen hatten. Es begegnete mir die gleiche unsagbare Pracht. Ich selbst, mein Körper, schien ganz zart und unsubstantiell. Da sah ich eine Lichtwolke in einem entfernteren Baum. Dies war mein eigentliches Selbst. Ich empfand eine unsagbare Seligkeit. Dann hörte ich eine Stimme: »Wie kann man danach noch weiterleben?« Langsam schwand die Erfahrung – Sieben-Sechs –, und wir beendeten den Abend mit einer Mahlzeit im Gasthaus, die ich mit gutem Appetit verzehrte.

Kann man nicht Ähnliches mit Drogen erleben? Ja, aber wie Jacques Donnars letztlich beschrieb: man verwendet einen Aufzug und immer wieder den Aufzug und läßt die enge Wendeltreppe der Ida und Pingala verfallen, die die Integration der Sechs, die Arbeit an den sechs Chakren verlangt.

Die Erfahrung beschäftigte mich noch einige Zeit. Ich hatte das Gefühl, daß dieses Lichtwesen im Baum sich irrtümlich aufgemacht hatte, um sich mit dem Großen Licht zu einen. Es war mir klar, daß es eigentlich da oben im Baum nichts zu suchen hatte, daß ich es im Gegenteil, im Laufe meines Lebens, ganz in mich hereinholen muß – ›sein Dunkel erleuchten‹. Aber wenn es in mir ist, und es *ist* in mir, merke ich nichts davon; das ist das Peinliche am Menschsein! Wir müssen den Mut haben zu tun, auch wenn wir anscheinend im dunkeln tappen. Nun – wir werden ja sehen, wir alle, Ihr Lieben und ich, was wir mit unserem Licht anfangen können – oder vielleicht kann es mit uns etwas anfangen, wenn wir mehr und mehr Diener der Erde, in Heiterkeit, werden.

Wilhelmine Keyserling

Erfahrung und Offenbarung

Die äußere und innere Welt wird in ihrem Sosein über die Sinne wahrgenommen. Nach außen zu oder von außen herein vermitteln sie Erfahrung, nach innen zu oder von innen heraus Offenbarung. Erfahrung bedeutet Wahrnehmen und Gestalten des Gegebenen, Offenbarung Vision und Ansatz der Verwirklichung. Die äußere Welt ist entropisch in der dissipativen Ordnung. Die innere Welt ist negentropisch; sie ist kosmisierend als Zugang zur Möglichkeit und damit zum Aufbau. Die äußere Welt ist Yin, linear zu verstehen, die innere Welt Yang, kreisförmig zu begreifen. Die äußere läßt sich durch die Chakren in ihrer Vielfalt erkennen, wie sie der Hatha-Yoga beschrieben hat, und die innere durch das Rad, die Raum- und Zeitkomponenten in bezug auf eine Mitte.

Im Empfinden und im Geist richtet sich das Bewußtsein auf die Sinnesgegebenheiten als Tore zur körperlichen Wirklichkeit und geistigen Möglichkeit. Daher muß hier der Ansatz der Sprache gefunden werden – er entspricht der Ebene der Affekte in der Sprachentfaltung.

Yang, rechts, wird durch die Sonne symbolisiert; Yin, links, durch den Mond. In der Sonne stirbt man; im

Mond wird man jeden Monat neu geboren, und zwischen zwei Monden weilt man in der Regeneration des Nichts, der Null, der reinen Aufmerksamkeit. In allen Kulturen bedeuteten die drei Nächte, da der Mond nicht sichtbar ist, also der Neumond, die Zeit der Heilung.

Empfinden und Geist zeigen uns das, was gegeben ist. Doch kann ich die Wirklichkeit nur empfinden, wenn ich die Vorgänge kenne, die physiologisch der Sinneserfahrung zugrunde liegen.

	Sinn	*Chakra*	*Entsprechung*
7	sprechen	Geist	Großhirn
6	lesen	Seele	limbisches System
5	tasten	Körper	Stammhirn
4	hören	wollen	Kreislauf
3	schmecken	fühlen	Stoffwechsel
2	riechen	denken	Atmung
1	sehen	empfinden	Bewegung

Die erste Wirklichkeit des Empfindens hat ihren Schwerpunkt im Wahrnehmen der Strahlungsenergie im Sehen, das aller Vorstellung zugrunde liegt und damit auch aller Handlung. Im Sehen wird die innere Leere als Aufmerksamkeit tragend mittels der zwei Sehweisen: die fokale, die auf einen Punkt gerichtet ist und diesen vereinzelt und herausnimmt, und die periphere, die in die Unendlichkeit schaut und das All wahrnimmt. Wirklich sehen zu können, bedeutet in der Aufmerksamkeit zu sein und damit die anderen Sinne zu koordinieren, sie als Teil einer Gestalt, eines Bildes zu erleben.

Riechen unterscheidet nach vier Richtungen, die den vier Elementen – Feuer, Erde, Wasser, Luft– entsprechen. Es ist aus der Atmung gesteuert. Diese schafft in den drei Welten, der körperlichen, seelischen und geistigen – der Bauchatmung, der Flankenatmung und der Schlüsselbeinatmung –, die Fähigkeit, auf allen drei Gebieten zu wirken und im Denken dem Organismus genügend Energie verfügbar zu machen.

Im Schmecken wird die Welt dreifältig integriert – über Kohlehydrate, Fette und Proteine – und nach vier Geschmacksrichtungen unterschieden: sauer, süß, salzig, bitter. Das Empfinden beobachtet die Einzelheiten als Teil des Ganzen. Das Denken entfaltet sich durch seine Verbindung mit der Atmung im Wechsel von Ein und Aus, Inspiration und Expiration, die in vielen Sprachen synonym mit ›geboren werden‹ und ›sterben‹ gebraucht werden; das Fühlen aber unterscheidet zwischen Assimilation und Ausscheidung, versucht zwischen beiden durch die inneren Signale das Gleichgewicht zu halten.

Wollen vollzieht sich in der Zeit. Sein Sinn ist das Hören, das über Intervalle Töne, also Wirkkräfte, in Entscheidung und Wahl zusammenfaßt oder trennt. Als Mitte der Chakren im Herzen steht es dem Gewahrsein der natürlichen Zahl gegenüber. Seine Bewußtheit ist der Tiefschlaf, während der Stoffwechsel über den Traum eingreift und das Empfinden nur dem Wachen zugänglich ist. Der Blutkreislauf zwischen Diastole und Systole belebt den ganzen Körper, so daß kein Teil ausgelassen ist.

Der Tastsinn des Körpergewahrseins ist kinästhetisch, wirkt über Druck nach außen und über die propriozeptiven Nerven des Stammhirns nach innen. Er kann den ganzen Körper bewußtmachen, ihn kinästhetisch befreien. Er geht über den Leib hinaus, kann andere Gegenstände einbeziehen wie etwa der Skifahrer seine Ski, ja sich bis ins All erweitern.

Der Sinn des Lesens hat die Fähigkeit, eine seelische Bedeutung und Beziehung zu erfassen, die über den einzelnen hinausgeht. Die Bedeutung steht in Beziehung zur sechsfältigen Gemeinsamkeit der Urfamilie, die Selbstrechtfertigung ist das Motiv. Ich kann nur das lesen, was mich in Lust und Schmerz, den beiden Richtungen des limbischen Systems, berührt.

Im Sprechen wird die Imagination des Großhirns nicht nur angeregt, sondern aus der Vorstellung in ein geistiges Gefüge verwandelt, das der Tätigkeit in der Welt einen Sinn gibt. Dies geschieht wiederum im Wachen; man muß sich des Zusammenhangs bewußt sein, wie etwa Menschen sich mit Institutionen identifizieren und in ihnen ihren Sinn finden.

Der Körper wird aus der Sehnsucht des Stammhirns nach Ganzheit, die Seele aus der Selbstrechtfertigungstendenz des limbischen Systems und der Geist aus dem dauernden Fluß der Inspiration gelenkt. Im Wollen ist der Mensch zwischen Diastole und Systole des Blutkreislaufs, im Fühlen zwischen Aufnehmen und Ausscheiden der Nahrung, im Denken zwischen dem Ein und Aus der Atmung und in der Empfindung zwischen Ruhe und Bewegung. Über die Ruhe stehen die sieben Chakren in Beziehung zum Gewahrsein, das von außen den Körper beeinflußt. Die acht Konstituenten entsprechen den Raumrichtungen, und aus der raumzeitlichen Verknüpfung der Bereiche und Funktionen entsteht der Kreis der Vision, das Bild des Großen Menschen, dem alle möglichen Intentionen entstammen.

Die Erfahrung der Sinne hatte in der Entwicklung der

historischen Sprachen eine untergeordnete Rolle. Auf deutsch wurde das Empfinden der Sinne vom triebhaften Fühlen erst seit 1840 unterschieden. So ist jene Ordnung der Sprache nach den Sinnen heute noch ein philosophisches Anliegen, dem sich vor allem die Wiener Schule gewidmet hatte. Ernst Mach erklärte, nur jene Mathematik sei sinnvoll und wirklich, die die Sinne erfahren, wie die Geometrie über das Auge und die Arithmetik durch die Tonverhältnisse über das Ohr wahrgenommen wird. Im indischen Yoga, der die Chakren zum Ansatz der Welterfahrung machte, war die ergänzende Sprachphilosophie Sankhya, was richtige Klassifikation bedeutet. Wir drücken uns in diesem Buch in der Umgangssprache aus, weil diese laut Wittgenstein als einzige dem gewöhnlichen Bewußtsein zugänglich ist. Darum ist die Ordnung der Wirklichkeit der Prüfstein des Wortschatzes; was nicht irgendeinen sinnlich wahrnehmbaren Aspekt hat, ist in Gefahr, anstatt die Wirklichkeit zu spiegeln, einen ideologischen Überbau zu schaffen.

In der Kabbala war das Maß der Vision einerseits die Jakobsleiter, die die Sinneserfahrung zum Himmel fortsetzt, und andererseits die Vision des Rades in der Merkaba-Mystik, die auf der Schau des Hesekiel beruht. Gleichzeitig mit der Wiener Schule gabe die Phänomenologie von Edmund Husserl den Ansatz, um auch die Ebene der Vorstellung aus dem Meinen in das Verstehen zu überführen.

Die Inhalte der Vorstellung sind aus den gleichen Sinneselementen gefügt wie die Beobachtungen des Empfindens. Beim Hören erlebe ich einen Ton als ›Dies da‹. Um ihn zu verstehen, muß ich ihn in die Vorstellung einordnen, die alle Töne gesetzlich umfaßt – Quintenzirkel,

Obertöne, Untertöne, Slendroskala, im Rahmen des Hörbereichs. Diese Einordnung in das natürliche System der Töne ist der Akt des Verstehens. Mit allen anderen Sinnen verhält es sich analog; so werden die Farben des Regenbogens durch die Hinzufügung des Purpur als Vereinigung von Rot und Violett bei den Lichtfarben zum Kreis geschlossen. Sämtliche Systeme der sinnlichen Erfahrung schließen sich auf der Ebene der Fläche, die als einzige rational zugänglich ist, zum Rad zusammen.

Ich habe selbst die Merkaba-Vision 1943 erlebt, sie gab mir die persönliche Gewißheit der Möglichkeit des Verstehens, gleichsam einen Sprung des Bewußtseins zu einer neuen Ebene. Für die Kabbalisten war es selbstverständlich, daß die inneren Visionen die gleiche Wirklichkeit besitzen wie die äußeren Erfahrungen. Dank Ernst Mach als Pionier des sinnlichen Verstehens und Edmund Husserl als jener der phänomenologischen Systemik können wir nun den entscheidenden Schritt vollziehen, den Geist genauso wahrzunehmen als Feld der Möglichkeit wie die sinnliche Erfahrung.

In der sinnlichen Erfahrung sind die Qualitäten gegeben, und wir begreifen sie durch ihre mathematische Auseinanderlegung nach Maß und Zahl, Geometrie und Arithmetik, Raum und Zeit.

In der Offenbarung dagegen, der inneren Wahrnehmung, sind Räume und Zeiten als Möglichkeit gegeben, und die Verwirklichung ist durch den Menschen zu schaffen. So verstehen wir im Rad Entropie und Negentropie: die Welt der Erfahrung ist entropisch, die Welt der Offenbarung negentropisch, und das sprachliche Verstehen bildet die Brücke zwischen beiden. Wir werden sie nun von den Chakren aus bestimmen.

Die ersten vier Chakren sind zeithaft, die weiteren drei raumhaft. Werden diese sieben nun zur Dauer, zum raum-zeitlichen Erleben, so ergeben sich als Rahmen aller Vorstellung zwölf Inbegriffe, unter die sämtliche Entscheidungen des Gewahrseins als deren Sinn fallen müssen. Sie werden durch die Gegensätze verständlich:

I	Seele-wollen	VII	Seele-denken
II	Körper-empfinden	VIII	Körper-fühlen
III	Geist-denken	IX	Geist-wollen
IV	Seele-fühlen	X	Seele-empfinden
V	Körper-wollen	XI	Körper-denken
VI	Geist-empfinden	XII	Geist-fühlen

Seele-wollen bezieht alles auf das Ich, die Person, Seele-denken auf das Du und die Gemeinschaft. Körper-empfinden hat seinen Schwerpunkt in Gestaltung und Besitz, Körper-fühlen in Einsatz, Enthaftung und Kampf. Geist-denken hat als Schwerpunkt lehren, lernen, forschen, Geist-wollen Geschichte und Offenbarung. Seele-fühlen bestimmt den Bereich der Familie, Seele-empfinden jenen des Berufs. Körper-wollen zeigt Meisterung, Selbstausdruck und Spiel, Körper-denken Zivilisation und Technik, aber auch die Beziehung zu Freunden. Geist-empfinden ist die Welt der werteschaffenden Arbeit, Geist-fühlen jene von Medizin und Regeneration.

Alle bestehenden Kulturen sind aus Teilen dieser Weltbegriffe aufgebaut, und vergessen sie ein Gebiet, so ist das Ergebnis eine Erschwerung für den einzelnen, seine Mitte zu finden.

In der Kabbala sind die zehn Sefiroth, die Ziffern als natürliche Zahlen, die Träger möglichen Sinns. Chakren und Rad prägen in der Dimension des Wachens den Wortschatz. In der heutigen Entwicklung wird dieser immer mehr der äußeren Erfahrung und inneren Offenbarung angenähert. Beim Rad handelt es sich darum, den Raster vorwegzunehmen, also Ausschau zu halten, in welchen der Inbegriffe eine Erfahrung oder Offenbarung fallen könnte. Die Offenbarung ist also deduktiv, und ihre Kriterien sind die widerspruchsfreie Konstruktion des Rades. Für die Kabbalisten war die Tradition der Prüfstein; für uns hingegen ist die Zweiheit von Erfahrung und Offenbarung als Abstimmung auf unmittelbare Gegebenheiten des Bewußtseins die Voraussetzung, um sich der Sprache tiefer zu bemächtigen.

Die sieben Prinzipien des Bewusstseins

In allen Mythen und Religionen der Vergangenheit stoßen wir auf die besondere Bedeutung der Zahl Sieben. Bei den Navaho-Indianern sind es vier Schichten der Menschwerdung, die, mit Hindernissen und Gefahren durchschritten, ins tatsächliche fünfte Reich des Menschen führen, über dem es noch ein sechstes und siebtes gibt. Auch im Christentum gilt der siebte Himmel als der eigentliche.

Die indischen Yogis kennen sieben dem Bewußtsein zugrundeliegende Kraftfelder als ›Chakren‹, als Energiewirbel, die es zu erwecken und zu verbinden gilt, um aus dem unsichtbaren Kraftstrom des Bewußtseins zu leben, über den Urkraft und Urlicht im Menschen wirksam werden.

Die sieben Prinzipien sind uns aber auch aus dem täglichen Leben bekannt, denn unser ganzes Wirken und Erfahren geht auf sie zurück. Wir wollen sie jetzt im einzelnen bestimmen, als ob wir die ersten wären, die sich damit befassen.

Die sieben Prinzipien teilen sich in

4 *zeitliche* und 3 *räumliche.*

Die vier zeitlichen bezeichnen wir als Funktionen, die drei räumlichen als Bereiche. Aus der Vermählung der vier mit den dreien entstehen die zwölf Formungszentren des Bewußtseins, womit das erste Mal in der Geschichte der Astrologie die zwölf Tierkreiszeichen eine kritische Erklärung gefunden haben.

Unser Ansatz ist das Denken. Es geht im Denkweg nicht nur darum, dem Wirken der Natur auf die Spur zu kommen, sondern über diese Unterscheidung selbst zum Mitwirkenden zu werden: Auch dem Maler müssen die Farben in ihrer Sonderheit zur Verfügung stehen, damit er mit ihnen gestalten kann. Die Rückkehr zu den Wirkursachen (Konstanten und Parametern) ist in vielen anderen Gebieten bereits vollzogen: in der Physik und Chemie, in der Musik und Malerei ist die Suche nach den Prinzipien der Philosophie vorausgegangen, die erst heute für uns als Kritik aller Voraussetzungen aktuell geworden ist. Die moderne elektroakustische Musik geht auf Geräusch und Ton an sich zurück; die Maler des 20. Jahrhunderts untersuchten die Wirkung der Formen und Farben ohne Rücksicht auf den Bildinhalt.

In der Philosophie obliegt uns jetzt und hier diese Unterscheidung und Bestimmung der Prinzipien. Die Vierfältigkeit der Urvorgänge wird bereits durch die Entdeckung der vierten Dimension in der Mathematik (Einstein) nahegelegt. In der deutschen Sprache haben wir tatsächlich noch vier verschiedene Bezeichnungen für die Funktionen: empfinden, denken, fühlen, wollen. Aber auch bei uns wird ›fühlen‹ oft fälschlich statt ›empfinden‹ verwendet; zum Beispiel: etwas fühlt sich weich oder hart an; ich habe das Gefühl, daß mich der Schuh drückt.

In den vergangenen 2160 Jahren im Zeichen der Fische, dem Zeitalter des Geist-Fühlens, war letztere Funktion so dominierend, daß manche Sprachen wie Englisch, Französisch oder Italienisch überhaupt keine Unterscheidung zwischen fühlen und empfinden kennen: to feel, sentir, sentire wird für beide Funktionen verwendet. So wurde die vierfältige Unterscheidung in eine falsche Dreiheit verstümmelt, und die Dreifältigkeit von Körper, Seele, Geist ist besonders in Europa zu einer Zweifältigkeit von sterblichem Körper und unsterblicher Seele entartet. Es wurde zwar viel von Geistigkeit und Geist geredet, aber der geistige Zusammenhang wurde von der Kirche gewahrt und durch den Heiligen Geist symbolisiert, der für den gewöhnlichen Sterblichen unwirklich und ungreifbar blieb. Auf ungarisch heißt der Heilige Geist zu allem Überfluß noch Heilige Seele (szent lélek); für empfinden gibt es keinen Begriff.

Obwohl die sieben Prinzipien des Bewußtseins nie allein für sich auftreten, da sich jedes Zeitliche nur über ein Räumliches verwirklichen kann, läßt sich dennoch ihre Eigenart bestimmen und beschreiben.

Wir wollen nun versuchen, zuerst die vier Funktionen zu definieren.

1. Empfinden

Empfinden ist jene Funktion, die insofern den Ansatz bildet, als sie die unmittelbare Erfahrung unserer Welt über die Sinne vermittelt: Gesicht, Geruch, Geschmack, Gehör, Tastsinn, wobei zum letzteren Raum-, Gleichgewichts-, Wärme- und Bewegungssinn zu rechnen sind.

Empfinden hat als Inhalt die Sinneswahrnehmung. Es

ist die Realitätsfunktion als Fähigkeit, Gegebenheiten wahrzunehmen, wie sie sind – also objektiv. Die Wahrnehmungsspanne ist immer linear; eine Skala, die von zwei Sinnesschwellen begrenzt wird. Töne sind hörbar zwischen 16 und 20 000 Hertz. Licht wird sichtbar als Farbe zwischen 3800 und 7600 Ångström-Einheiten.

Ein Ton muß eine bestimmte Lautstärke haben, um vernehmbar zu sein. Eine Farbe hat eine bestimmte Helligkeit, Intensität, Tendenz zu Weiß oder Schwarz. Auf den allesamt linearen Wahrnehmungssektoren lassen sich auch die Gegebenheiten der anderen Sinne in Graden ausdrücken.

Sinnesdaten sind äußere Signale verschiedener Variationen der Energie. Wir leben in einem ungeheuren Schwingungsfeld. Jede Wahrnehmung ist ein Energieaustausch, die Sinne vermitteln tatsächlich Eindrucksnahrung. Das Riechen der Luft, das Betrachten eines Wasserspiegels oder einer grünen Wiese – aber auch das Konzentrieren auf Bilder und Gegenstände – kann uns in kürzester Zeit regenerieren. Das Empfinden des eigenen Körpers, wie es der Yoga und andere Techniken lehren, stellt einen gestörten Energiekreislauf wieder her.

Intensives Empfinden kann in die Erfahrung ungeahnter Kraft und Ruhe münden. Aber zu solchem Empfinden ist die Zuwendung aller Aufmerksamkeit notwendig. Hier schließt sich der Kreislauf der Funktionen: empfinden – denken – fühlen – wollen – empfinden …, wie ihn der Fortschritt im Rad zeigt. Die Zuwendung, die dem Wollen als Aufmerksamkeit entspricht, macht das Empfinden zur Erfahrung.

Dem Hungernden, der sich an das Erlebnis eines Stückchens Brot erinnert, dem Ermatteten, der einige

Zuckerwürfel verzehrt und gestärkt weitergeht, ist vielleicht gar nicht klar, daß er jenen Bissen ganz ›bewußt‹ geschmeckt, zu sich genommen hat.

Aber warum sind wir im Empfinden nicht immer offen? Jeder weiß, wie man schaut, ohne zu sehen, ißt, ohne zu schmecken. Manche spüren schon, daß sie die eine oder andere Speise nicht mögen (fühlen), ohne sie überhaupt gekostet zu haben. Andere wieder meinen (denken), daß es zum Beispiel draußen kühl sei, weil die Sonne nicht scheint. Sie versuchen das Denken einzusetzen, wo Empfinden Auskunft geben könnte, und öffnen nicht einmal das Fenster, um die Temperatur zu kontrollieren.

Hier kommen wir zum Hauptproblem der Funktionen. Die Funktionen *sind* das Problem. Sie sind die Vorgänge, mittels derer wir erfahren und handeln; sie können aber auch mechanisch ›funktionieren‹, und in diesem Falle tendieren sie dazu, einander zu verdrängen, zu überlagern. Wir sind gekränkt (fühlen) und entwickeln daraus eine Kette von Schlußfolgerungen und Theorien, die kein ursprüngliches Denken sind, sondern ein selbsttätiges ›Fühldenken‹, ein Denken, das aus dem Fühlen ›geschoben‹ wird.

Bei jedem entstehen andere mechanische Verknüpfungen der Funktionen, wenn kein Wer da ist, der sie einsetzt – der sie von jener inhaltslosen Mitte aus erfährt und steuert. Es geht darum, die Funktionen unterscheiden und trennen zu lernen; trennen, damit sie sich wie vier Fäden eines Gewebes zu vielfältigen Mustern verbinden, damit einer an den anderen anknüpft, ohne daß sie sich selbsttätig verknoten.

Das Empfinden ist die Funktion, mittels derer wir die

Beschaffenheit einer Straße, die Härte oder Glätte eines Materials, Form, Größe, Farbe, Klang, wahrnehmen oder gestalten. Hier nehme ich Empfinden im Körperbereich als Beispiel.

Nun ist der Wahrnehmungsvorgang beim Menschen wie beim Tier selektiv, den Bedürfnissen des Lebens angepaßt. Die daraus resultierende Beschränkung auf eine begrenzte Merkwelt ist sowohl ein nützlicher Schutz vor einem Übermaß an Eindrücken als auch eine Gefahr. Es ist nützlich, Eindrücke ausschalten zu können. Aber wie leicht bleiben wir in unserer Merkwelt eingesperrt und nehmen, wenn wir einkaufen gehen, nur mehr die Autos, denen wir ausweichen, wahr, und nicht mehr die Luft, den fliegenden Vogel, den Blick eines Menschen – das Unerwartete, das uns begegnet. Immer wieder müssen wir versuchen, die Wahrnehmungsfähigkeit zu erweitern, um lebendig zu bleiben.

Im Buch der Wandlungen, dem I-Ging, wird die Empfindung durch das Gras versinnbildlicht, das sich dem Wind beugt, ohne abzureißen, so wie durch das zarte Eindringen der Wurzeln in den Boden.

2. Denken

Denken ist die Fähigkeit, Phänomene mittels Symbolen – das heißt Wort und Zahl – miteinander in Beziehung zu setzen und daraus einen Zusammenhang zu bilden, der wieder auf seine Elemente zurückgeführt werden kann; zum Beispiel: Farbe und Form sind Sinneswahrnehmungen. Wesentlich ist also die Rückführung auf Elemente, aus denen sich durch Berücksichtigung anderer Komponenten weitere Kombinationen vollziehen lassen.

Man spricht von der geistigen Ebene und meint damit oft die Denkebene eines Menschen; die Weite, Dichte, Differenzierung seines Schaltplans.

Tatsächlich bewegt sich das Denken auf der Dimension der Fläche. Der Vorgang entspricht der Division, dem Urteilen, das prinzipiell am Gegebenen ansetzt, Beziehungen feststellt, ortet und erkennt.

Die Landkarte ist ein Produkt der Denkfähigkeit und nicht mit der Wirklichkeit identisch: The map is not the territory. Das Denken selbst schafft nichts Neues, und trotzdem ist Erkenntnis die eigentliche Neuerung im Bewußtsein, die Fortschritt ermöglicht, den Schaltplan erweitert.

Erkennen, verstehen, begreifen, urteilen, schließen, Induktion und Deduktion sind Denkschritte. Richtig und falsch, adäquat, klar, deutlich, verständlich, sinnvoll und sinnlos sind Kriterien des Denkens.

Wir erwarten vom Denken, daß es unparteiisch sei und Klärung bringt; daß es persönliche Meinungen berichtigt, verifiziert, also bis zu einer objektiven Wahrheit vorstößt. Trotzdem soll es den Menschen einbeziehen; eine Beteiligung des innersten Wesens ist Voraussetzung des Verstehens, das dem Wer die Beziehung zum All eröffnet.

Denken ist die Leitfunktion des Menschen. Die Pflanze ist empfindsam. Sie ernährt sich aus den Photonen des Lichts. Die Tierwelt wurzelt in den Trieben – Nahrung, Fortpflanzung, Sicherung und Aggression –, die Grundlage des Fühlens sind. Der Mensch aber gestaltet den Sinneszusammenhang seiner Welt über das Denken.

Das Denken, wie wir es heute in der Technik sehen, bietet unabsehbare Möglichkeiten und birgt unzählige Gefahren. Auf diese Gefahren haben die vergangenen Epochen des Fühlens, Wollens und Empfindens aufmerksam gemacht. Für sie war das diskursive Denken der Feind, den es zu überwinden galt. Aber diese Einstellung wird dem anbrechenden Denkzeitalter keine Lösung bringen können; die technische Zivilisation ist unser Schicksal. Daher muß das Denken erweitert werden und alle Aspekte der Denkfähigkeit bis zur Transzendenz und Metaphysik umfassen.

Während das Empfinden Kontakt mit Gegebenheiten herstellt oder auch nicht, können sich Denkschritte in mechanischer Folge fortsetzen und in falscher Vorwegnahme der Erfahrung vorauseilen. Wer hat nicht erlebt, wie schwer Gedanken abzustellen sind und daß sie weiterlaufen wie eine Grammophonplatte? Hier gilt es, den inneren Dialog abzustellen. Wie wesentlich ist das Einbehalten von Worten! Wie notwendig ist es oft, einen Einfall stehen zu lassen, nicht weiter zu spinnen und zu kombinieren, sondern zu warten, bis echte Erkenntnisse, relevante Bezüge sich knüpfen. Wie leicht verrennt man sich im Denken!

Wichtig ist es, das Innehalten zu üben, wenn mechanische Gedankenketten einen mitreißen. Es gibt keine negativen Gedanken; was so scheint, ist allemal ein Denkfühlen, ein Rechtfertigen, Erklären und Verbalisieren von Emotionen, das aber nicht klärt, sondern in falsche Bedrängnis führt.

In unserem Zeitalter hat das Denken dennoch eine positive Rolle. Verstehen bedeutet, alle möglichen Beziehungen im Weltall zu erfassen. Da alle Zusammenhänge sich auf Parameter der Zeit und des Raumes zurückführen lassen, können wir sie durch Zahl und Maß, Arithmetik und Geometrie bestimmen. Im echten philosophischen System – dem System der Natur – ist jedes Ding an seinem Platz und dadurch definiert.

Vor über sechstausend Jahren, in der Zwillingszeit, war das Denken bereits einmal die Grundfunktion gewesen: das Zeitalter der Kalenderkulturen. Auch unsere Epoche des Wassermanns ist ein Zeitalter des Denkens. Die Analyse zu vertiefen bis zu den Urgründen und die Synthese bis zum Verständnis aller möglichen Erfahrungen und Erkenntnisse voranzutreiben – das ist wohl ohne Zweifel die vordringlichste Aufgabe unserer Epoche.

Das I-Ging veranschaulicht das Denken im Bild des Haftenden: das Feuer, das verlöscht, wenn das Holz verbrannt ist – das Problem ist gelöst.

☲

3. Fühlen

Fühlen ist das persönliche und *subjektive Verhältnis* des Menschen zu sich selbst und seiner Welt. Es wurzelt in der Triebkraft, der Wunschkraft, die auf Erfüllung gerichtet ist. Diese Erfüllung kann körperlich, seelisch oder geistig sein, aber immer äußert sich das Fühlen als ersehnen, angezogen sein, lieben (aber nicht im Sinne der Wesensliebe als Medium der Welt) oder verabscheuen, befürchten, hassen. Angenehm – unangenehm, verbinden – trennen, erfreuen – betrüben und unzählige andere sind Polaritäten des Fühlens.

Die Triebkraft bildet vier Kreisläufe, die auch der Tierwelt eigen sind: Nahrungstrieb, Aggressionstrieb, Sicherungstrieb und Fortpflanzungstrieb.

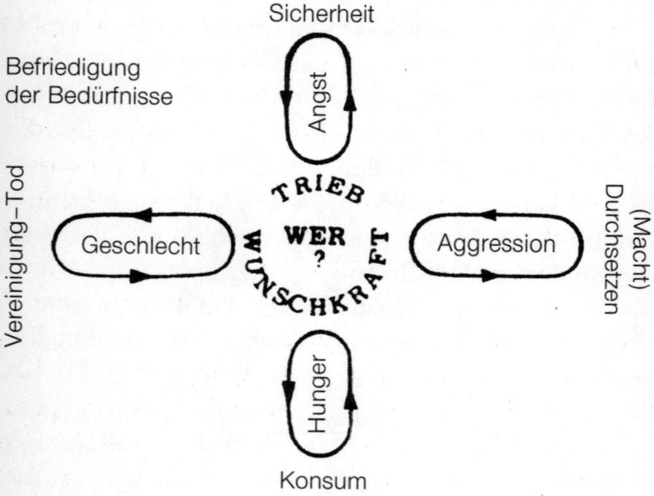

Diese affektive und emotionelle Kraft äußert sich beim Menschen in verschiedensten Kombinationen. Die Angst verlangt Sicherung aller Art, die Aggressivität kennt verschiedenartige Waffen und gebiert vielfältige Ambitionen, der Hunger schafft die raffiniertesten Bedürfnisse, und der Fortpflanzungstrieb zeitigt den Wunsch, sich tausendfältig über Kinder, Werk, Kunst, Ruhm etc. zu verewigen.

Jeder dieser Kreisläufe bildet einen in sich geschlossenen Zyklus wie Hunger–Sättigung und wieder Hunger. Wir wissen, wie leicht Gefühle umschlagen.

Außerdem müssen alle vier Triebe eine Auswirkung finden und im Gleichgewicht zueinander stehen. Wenn der Geschlechtstrieb nicht ausgelebt wird, mag die Eßlust oder Aggressivität überhandnehmen. Diese Wunschkraft, die sich immer auf etwas oder jemanden richtet oder auf etwas reagiert, die fluktuiert, einem Trieb entspringt, wird als unstetig, mitreißend, als Verhängnis erlebt, sobald man sich mit der einen oder anderen Tendenz identifiziert. Man weiß, daß das Fühlen Trauer schaffen kann, und hat Angst vor dieser Traurigkeit, diesem Leid. So entstehen die verschiedensten Versuche, bewußt oder unbewußt mit dem Fühlen fertig zu werden, wie zum Beispiel verdrängen, ignorieren, flüchten oder sublimieren.

Der Labilität des Fühlens ausgesetzt zu sein, scheint beschämend; aber wie sollte man das Fühlen, das seiner Art nach ein Fließen ist, stabilisieren? Wenn man den Kreislauf zwischen Wunsch und Befriedigung hemmt, so lähmt man die emotionelle Kraft, die den Antrieb jeglicher Initiative darstellt. Ist es nicht das Gefühl eines Mangels, der Wunsch, etwas zu werden, zu haben, zu können, ist es nicht oft die Trauer, die den Anstoß zur Überlegung (denken), Entscheidung (wollen), Bemühung (empfinden) gibt und alles ins Rollen bringt? So kann der Wunsch zum Anlaß werden, der in eine Verwirklichung führt, die weit über seine Befriedigung hinausgeht.

Die Wunschkraft, die zum Wesenswunsch wird, ist letztlich auch die Antriebskraft, über die sich der Mensch verwirklicht.

Fühlen ist jene Funktion, deren Art im Fließen, im Vergehen, im Sich-Erneuern liegt. Sich freuen, befürchten, vertrauen, lieben, hassen und alle unzähligen Schattierungen des Fühlens sollen als Verben gelebt und nicht substantiviert werden. Auch hassen kann notwendig sein, Kraft sein und sich sogar in lieben verwandeln, solange es nicht zum ›Haß‹ erstarrt; auch trauern führt weiter, erzeugt Kraft, solange nicht die Trauer als Kummer gehütet, wiedergekaut und in einem Vorstellungskomplex fixiert wird.

Wo ist aber die Ruhe zu finden, die uns erlaubt, uns dem Fluß der Gefühle anzuvertrauen und nicht fortgeschwemmt zu werden?

Die Fischezeit, das vergangene Zeitalter des Geistfühlens (200 v. Chr. bis 1962) sah die Wurzel aller Probleme in den Wünschen und die Erlösung in der Sublimierung und Ritualisierung der Triebkraft. Die buddhistischen Mönche entwickelten Methoden der Enthaftung, die christliche Welt versuchte Leidenschaft und Liebe, Inbrunst und Sehnsucht auf Gottes Sohn zu richten, in göttliche Liebe zu verwandeln, um aus dem Tal der Tränen befreit zu werden. Aristoteles schlug einen Weg der Mitte zwischen den Gefühlsextremen vor: Mut zwischen Tollkühnheit und Feigheit, Generosität zwischen Verschwendungssucht und Geiz …

Die Triebkräfte müssen zwar ihren Ausgleich finden, aber diese sogenannte goldene Mitte hat nichts mit der eigentlichen *Mitte* zu tun. Der aristotelische Ausgleich bleibt im Circulus vitiosus der Gefühlswelt hängen. Das Rad weist auf eine andere Möglichkeit des Gleichgewichts: indem der Mensch alle vier Funktionen erweckt und verfeinert, vertieft, indem er sein Kreuz auf sich nimmt und die Gegensätze fühlen–empfinden und denken–wollen besetzt und zu tragfähigen Balken seines Kreuzes macht, aus deren Zentrum er mittels dieser vier Beweger wirkt.

Das Fühlen ist die subjektive Funktion, über die der Mensch die Welt auf sich bezieht und sein Verhältnis zu ihr erlebt. Aber wer ist das Subjekt? Hier wird die Frage nach diesem dringend. Wer ist es, dem trauern und sich freuen zur Kraft gereicht? Wer ist es, der angenehm und unangenehm gleichermaßen auf sich nimmt, der zwischen echten Wünschen und Tagträumen unterscheiden kann?

Das Fühlen scheint unsere Welt entzweizuteilen: was dem Leben zustrebt, ist *gut,* was in den Tod führt, *böse.* Nur jenes Bewußtsein, das auch der Zeuge oder der Wer genannt wird, ist imstande, Trauer und Freude, Leben und Tod als zwei Aspekte ein und desselben zu betrachten.

Ist dieser Wer über die vierte Funktion zu erreichen? Muß die emotionelle Kraft des Nabels ins Herz aufsteigen, dort geborgen werden, um als Herzenswunsch wieder herabsinkend Verwirklichung zu finden?

Das Buch der Wandlungen bezeichnet das Fühlen als ›Das Heitere‹, der See – es hebt das Erfreuen statt des Mitleids hervor.

4. Wollen

Um des Wollens innezuwerden, betrachten wir die Chakren, die Energiewirbel des unsichtbaren Kraftstromes, über die wir an der allem zugrundeliegenden Urkraft teilhaben.

Die Inder erkannten in der vierten Funktion, dem Wollen, die Mitte des siebenfältigen Energieleibes. Der Schritt vom dritten in das vierte Chakra ist der Schritt von der kinetischen Energie des Fühlens in die potentielle Energie des Wollens, die ruhende Mitte des Herzens, von der aus bewußte Verkörperung (5), Kommunion mit allen Lebewesen (6) und Teilhabe am All (7) möglich werden.

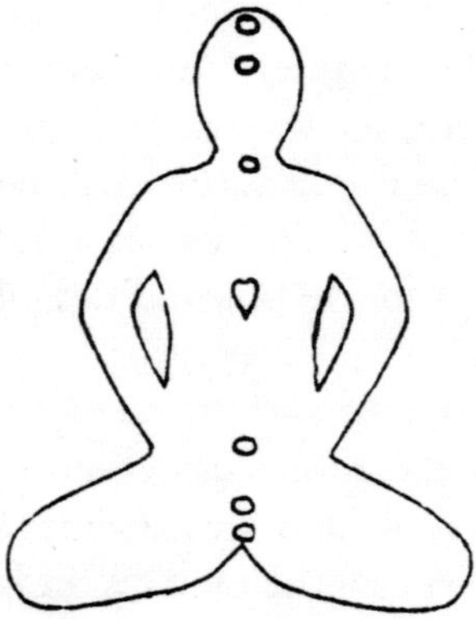

Dazu müssen wir das Bewußtsein als Licht-Kraft-Leib vorstellen, der unserer Körperform innewohnt und an bestimmten Stellen an diesem ›befestigt‹ ist. (Licht bedeutet bewußtwerden, Kraft besagt, daß dort tatsächlich etwas geschieht.) Der Bewußtseinsstrom fließt durch die Wirbelsäule und bildet an sieben Orten Energiewirbel. Die Inder haben die Struktur des Lichtkraftleibes in Bezug zur Menschwerdung erforscht – die Chinesen haben den Zusammenhang des körper-seele-geistigen Wohlseins im System der Meridiane genau bestimmt. Diese sieben Energieträger sind in Entsprechung zu den Konstituenten des Bewußtseins und damit auch des Tier- und Häuserkreises. In diesem Sinne wollen wir ihre Bedeutung erläutern.

Die Chakren:

1. Das Wurzelchakra birgt die Kraft, die dem *Empfinden* zugrunde liegt. Es ist der Ort, wo Sinneswahrnehmung zur Bewußtseinsnahrung wird. Der vielfältige Wahrnehmungsapparat besteht aus den Seh-, Hör-, Tast-, Geschmacks-, Geruchsorganen; aber der Umschaltplatz, über den alle Wahrnehmungserfahrungen im Bewußtsein integriert werden, über den unsere Vorstellungen verwirklicht werden, ist das Muladhara. Im Wurzelchakra wird die Erdkraft zur Lebenskraft des Menschen. (Im Körper lokalisiert zwischen After und Harnleiter.)

2. Swaddhistana ist der Sitz des ursprünglichen *Denkens* (zwischen Wirbelsäule und Kreuzbein). Dies ist das unmittelbare Inbeziehungsetzen, das nicht den Fähigkeiten des Denkapparats im Gehirn, dem Erlernen und Nachdenken entspringt. Es ist vielmehr ein Vor-denken – blitzartig –, eine unterschwellige Begabung, die uns mitteilt, ohne daß wir wissen, woher das Wissen kommt. Die Indianer nennen es das Wegrad, da es zu einem Schritt führt, der nicht aus dem vorhergehenden abzuleiten ist. Wir kennen dieses unmittelbare ursprüngliche Denken aus Situationen der Gefahr, wo wir im Augenblick erstaunlicherweise das Richtige tun; vielleicht auf den Gashebel treten, statt zu bremsen – eine Einsicht gewinnen, als sei sie uns zugefallen – oder einfach etwas sehen und schon kaufen, was wir tatsächlich brauchen.

Die japanischen und chinesischen Bewegungskünste, Tai-Chi, Kung-Fu und andere, zielen darauf hin, dieses unmittelbare Wirken aus dem Hara (Swaddhistana) zu erwecken.

Das Denken ist im Körper dreifältig lokalisiert: im Kopf, im Herzen und im Unterbauch. Das Wesentliche der Bauchatmung ist, daß sie das Gewahrsein in die Bewegungsmitte des Swaddhistana bringt.

3. Dies ist die dem *Fühlen* zugrundeliegende Kraft. Es ist der Ort, wo Freude und Leid sich zur bewußten, liebenden Anteilnahme einen (Manipura ist in der Wirbelsäule in Nabelhöhe). Hier wurzelt das Vertrauen, im Wachsen zu sein. Es ist der Ort der Unschuld und des Vertrauens. Sind wir im Wahrnehmen (1) nicht offen, in Denkgeleisen (2) eingefahren, mit unseren Emotionen (3) identifiziert, so schöpfen wir nicht aus dem zugrundeliegenden Quell der Fühlkraft, und die sieben Chakren können sich nicht zum Bewußtseinsstrom verbinden, der Himmel und Erde eint.

4. Das vierte Chakra birgt die Kraft des *Wollens* (Anahata ist in der Wirbelsäule in Herzhöhe), die aus der Stille, der Leere schöpft. Anahata bildet die Mitte der Sieben und verbindet uns, wie es das Beispiel des Wagenrades ausdrückt, mit dem Nichts.

Während das Empfinden sich der Sinne und Sinnesorgane bedient, das Denken auf Zahl, Maß und Wort beruht, das Fühlen den Trieben entspringt, gründet das Wollen im Nichts, das alles durchdringt und jeglichem Etwas zugrunde liegt. Die Kraft des Wollens ist die Aufmerksamkeit.

Es gibt wohl Anlaß, aber keinen Grund zu wollen; es gibt kein Warum, kein Darum-weil. Es gibt nur ursprüngliches Wollen, als ob es sich selbst entspränge: ja-ja, nein-nein, oder es fehlt zur Gänze und wird durch Wünschen (Fühlen) oder Überlegen (Denken) ersetzt.

Wollen ist bewußtes Einstehen – Ergreifen oder Lassen – im Leben, in der Leere wurzelnd seinen Platz wahren, allem und allen gegenüber im gemeinsamen Spiel: Ich hab' mein' Sach' auf Nichts gestellt.

5. Vishuddha (in der Wirbelsäule in Höhe des Halsgrübchens) ist das Chakra der *Verkörperung,* als Mitarbeiter an der Welt – dein Reich komme. Fünf ist auch die Zahl des Menschen der Mitte, in Beziehung zum Ganzen, die Wortwerdung und Kommunikation einschließt. Der Körper ist Träger der Freude. Der Mensch ist Gestalter im Wort. Über Licht des Bewußtseins und Kraft der Erde bildet er seinen Wortleib.

6 ist die zusammenfügende Kraft der *Seele,* Ajna. Im sechsten Chakra kommen wir, alle Ichvorstellung verlassend, an den Seelengrund, an das eigentliche Ich heran, das der Kommunikation mit allen Wesen fähig ist. Dieses Ich hat das Abgründige der Seele überwunden, wird Teilhaber an der Fülle. Für dieses Ich ist die Welt trotz aller Trauer wunderbar. Es ist mit dem Wer identisch, west in der großen Gemeinsamkeit.

(Ajna ist innerhalb des Hinterkopfes, dort, wo die Wirbelsäule in den Schädel mündet.)

7 (unter dem Scheitel, unter der Fontanella). Sahasrara ist das Chakra, das die Vorstellungsebene, *Geist,* auf das Urlicht bezieht. Es ist die Kraft der geistigen Anschauung, über die uns unsere Beziehung zum Ganzen, zur Ganzheit des eigenen Körpers im Ganzen des Alls, bewußt werden kann: Ich bin ein Teil des Ganzen; es gibt nur eines, das ganz ist: das Ganze.

Über die Offenheit des Sahasrara kann uns im Leben bewußt werden, wenn ein Plan, ein Vorhaben nicht dem Ganzen entspricht.

Zusammenfassung:
5 heißt: Liebe den Körper als Träger der Freude.

6 bedeutet: Sinne und denke mit anderen, um die große Gemeinsamkeit wirklich werden zu lassen.

7 heißt Vertrauen, daß alles, was dir begegnet, Sinn bringt, der als Urlicht die Richtung weist.

Die drei oberen Chakren sind Weltgebäude; sie haben Bestand, sind nicht nur Schaltstellen wie die unteren. Jeder hat einen Körper, eine Seele und einen Geist, die so sind und nicht anders. Alle gehen vom Körper aus, der mit der Erde über die vier in Wechselbeziehung ist, eingreift, erlebt, erfährt. Doch auf den Körper gründen sich Seele und Geist als wissende Integrationen. Was sind deine Verantwortungen? Wie weit reicht dein Verstehen? Ist das bewußt, dann erst tritt das Wollen dem Urgrund und Ursprung gegenüber, und du bist ganz.

Über die Chakren habe ich in ›Mensch zwischen Himmel und Erde‹ ausführlich geschrieben. Nach ihrer kurzen Erläuterung gehen wir wieder zu 4 als vierte Komponente des Bewußtseins in Beziehung zum Tierkreis zurück.

Wollen ist inhaltslos. Es ist die reine Schwingung der Aufmerksamkeit, die potentielle, in sich ruhende Kraft. Empfinden, fühlen, denken können auch ohne Bewußtsein funktionieren, gesteuert aus dem Zusammenhang irgendeines stellvertretenden zufällig entstandenen Ichs. Das Wollen *ist* Zuwendung und Leere gleichzeitig, im I-Ging dargestellt als ›Das Empfangende‹.

☷

Wollen ist die absolute Offenheit, auf daß ES, das Schöpferische, durch uns wirken kann. Es bedeutet Bereitschaft: bereit sein zu tun oder zu lassen. Da das Wollen inhaltsleer ist, kann es sich in spontaner Entscheidung jedwedem zuwenden. Absichtslos und unwillkürlich ist die kompromißlose Entscheidung des Wollens, das Ja und Nein.

Sicher können diese Überlegungen vorausgehen oder folgen, aber die Entscheidung selbst entspringt dem Nichts der Mitte. Sie bezieht nicht nur die eine oder andere Erwägung ein, sondern alles, das Ganze: den ganzen Menschen und die gesamte Situation; nur dann ist es echtes Wollen.

Wollen wird oft mit Wünschen und Möchten verwechselt. Wenn einer alles Mögliche ›will‹, so können wir sicher sein, daß er im Möchten steckt: einer Verknüpfung von Fühlen und Überlegung. Das Wollen ist Einstellung, eine Richtungsänderung, die ganz averbal, sang- und klanglos vor sich geht, so daß man sie kaum bemerkt. Der Wille müht sich nicht.

Entscheidung ist nicht Wahl zwischen zwei Möglichkeiten, in Gesten ausgedrückt rechts oder links: Soll ich im Urlaub nach Griechenland oder Skandinavien reisen? Ich wähle Griechenland; das ist Erwägung, denken.

Im Entscheiden gibt es nur eine Richtung: Schritt oder Nichtschritt, vor oder nicht-vor. Das Zurück ist nur relativ möglich, in der Lebenszeit ist es uns versagt. Das Nein ist ein ›Halt‹, das Ja ein Voran. Beide sind gleich wichtig und wirksam.

Der Schritt vom Möchten ins Wollen ist jener, von dem Don Juan bei Castaneda sagt: »Der Krieger weiß, worauf er wartet; er wartet immer auf seinen Willen.« Dieses Wollen als Bereitschaft ist das Eigenste des Menschen. Und doch gibt es keinen Eigenwillen, denn das Wollen kann nur der Urkraft entsprechen. Das Gebet »Dein Wille geschehe« verliert niemals seine Gültigkeit, aber es wandelt sich in unserer Etappe der Mündigkeit des Menschen in: »Dein Wille = mein Wille.«

Dieses Wollen ist nicht über die Nachfolge und Hingabe des Gefühls, sondern über die Erkenntnis und die Bereitschaft zur eigenen Verantwortung zu leben, in sich selbst zu entdecken. Es ist, was die Natur vom Menschen an dieser Schwelle der Evolution fordert.

Was das Wollen ist, verstehen wir am besten aus dem Lebenswillen, wenn ein Mensch aus schwerer Krankheit oder Trauer plötzlich zu dieser Haltung erwacht, die alles wandelt. Sobald der Mensch im Wollen ist, braucht er nichts zu wollen; alles ergibt sich von selbst, er weiß dann, was der nächste Schritt erfordert. Von Entscheidung zu Entscheidung verläuft die Lichterstraße der Wesen.

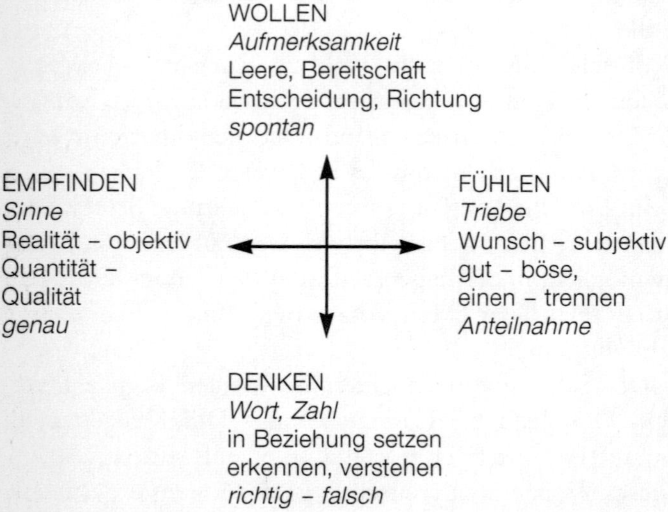

Während die vier Funktionen als zeitliche Vorgänge die Arten des Wandelnden darstellen, sind die drei räumlichen Bereiche Aspekte des Beharrenden, das sich wandelt. Sie sind ein Bestehendes, das sich innerhalb eines gegebenen Rahmens erneuert. Es ist leichter, einen Vorgang in seiner Auswirkung zu beschreiben, als ein Beharrendes darzustellen. Denn weder der Körper noch die Seele oder der Geist sind ein statisch Verharrendes; es gibt sie nicht im Sinne, wie die festhaltende Vorstellung sie haben möchte; und doch werden sie uns als begrenzte Bereiche über eine bestimmte Struktur und deren Zusammenhang faßbar. Das Bestehende ist die Struktur, innerhalb derer sich die Wandlung vollzieht. Die räumliche Betrachtung sucht die Ganzheit, die letztlich nur der Erfahrung des Erlebens oder Verstehens zugänglich wird. So sind im Körper das Zusammenwirken des Organismus, in der Seele Einklang und im Geist die Einsicht erstrebenswert; und wirkliches Erleben und Erfahren setzt voraus, daß die drei Bereiche sich zu einem einzigen Leib vereinen. Sie sind drei Aspekte von ein und demselben. Und doch kommt uns im Kontakt mit der Körperwelt – in körperlicher Arbeit, dem Umgang mit Dingen – das seelische Verhältnis zu diesen und zu den Menschen, die uns umgeben, und auch der geistige Zusammenhang des Lebens so leicht abhanden. Oft schiebt sich der eine oder andere Aspekt in den Vordergrund. Doch andrerseits kann jede körperliche Arbeit beseelt und vergeistigt werden.

Wie es die vier Funktionen zu trennen gilt, so gilt es die drei Bereiche zu einen. Was wäre das für eine Geistigkeit, die nicht die Freude an der Körperwelt erschließt! Und ist es nicht das Wunderbare am körperlichen Kontakt in der Liebe, daß er den seelischen Einklang vertieft und den Gesamtzusammenhang des Lebens evident macht, der immer geistig ist? Alles scheint sich zusammenzufügen: die Sterne der Nacht, die Aufgaben des Tages, die Natur, die eigenen Gegebenheiten, jenes Du und alle Menschen, die da sind; alle Gedanken, die man je gedacht hat, und jene Einsichten, die der Augenblick bringt.

Alles, was wir erkennen oder erfahren, hat einen körperlichen Aspekt. Selbst die feinsten Schwingungen sind notwendig körperhaft; selbst ein seelischer Schmerz kann uns nicht zukommen, ohne daß er sich über eine Schwingung, eine Geste, ein Wort verkörpert hätte.

Auch geistig können wir nur den Sinn und Zusammenhang des verkörperten Endlichen und im Höchstfall dessen Beziehung zum Ungeschaffen-Schaffenden, der Null, erfahren. Ist die geistige Reichweite eines Menschen, einer Bezogenheit zum All oder deren Fehlen nicht an der körperlichen Haltung, am Gesicht, in den Augen abzulesen? Zeichnet sich nicht jedes seelische Geschehen im Körper ab?

5. Körper

Körperhaft oder körperlich ist der Materieaspekt alles Bestehenden, der Masse und Energie umfaßt, der eine beharrende raumzeitliche Struktur und eine gewisse Ausdehnung hat – vom Atom und Mineral über die Pflanze und das Tier und den Menschen bis zum letzten Stern.

Unser Körper ist ein Wunder der Vielfalt. Moleküle fügen sich zu Zellen, Zellen zu Organen; Organe sind

Teile von Organsystemen, die eine bestimmte Rolle im Organismus haben. Unser Organismus ist ein Evolutionsprodukt von Milliarden von Jahren, in welchem die Kraft des Lebens und der Mutation eben das hervorgebracht hat, was wir sind.

In diesem Körper kann Bewußtsein entstehen, jener Zusammenhang des Augenblicks – gerade weil uns der Körper nicht bewußt ist. Die meisten Vorgänge des Körpers verlaufen im geheimen. Wir bemerken ihn nur teilweise über seine augenblickliche Funktion, über seine Bedürfnisse: wenn uns der Schuh drückt, wenn wir gestalten, lieben, gehen oder schauen. Immer ist es nur ein Teil der unendlichen Vielfalt, zu dem wir Zugang finden. Niemals kann das Körperauge selbst den bescheidensten Gegenstand von allen Seiten gleichzeitig sehen. Und trotzdem können wir den Körper als Ganzes erfahren, erspüren. An dieses Erleben versuchen der Yoga und andere Methoden heranzuführen: den Körper als umfassendes Gefäß der Ruhe, als ganzheitliches Schwingungsfeld zu erleben. Selbst ein Teil des Körpers, zur Gänze erfahren, enthält in sich das Ganze.

Die Freude am Ganzen liegt in der Art des Räumlichen, der drei Bereiche: Zerfall ist der Tod des Körpers; ein Teil-Ich ist das Verhängnis der Seele, eine Teilwahrheit ist Häresie des Geistes. So ist es leichter, einen Zeitablauf wie eine Funktion zu beschreiben, als einen Bereich vollständig zu erfassen.

Überwältigend ist die Vielfalt unserer Welt. Gerade in unserem Zeitalter des Körper-Denkens wird uns klar, wie sehr alles körperlich gegeben ist, was wir haben: Struktur und Programm des Genoms; unsere Anlage als Grundlage unserer seelischen Beziehungen, und auch die besondere

Art unseres geistigen Auffassungsvermögens hat einen körperlichen Aspekt.

Im I-Ging ist der Körper dargestellt als ›Das Stillehalten, der Berg‹.

☶

6. Seele

Seelisch ist das Spezifische, das Einzigartige an jedem Wesen: daß es eben diese Pflanze und nicht eine andere ist, jener Baum, die gewisse Schwalbe, dieser Mensch. Das Einzigartige am Menschen wird als persönlich, als Person bezeichnet und unter einem Namen zusammengefaßt: er erfährt sich als Ich.

Seelisch ist das persönliche Verhältnis zu anderen Menschen, zu Tieren, vielleicht sogar zu Engeln und Göttern. Der seelische Bereich reicht örtlich und zeitlich über den körperlichen hinaus, bezieht Anwesende und Abwesende, Lebende wie Tote ein. Trotzdem ist er begrenzt: eben auf jene, zu denen ein persönliches Verhältnis besteht.

Die Struktur der Seele ist ein Verhältnisgefüge von sechs Leerplätzen für bestimmte Rollen, die verschieden besetzt werden können. Die Rollen sind die des Vaters, der Mutter, des Bruders, der Schwester, des Sohnes und der Tochter. Alle möglichen seelischen Verhältnisse sind im Wechselspiel dieser sechs einbegriffen; die gleiche Person kann niemals mehr als drei der Rollen besetzen: Eine Frau kann Mutter, Schwester oder Tochter sein; sie kann auch mehrere Rollen demselben Menschen gegenüber gleichzeitig vertreten.

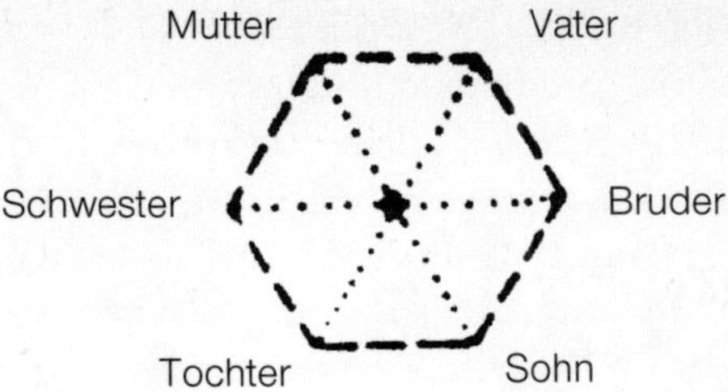

Wir haben ein bestimmtes Verhältnis zu jenen, die wir fürchten oder achten wie Eltern; zu anderen, denen wir verbunden sind wie Brüdern und Schwestern, und zu solchen, für die wir uns verantwortlich fühlen wie für Kinder.

Aber wo bildet sich die Beziehung zwischen Mann und Frau, zwischen Gatten und Geliebten? Die Person ist weiblich oder männlich und sucht nach ihrer Ergänzung. Man könnte diese Beziehung als ein Übereinanderlegen von zwei Sechsecken veranschaulichen, von denen jeder eine Hälfte ausfüllt. Aber nur wenn beide Erwachsene die Mitte ihres Seelenfeldes besetzen, werden sie einander frei sechsfältig ergänzen. Wenn eines der sechs Verhältnisse schwerpunktbildend ist, wird die Tendenz bestehen, den Partner einseitig zu bemuttern oder zu bevatern.

Die Seele für sich allein besteht nicht. Sie ist nicht nur das Verhältnis zwischen Ich und Du, sondern auch das, was Körper und Geist verbindet. Der sechsfältige seelische Raum wurzelt, von der einenden Kraft des Bewußtseins her gesehen, im sechsten Energiefeld, dem Ajna-Chakra. Er ist wahrlich nicht der siebte Himmel! Leicht verfängt sich die Person in der Sechserstruktur und identifiziert sich mit ihren Seelenqualen. Ein seelisches Verhältnis ohne körperliche Erdung und ohne geistige Bezogenheit wird selten tragfähig sein.

Zwischen Ich und Du ist ein Strömen, ein Austausch. Es gibt kein statisch bestehendes Ich. Es ist der Freiplatz in der Mitte, der Leerplatz, an dem von Augenblick zu Augenblick Ichbewußtsein entstehen kann; jener Wer auftauchen kann, wenn dieser Leerplatz nicht von einer falschen Ichvorstellung, einer Befindlichkeit besetzt ist.

Das Problem im Bereich der Seele ist das Festhalten an etwas, was es gar nicht gibt: an Zustandsvorstellungen und Befindlichkeiten, die einander ablösen, die wir selbst schaffen, indem wir sie als Ich zusammenfassend bezeichnen. Ich möchte dies – bin traurig, besorgt –, ich als Mutter.

Das wahre Ich-bin ist Dasein im Vergehen, ein Bestehen im Strom des Lebens. Daher hat das I-Ging als Zeichen der Seele den Fluß gewählt, der über Tiefen und Untiefen mit gleicher Oberfläche fließt: ›Das Abgründige, die Gefahr‹.

☵

7. Geist

Geist ist die Imaginationsebene, wo der Mensch dauernd zusammenfügt, zusammenschaut, Beziehungen zwischen Elementen erkennt und damit gleich der Evolution zum Mitgestalter wird. Sicher ist das ganze Universum im Zusammenhang, wir brauchen es nicht zusammenzufügen. Dem Himmel, dem Geist gegenüber braucht der Mensch nur offen zu sein; es gibt nichts zu erkennen, zu verstehen, das nicht *ist*. So ist Geist letztlich immer Heiliger Geist, Teilnahme an der Offenheit des Verstehens.

Der Geist des Menschen ist einerseits als imaginale Ebene zu verstehen – wie ein Filmnegativ, worauf sich Beziehungen einprägen können. In seiner Reichweite ist er darauf begrenzt, was uns auf der jeweiligen Entwicklungsstufe des Körpers und der Seele faßbar und sinnvoll wird, was wir also verkörpern können. Andrerseits ist er die zusammenfügende Kraft, die den Zusammenhang eines Gedankens, eines Bildes, einer Arbeit mit ihrem Ergebnis, jeglicher Information erkenntlich macht; womit wir Städte bauen, Farbe und Form, Mensch und All einen, Zielsetzungen schaffen und uns tausendfältig verwirklichen.

Der Mensch ist laut Gurdjieff ein dreihirniges Wesen im Unterschied zum zweihirnigen Tier, dem das Assoziationsvermögen des Großhirns fehlt; er verfügt über diese zusammenfügende Kraft. Hat er sie oder ist er diese? Ist er von fremdem Geist besessen? Wirkt ES durch ihn – jener heilige oder kosmische Geist?

Der Geist ist wie ein Samenkorn aus dem All, das goldene Ei im Sahasrara, dem siebten Chakra, das über das sechste, die Seele, im fünften Verkörperung verlangt und das über das vierte: mein Wille = Dein Wille, über das dritte der Sehnsucht und das zweite der Überlegung im ersten, im Tun zur Auswirkung kommt. Das Samenkorn soll im Menschen fruchtbar werden. Der Heilige Geist wurde von den Aposteln in Form feuriger Zungen empfangen: er erweckte den Willen, 4, der sie zum Handeln befähigte.

Im Buch der Wandlungen wird der Geist als ›Das Erregende, der Donner‹ dargestellt.

☳

In allen Traditionen wird die Wirkung des Geistes siebenfältig aufgefaßt: absteigend, wie im Vaterunser, dessen Bitten mit den Chakren in Entsprechung stehen, oder aufsteigend wie im Kundalini-Yoga, von der Erde zum Himmel. Aufsteigen und Befruchtet-Werden sind ein ewiger Kreislauf.

Weg des Wissens

Am Ende des Zweiten Weltkrieges wurde Deutschland zwischen Ost und West am 10. Längengrad, dem geographischen Übergang Fische–Wassermann, geteilt. Der Osten wurde sozialistisch, der Westen kapitalistisch. Im Osten ist der Aspekt des Fühlens, im Westen jener des Empfindens im Vordergrund.

Das gleiche wiederholt sich weiter südlich, doch ohne Ideologie, im Verhältnis von Österreich und der Schweiz. Österreich im Zeichen des sozialen Denkens verwirklicht die alte Konzilianz des Reiches, wo nie das Gespräch zwischen politischen Gegnern und Sozialpartnern abgebrochen wird und keine ideologische Richtung Bedeutung gewinnt. In der Schweiz ist die wirtschaftliche Gesundheit im Vordergrund, getragen von einer partikularistischen Ideologie, die aber gleichzeitig humanitäre Einrichtungen wie den ehemaligen Völkerbund und das Rote Kreuz fördert und betont. Hier sind Geld und Wollen ausschlaggebend, das Bestehen auf der lokalen Eigenart.

Auf der Erde verschwanden binnen kurzem alle kolonialen Herrschaften, die Reiche gehören der Vergangenheit an. Die einzig existenten politischen Kräfte sind der sozialistische Osten und der kapitalistische Westen, die nördlichen Industrieländer und die südlichen Entwicklungsländer.

Alle traditionelle Autorität ist untergraben, was zu einem Generationenkonflikt von nie gekanntem Ausmaß führt. Die Alten glauben, ihre Pflicht in der patriarchalischen Ideologie getan zu haben, und werden nicht mit der Grausamkeit der wissenschaftlich aufgezogenen Konzentrationslager oder der politischen Unaufrichtigkeit und materiellen Rücksichtslosigkeit der jüngsten Vergangenheit fertig. Die mittlere Generation um 1968 entlarvte die Scheinheiligkeit der vermeintlich geistigen Traditionen als Überbauten handfester Überlebensinteressen. Die jüngste Generation wendet sich gegen die mittlere, weil sie zwar das Negative angeprangert hat, doch nichts Positives dagegensetzen konnte.

1978 wurde der Aufstand der Studenten durch die psychologische Wandlung des amerikanischen Human Potential Movements überlagert; die traditionelle materiale Ethik wich der Selbsterfahrung und Gruppendynamik; es entstanden die humanistische und transpersonale Psychologie; auch im wirtschaftlichen Leben begann Mitmenschlichkeit wichtiger zu werden als Profitstreben.

1988 mit der russischen Perestroika und Glasnost, mit Greenpeace und Amnesty International und dem wachsenden Umweltbewußtsein stellt sich gebieterisch die Frage nach dem Sinn des Lebens in der technologischen Gesellschaft.

Die wissenschaftliche Methode zeigt ihre Grenzen. Sie kann nicht das Ganze verstehen. Alle analytischen Prognosen weisen in die Katastrophe. Daher tritt das ganzheitliche Denken in den Vordergrund. Ideologien verlieren sowohl national als auch übernational ihren Boden.

Die meisten Kongresse sind gegen ausschließliche Bekenntnisse und Persönlichkeitskult gerichtet.

Die fünf früheren religiösen Wege – Magie, Mythos, Mystik, Ethik und Glaube – sind als Philosophie des New Age zurückgekommen und haben bereits zehn Prozent der Weltbevölkerung ergriffen. Die Wassermannzeit als Wiederkehr vom Weg des Wissens ist nicht mehr zu übersehen, auch die Politiker müssen sich mit ihr auseinandersetzen.

Der Rahmen der Reiche trägt nicht mehr, der Regionalismus erstarrt überall, und die Frauen verlangen gebieterisch ihre Gleichstellung in der Gesellschaft. Keine politische Organisation vereint die sich bildenden Netzwerke, die auf unterer Ebene durch die Computer getragen werden, auf oberer durch das persönliche Anliegen jedes einzelnen, die Gesamtheit seiner Anlage zu verwirklichen. Im Unterschied zur patriarchalischen Religion gibt es keine Rechtgläubigkeit und keine Irrwege mehr. Seit dem vatikanischen Konzil 1963 hat auch die katholische Kirche jeden Weg zum Göttlichen als gleichberechtigt anerkannt. Theokratische Reiche wie im Islam führen Rückzugsgefechte, ihre Tage sind gezählt. Wie Jean Houston formulierte: Die Sonne scheint besonders groß, bevor sie untergeht.

Erde und Kosmos sind zur Umwelt geworden; die Menschheit übernimmt die Rolle der Noosphäre, des denkenden Gehirns für die Welt. Die geographische politische Gliederung weicht der kulturellen psychischen Rolle jedes Landstrichs, die wir senkrecht im Achterkreis und waagrecht in den Tierkreiszonen entschlüsseln können.

Die Wassermannzeit ist wieder solar und nomadisch.

Wie im alten Europa und in Indien erzeugen die Landstriche Begabungen, die dann auf bestimmten Orten der Welt ihre Rolle finden. Das VI. Haus des Weltenjahres ist Gott der Freund (IX. Haus des Lebenskreises), Arbeiter, und das gemeinsame Verwirklichungsziel ist die Weltgemeinschaft (VII. Haus des Sonnenhoroskops).

Durch den gleichsam wissenschaftlichen Sündenfall der deutschen Geschichte kann diese nicht mehr als seelische Kontinuität verstanden werden; aber auch die Geistigkeit muß dem akademischen Elitarismus entsagen und zu dem werden, was die Franzosen als ›Republique des Lettres‹ bezeichneten: nur jener kann in der verdinglichten Welt, deren Schrecken von Horckheimer so eindringlich beschrieben wurde, sinnvoll überleben, der seine Spontaneität wiederfindet und die öffentliche Ordnung als Summe von Spielen versteht, denen er sein eigenes hinzufügt, ohne die anderen zu verletzen.

Freimaurer und Illuminaten waren bereits Sinnbilder der kommenden Zeit im 18. Jahrhundert. Doch der Akzent ist heute im Zeitalter des Körper-Denkens von der Esoterik auf die Rationalität gerückt; kein Bekenntnis schafft mehr Gemeinsamkeit. Jeder, den man fragt, antwortet heute mit seiner eigenen Auffassung; es gibt keine verpflichtenden Traditionen mehr, auch die esoterischen sind gleichsam zu Kochbüchern geworden. Doch der Eklektizismus ist nicht mehr Historismus. Er ist auf die geistigen Bedürfnisse des einzelnen bezogen, der ausgehend von der Kombinatorik der Komponenten des Rades als Weltgrammatik jedem zur Verfügung steht, der zu seiner Selbstaktualisierung im Sinne Goethes durchbricht.

Nur wer vom neuen Raster ausgeht, kann in der technologischen Zivilisation seinen Sinn erfassen und verwirklichen.

Gegensätze sind überholt, Entweder-Oder weicht dem Sowohl-Als-Auch. Westliche und östliche Ideologen betrachten mit Recht alle gegenwärtigen religiösen Traditionen und kulturellen Formen als Bemäntelungen des Selbsterhaltungstriebes von Gruppeninteressen, deren kapitalistischer Ausdruck die multinationalen Konzerne und Banken und deren sozialistischer Ausdruck die politischen Parteien und Gewerkschaften sind. So ist die Religion zum erstenmal in der Geschichte frei, keiner vertritt mehr die absolute Wahrheit. Diese ist auch nicht in der Natur im Sinne des kritischen Realismus und Positivismus zu finden, sondern in der freien freundschaftlichen Verbindung aller jener, die die Sprache zum Dialog verwenden.

Die Verfolgung der Vertreter der Wassermannzeit seitens des Establishments in Ost und West, Nord und Süd verlangt nun, sich aller Angriffe zu enthalten und nur das im Sinne des Ahimsa oder Wu Wei zu verwirklichen, was gerade gesellschaftlich möglich ist. Denn wer friedfertig ist und nicht angreift, der kann auch selbst nicht angegriffen werden. Er muß doppelt leben im Sinne der Controlled Folly von Don Juan: einerseits die Angstgesellschaft aller vier Provenienzen nicht verletzen außer durch Narretei und Humor, andererseits aber denen, die Freunde Gottes werden wollen, als Polarisator zur Verfügung stehen.

Die Dynamik der kommunistischen oder kapitalistischen Bewegung ist durch die Statik der neu entstehenden Gesellschaft ersetzt. Überall existieren gleiche Probleme, die sich allesamt auf die ganze Erde beziehen. So werden die Überreste lokaler Ideologien noch Katastrophen verursachen, die aber die Herankunft der neuen Ökumene beschleunigen; ohne Schmerzen geht man nicht zum Zahnarzt, und wenn eine Generation eine existentielle Problematik verleugnet, wird die nächste sie schon aus politischen Gründen als Weg zur Machtergreifung auf ihre Fahne schreiben.

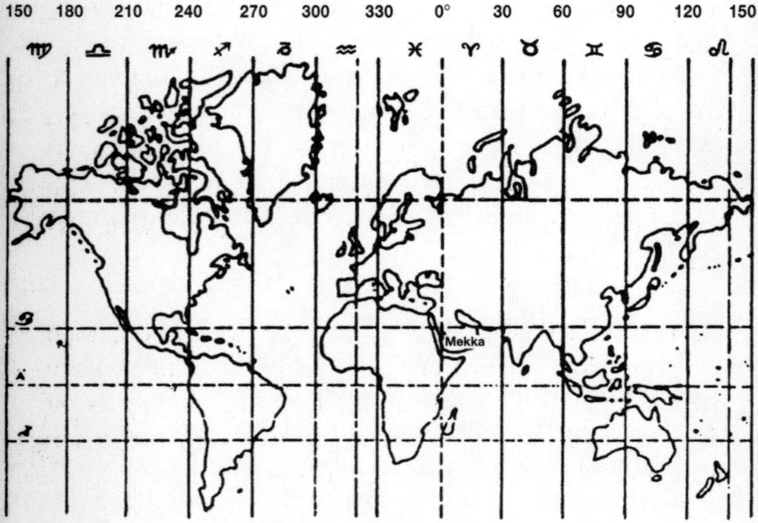

0° Greenwich

Die Erde ist eine Einheit, die wir nun schematisch räumlich betrachten wollen. Mekka ist der Ostpunkt der Längengrade. Die Wassermannzeit begann am 5. 2. 1962 um 0.11 Uhr Weltzeit mit einer absoluten Sonnenfinsternis am 160. Längengrad, also im Übergang vom Krebs zum Löwen, in zeitlicher Entsprechung zum Beginn des Weltenjahres. Die Rolle der Gebiete vom Osten nach Westen unterliegt der folgenden Thematik:

I. *Krebs.* Sibirien, Japan und Australien. Der Schwerpunkt liegt auf der Ichwerdung, das Durchstoßen zum Sein, und die Erkenntnis der Mittel zur Befriedigung der Bedürfnisse. Australien ist die älteste Kultur der Menschheit, deren Wissen bisher noch nicht integriert wurde.

II. *Zwillinge.* Sibirien, China, Indonesien. Die Vereinigung des Denkens führt zur Erkenntnis der gemeinsamen Weltanschauung, der Disziplin, der Forschung und des Weges.

III. *Stier.* Mittelasien, Tibet, Indien, Ceylon. Dieses Gebiet ist auf der Erkenntnis des Tempels und des Lernens aufgebaut, das durch die Vertreibung der tibetischen Lamas durch die Chinesen heute auf die ganze Welt verstreut wurde.

IV. *Widder.* Mittelrußland, Persien, Arabien, Madagaskar. Ursprung des gemeinsamen Volkswillens und der heiligen Spracheinheit. Der Ostpunkt der Erde liegt in Mekka auf dem 40. Längengrad. Die Kaaba wurde vom Propheten Mohammed zur Orientierungsmitte erhoben.

V. *Fische.* Nordeuropa, Mitteleuropa, Israel, Ägypten, Afrika bis Südafrika. Die Idee des Reichs. Die Erkenntnis der kulturellen Vielfalt als Grundlage der reichen Entfaltung des einzelnen.

VI. *Wassermann.* Westeuropa, Westafrika. Ursprung aller Ideale der Menschlichkeit, von der spanischen Hombria über den französischen Honnête Homme zum englischen Gentleman. Kolonisierung der ganzen Erde am Ende der Fischezeit von diesem Gebiet. Schwerpunkt der industriellen-technologischen Entwicklung, die für die Menschheit der Wassermannzeit die artgemäße Umwelt schuf.

VII. *Steinbock*. Island, Brasilien. Die magische Religion des Candomblé bezieht alle übrigen Religionen ein, und die isländische Edda erhob die germanische Überlieferung zur Weltreligion.

VIII. *Schütze*. Kanada, Ostamerika, Südamerika bis Feuerland. Die mythische Religion, die Visionen der heiligen Pilze als Grundlage der Weltanschauung; die Inkas haben ihre Kultur auf den Archetypen aufgebaut.

IX. *Skorpion*. Kanada, Nordamerika, Mittelamerika. Die Indianer der Großen Ebene. Die mystische Religion ist erst durch die Bücher Castanedas in ihrer Tiefe bewußt geworden.

X. *Waage*. Westamerika, Osterinsel. Hier entstehen die neuen Gemeinschaftsformen der ethischen Religion, früher im Mythos des fernen Westens, heute im Human Potential Movement Kaliforniens.

XI. *Jungfrau*. Alaska, Hawaii und Ozeanien. Eine einzige Sprache vereint Menschen und Götter; die Religion der Huna zeigt den Weg zum klarsten Verständnis des Zusammenhangs von Kraftleib – magisches Kind, Lichtleib – weisen Alten und Wortleib – sprechendes Selbst als inkarnierte Dreieinigkeit.

XII. *Löwe*. Pazifische Inseln, Neuseeland. Die Religion der Maoris, der Fülle, wo Mensch und Tier erneut wie in der Altsteinzeit zur Einheit verschmelzen.

Dieser waagrechten Ordnung entspricht die Senkrechte der Hemisphären des Erde. Der nördliche Polarkreis ist der Ort des Gewahrseins. Die westliche Halbkugel ist der Raum, wo die Gemeinschaft die Person trägt und der Mensch nur als Pionier, als Träger eines kollektiven Impulses einen Wert hat. Kanada und Nordamerika sind durch das Empfinden getragen, Mittelamerika und das nördliche Südamerika bis zum Äquator durch das Denken wie bei den Mayas, Südamerika bis Feuerland aus dem Fühlen und schließlich der südliche Polarkreis mit der Antarktis aus dem Wollen.

In der östlichen Hemisphäre prägt die Persönlichkeit die Gemeinschaft. Europa, Rußland, Sibirien, Nordindien und China haben ihren Schwerpunkt im Geist, die Tropen von Ostasien bis Afrika in der Seele, Schwarzafrika und Südafrika im Körper.

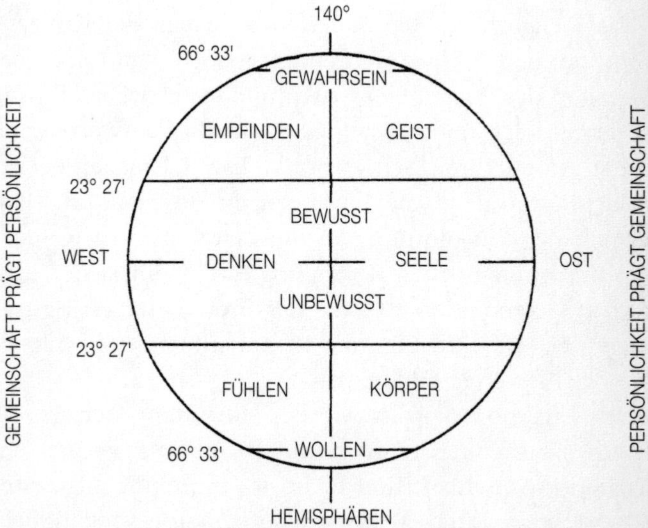

Die Wassermannzeit begann am 5. 2. 1962 mit einer totalen Sonnenfinsternis über dem Übergang Krebs–Löwe, wie wir schon erwähnten. Damit ist die neue Epoche eröffnet, da sich der Tierkreis der Ekliptik im Verhältnis zu jenem der Konstellationen um ein Achtel verschoben hat. 1988 ist der Frühlingspunkt auf 29,38 Grad Wassermann. Vielleicht bin ich deswegen seit der Kindheit zur Wassermannzeit hingezogen, weil mein Geburtsort Friedrichsruh bei Hamburg auf den Übergang Fische–Wassermann fällt.

Wie im Lebenskreis Reifestufen nur von wenigen integriert werden, ist auch in der geschichtlichen Entfaltung nur der beteiligt, der es wünscht und verwirklicht. Wir begannen die Wassermannzeit in Kalkutta, wo der Aszendent des Augenblicks in den Wassermann fiel. Kalkutta befindet sich am Wendekreis des Krebses, also am Übergang Seele–Geist.

Die Religion des Menschen wird erst in der Konzeption und den Umrissen deutlich; doch kann uns das Horoskop des Augenblicks zusammen mit der Erfahrung der letzten sechsundzwanzig Jahre ein Bild entwerfen, wo unsere Arbeit ihren Schwerpunkt hat. Gleichzeitig entstand in Schottland die Findhorngemeinschaft mit dem Versuch der Einstimmung in die Natur und in Kalifornien die humanistische Psychologie. Ich bin sicher, daß auch an vielen anderen Orten der Erde dieselben Bestrebungen begonnen haben, die alle zusammen die Philosophie des New Age bilden.

Das Tageshoroskop ist wie bei jemandem, der Aszendent Wassermann ist; doch die Bedeutung ist aus der Sicht der Menschheit und nicht des einzelnen zu verstehen. Sie wird durch die mystische Religion verständlich, die den Tag dazu verwendet, um die Nachtfahrt zu überstehen; die die Motive der Erde in den Raster des Himmels einbegreift und den Raum durch die Zeit kosmisiert. Das Horoskop ist für die ganze Wassermannzeit gültig, es bildet seinen Verstehensraster. Doch ist nur unsere Epoche auf diesen Raster bezogen; die folgenden bis zum Ende des Weltenjahres – Steinbock, Schütze, Skorpion, Waage, Jungfrau, Löwe – werden sich auf die innere Wandlung des einzelnen Menschen beziehen.

Horoskop der Wassermannzeit, Kalkutta,
5. 2. 1962, 4.41 Uhr.

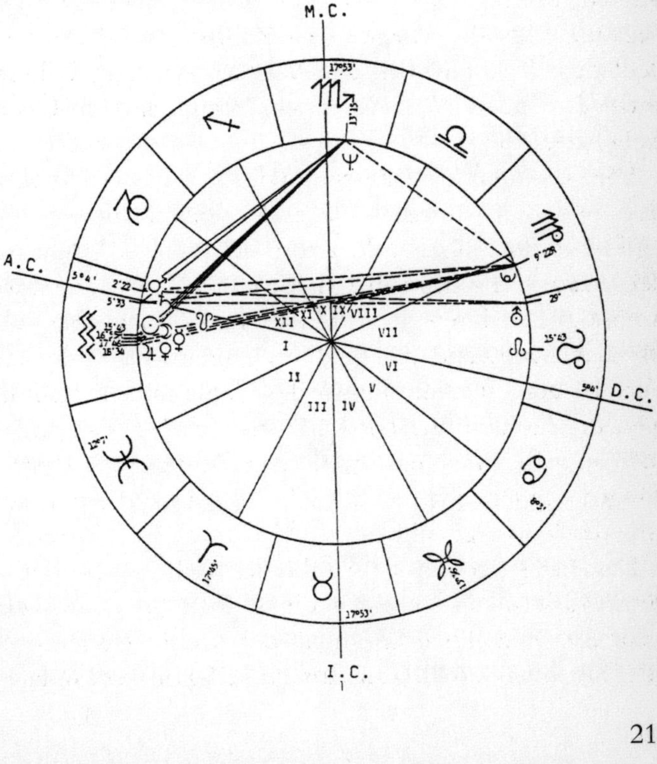

XII–VI *Wassermann–Löwe.* Der Ausgangspunkt aller Arbeit ist das eigene Horoskop, die Anlage als Weg. Jeder Mensch wird in einem bestimmten Verhältnis des Tierkreises zum Häuserkreis geboren; seine Impulse zeigen ein raumzeitliches Gerüst. Man muß das Bekenntnis zu dieser Struktur erlernen. Die Astrologie bestimmt also die Person des Menschen. Schon heute fragt man oft beim Kennenlernen, welches Sonnenzeichen der andere hat.

Doch die Sonne im Gegenzeichen Löwe verlangt die Anerkennung der anderen im Spiel. Die Arbeit am Löwen schafft jene Bedingungen, die dem einzelnen ermöglichen, immer andere Rollen zu übernehmen, immer einen neuen Geist zu inkarnieren. Daher sind Regisseure und Schauspieler heute geachtet wie nie zuvor.

Jedes Jahr im Februar beginnt ein neuer Impuls das Werk zu tragen. 1962 war es die Sonne, jeder sollte zu sich selbst finden. 1963 kam der jupiterische Impuls des Heilens in den Vordergrund, 1964 die Venus des Gestaltens, 1965 der Uranus des Lernens, 1966 der Mond der Fantasie, 1967 der Merkur des wirtschaftlichen Urteilens, 1968 im Jahr der Studentenrevolution die neue neptunische Gesellschaftsvision, 1969 war das Marsjahr des Einsatzes, 1970 das Saturnjahr der Verantwortung und 1971 das Plutojahr der Konzeption, des Neuentwurfs für das nächste Dezennium. Das Verständnis dieser Zeitrhythmen verlangt die Befolgung der Riten der Wassermannzeit.

XI–V *Steinbock–Krebs.* Die Besinnung auf die Zeit ermöglicht die Anerkennung der tatsächlichen Begebenheiten, der Rollen in der Öffentlichkeit, die nur die Meister eines Faches ausüben können. Die Öffentlichkeit hat die

Aufgabe, echte Bedürfnisse im Krebs zu befriedigen und Pseudobedürfnisse zu vermeiden. So kann der Mensch nur noch da selbständig sein, wo er sein Handwerk versteht und der Sinn seines Daseins für andere nützlich ist. There is always room at the top: die Gesellschaft der Meister ist eine Ebene, keine Leiter wie im Tierreich. Besitz und Hierarchie gehören der Vergangenheit an; sie werden durch die Technologie ins Reich der Tiere verwiesen. Doch jeder muß erst seine Tierhaftigkeit ausgelebt haben, ehe er durch Kenntnis der magischen Religion in seiner eigenen Kunst die Verwirklichung des Möglichen erreicht. Er ist so lange von Geld und Macht durch die Überlebensangst abhängig, bis er sich zugesteht, seine Kompetenz und sein Vermögen selbst zu wählen.

X–IV *Schütze–Zwillinge.* Die Verantwortung erreicht der einzelne in der Art und Weise, wie er an der Inspiration teilhat. Seine Aufgabe in der Lern- und Informationsgesellschaft, die die industrielle Arbeitsgesellschaft abgelöst hat, ist, anderen seine eigene Erkenntnis als Teilhabe am Werk der Erde zu vermitteln. So ist die Öffentlichkeit auf dynamische Entwicklung eingestellt, wie dies in der Naturwissenschaft schon der Fall ist, wo jeder die Entwicklungen eines anderen willig anerkennt.

IX–III *Skorpion–Stier.* Um die Menschenwelt aus der toten Statik in die lebendige Dynamik der Evolution zu überführen, müssen die Ideen als keimhafte Kräfte immer wieder anerkannt werden. Jeder Pionier hat die Aufgabe, sie als Gestaltung zur Verschönerung der Erde zu inkarnieren. Die Ökologie der Natur ist der Rahmen, der gewahrt werden muß, auf daß alles gedeihe. Denn mit der

Wassermannzeit ist die Menschheit als Noosphäre für die weitere Entwicklung verantwortlich geworden.

VIII–II *Waage–Widder.* Der Kampf geht gegen alle Gruppenegoismen, von den Monopolen über die Nationen gegen die Weltanschauungen und ausschließlichen Bekenntnisse. Jeder muß als eigene Person als Name bestätigt werden, wie es die Forderungen der Demokratie – Menschenrechte, soziale Gerechtigkeit, Selbstbestimmung – überall verlangen. Das bedeutet aber nicht Selbstbestimmung der Völker wie in der heutigen Politik, sondern Selbstbestimmung des Menschen und der Menschheit. Die mögliche Autorität der Menschheit hat ihr Symbol in den Vereinten Nationen. Doch die Wirklichkeit wird erst dann erreicht, wenn die menschheitliche Institution die Macht hat, Mißbräuche kollektiver Art wie Kriege und Verbrechen endgültig zu verhindern.

VII–I *Jungfrau–Fische.* Die Zivilisation in ihrem Reichtum hat als Ziel die Fülle und Vollendung. Kulturelles und persönliches Erbe sind Material zur Selbstverwirklichung, haben keinen tabuisierten Wert. Die Zivilisation der Jungfrau als artikuliertem Schatz an Worten und Dingen muß dem einzelnen im Gegenzeichen Fische zum Heil dienen. So ist der Ansatz der Verwirklichung der Wassermannzeit, die sich unbemerkt von den politischen Mächten aktualisiert, die ganzheitliche Heilung; denn die Frage von Gesundheit und Heil ist für jeden wichtiger als das bloße Überleben.

Die Person des neuen Menschen ist Teilhabe am Menschen im All, dem Heiligen aller Zeiten, hat also keine

Persönlichkeit im Sinne der Begnadung oder des Amtes. Sie vereint Beherrschung der Umstände, geklärte Vorstellung, Fähigkeit der Artikulation und Gestaltung des Weltbildes, das auf die Heilung der ganzen Erde hinzielt.

Die Arbeit am Werk der Erde hat drei Aspekte:
- Persönlich, die Anlage als Weg anstelle vorgegebener Traditionen;
- gemeinschaftlich, Erlernen der Sprache des Rades und der Weltgeschichte, um frei in die Zukunft handeln zu können;
- geistig die Teilhabe am Erdheiligtum, das überall geschaffen werden kann, in dem sich jeder Mensch als Freund Gottes versteht und die falschen besitzlichen und hierarchischen Stufen in der großen Gemeinsamkeit verschwinden.

Im Zeichen Tung Yen, dem dreizehnten des Buches der Wandlungen, heißt es über diese Zeit am fünften Platz der Seele:

> Die gemeinsamen Menschen weinen erst und klagen.
> Nach langen Kämpfen beginnen sie sich zu treffen.
> Das heißt: sie siegen.

Das Rad

Dies ist nicht so zu begreifen, daß ich diesen Dingen mächtig genug sei, sondern so viel ich begreifen kann.

Denn das Wesen Gottes ist wie ein Rad, da viele Räder ineinander in die Quere, über sich und unter sich gemacht sind und sich immer miteinander umwenden. Zwar siehet man das Rad und wundert sich sehr, und doch kann man es in seiner Umwendung nicht erlernen noch begreifen; sondern je mehr man das Rad ansiehet, desto mehr erlernet man seine Gestalt; und je mehr man lernet, desto größere Lust hat man zum Rade. Denn man siehet immer etwas Wunderbares, und ein Mensch kann sich nicht genugsehen und lernen.«

Jakob Böhme,
Aurora. Die Morgenröte im Aufgang. 1634.

Für die jüdischen Kabbalisten war der Ursprung ihres Wissens Merkaba, die Radvision des Hesekiel. In der Psychologie der Jungschen Schule taucht das Rad im Prozeß der Heilung als Symbol der Individuation auf. Ich habe das Rad in wacher Vision 1943 als eine Scheibe erlebt, auf der ich mich befand und die zum Stillstand kam, und mein anschließendes Leben war der Klärung dieser

Vision gewidmet. Es ist mir nach vielen Umwegen gelungen, die Sprache des Rades aus den Traditionen zu lösen und das Ursymbol des Gewahrseins aus sich heraus erschöpfend zu erklären.

Gott ist das Nichts, das dauernd etwas wird, kosmogonisch als Schöpfung, mathematisch als Erzeugung der Ziffern aus der Null. Das Nichts ist jenseits von Name und Form, aber es ist kein Abstraktum, sondern konkret, weshalb es der Patriarch Bodhidharma als das donnernde Schweigen bezeichnete. Das Nichts wird dauernd zur Zahl. Nur auf seiner Ebene kann man das Subjekt verstehen; sowohl den Menschen im All als auch das Ich als dessen Teil. Ich bezeichne im Unterschied zum Satzsubjekt der Sprache dieses Seinssubjekt als Gewahrsein.

Die Null ist die Klasse der natürlichen Zahlen, der Ziffern von 1 bis 9 und ihre Vollendung in der 10 als Ursprung aller Periodik von Diesseits und Jenseits, Wirklichkeit und Möglichkeit.

Sobald wir die Wortsprache erlernen oder die Bildsprache der Gebärde, sind wir der Zahl nicht mehr mächtig. Die Welt fällt auseinander in Raum und Zeit, mathematisch in Arithmetik und Geometrie, physikalisch in die Erklärung der Natur als Welle und Korpuskel. Doch erkennen wir die Zahl als Ursprung der Rechnungsweisen und Dimensionen, dann können wir den Raster des Rades als Rahmen allen Verständnisses und aller Selbstverwirklichung bestimmen.

Historisch war diese Erkenntnis die Leistung der ionischen Vorsokratiker, die nach dem Niedergang der mythischen Religion nach einem neuen Kriterium der subjektiven Wahrheit Ausschau hielten. Thales fand es in der Geometrie, Anaximandros in der Arithmetik – alles entstammt der Dialektik von unendlich und endlich –, Anaximenes in der Epistemologie, daß es ein Wissen hinter dem Wissen und der Vielfalt der Meinungen gibt, und Pythagoras in der Zahl als Schöpfungsprinzip, im Kreis der Dimensionen und in der Formulierung der Mathematik.

Das Wissen der damaligen Epoche war zu klein, um die Wahrheit des Ansatzes zu erweisen. So fiel mit Platon und Aristoteles die Epistemologie in die Dialektik zurück als Versuch, die Wahrheit durch Rede und Gegenrede, durch Logik zu ergründen. In dieser Epistemologie ist das Ergebnis niemals das Subjekt oder Gott, sondern immer ein Satzsubjekt, eine Bestimmung oder ein Gesetz und damit induktiv. Wenn wir aber zur Sphäre Gottes vorstoßen wollen, so müssen wir die Wahrheit deduktiv aus der Zahl ableiten und auf sie zurückführen. Pythagoras nannte dieses Anliegen Esoterik im Unterschied zur exoterischen strategischen Wissenschaft. Mit der Verlegung des Schwerpunktes der Religion auf das geschriebene Wort, vor allem im Christentum, kam der Weg des siebten Menschen in den Gegensatz zur Öffentlichkeit und wurde in den Untergrund verdrängt. Mit der Verdammung des Origenes im sechsten Jahrhundert wurde jeder Versuch der Selbsterlösung mit Exkommunikation bestraft.

Erst heute, wo auch in der Naturwissenschaft die Zahl oberhalb des Experiments und der Theorie bestimmt wird, kann das esoterische Wissen ohne mythische Verbrämung zugänglich werden.

Die Erkenntnis der Ziffern als Schöpfungsprinzipien und einzige Namen des Gottes der Stimme war das Werk der jüdischen Kabbalisten im Spanien des 13. Jahrhunderts, die Sefiroth des Sohar. Doch wurden diese letztlich numerologisch auf die Buchstaben des hebräischen Alphabets und damit die Tora zurückgeführt; später, im Tarot, entstanden daraus die zweiundzwanzig Bilder der Arcana, die neben die Zahlenordnung der Karten traten. Der Tarot sank als Spiel auf die unterste prophetische Stufe des Wahrsagens, und die Zahlenkarten dienten als Gesellschaftsspiel wie auch noch heute. Doch alles Spiel ist ursprünglich Ritus, und so können wir die Metaphysik der Zahlen im Rad wieder zu ihrer eigentlichen Rolle zurückführen.

Die neun Ziffern entstammen der Null. Als natürliche Zahlen sind sie Ursprung aller Qualität in Mikrokosmos, Mesokosmos und Makrokosmos. Mittels ihrer wirkt Gott als Einender Einer aus dem Nichts ins Etwas.

Für das logische Verständnis auf der Ebene des Bewußtseins legt sich die Zahl auseinander in Arithmetik und Geometrie, Zeit und Raum und erzeugt damit die Dimensionen, die Zahlenarten und Rechnungsarten, und schließlich das Rad als Raster des Gewahrseins.

Betrachten wir die Dimensionen zuerst räumlich und dann zeitlich.

1. Eine unendliche Anzahl gedachter Punkte wird von der Geraden umfaßt.
2. Eine unendliche Anzahl von Geraden wird von der quadratischen Fläche umfaßt.
3. Eine unendliche Anzahl von Flächen wird vom Würfel umfaßt.
4. Eine unendliche Anzahl von würfelartigen Körpern wird vom Kontinuum des Raumes umfaßt, wobei die Mitte des Würfels, jetzt als Hyperkubus bezeichnet, durch acht Diagonalen über die Ecken mit dem All in

Verbindung steht. Die unendliche Anzahl ist nicht wie bei den drei Dimensionen waagrecht zu verstehen, sondern senkrecht und fraktal, zwischen den unendlich kleinen Kernbestandteilen des Mikrokosmos bis zum unendlich großen Makrokosmos.

Diese Mitte des einzelnen Hyperkubus ist räumlich nicht bestehend, dafür aber zeitlich:

0. Die einzig erkennbare Subjektzeit ist der Augenblick in der Gegenwart zwischen Vergangenheit und Zukunft. Dies ist der Gegenpol Gottes im molekülgewordenen Wirkungsquant in der Kosmogonie, das fraktal den Aufstieg der Evolution beginnen wird. Der Punkt der nullten Dimension ist mit Gott identisch im Sinne der Methexis, der Teilhabe.
1. Der Punkt der nullten Dimension wandert und schafft damit eine Bahn als Zeitdimension der Zukunft.
2. Die Kurve erfährt ihre Gegenwart im relativistischen Verhältnis zu einem anderen Punkt und füllt somit im Umlauf den Raum einer Scheibe aus.
3. Die Scheibe dreht sich ein halbes Mal um ihre Achse und füllt die Gestalt einer Kugel aus: dies ist die Dimension der Vergangenheit.

Doch die Wellenbewegung geht weiter, energetisch transversal und materiell longitudinal, und mündet als Mitte im Hyperkubus der Dauer als der verräumlichten vierten Dimension, wie das Tai-Chi-Zeichen veranschaulicht.

Die Mitte ist empfangend; Gott als die Stimme, als der Fluß der Visionen der natürlichen Zahlen ist gebend. Gott offenbart sich als Licht, Yang, doch die Wachstumsfähigkeit, die fraktale Selbstorganisation der Evolution als Dunkel, Yin, als Kraft. Yang und Yin, Licht und Dunkel sind in Gott vereint: indianisch Wakhan als Urgrund des Raumes und der Leere, aus der die Fülle entspringt; Skwan als Fülle, die von der Leere aufgenommen wird, chinesisch Wu-Chi und Tai-Chi.

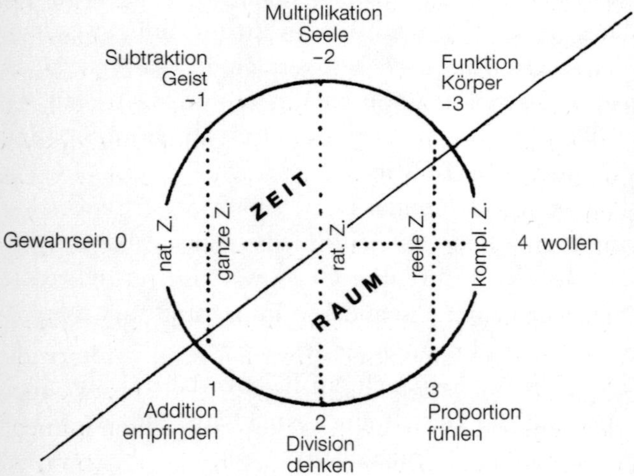

Aus den Dimensionen entstehen die Zahlenarten, die Rechnungsarten und das bereits von Pythagoras entwickelte Werkzeug des Demiurgen, das Zahlenkreuz als Chi mit dem Lambdoma und Gamma, dessen Mitte das Gewahrsein ist und von dem die Konstruktion des Rades ansetzt.

0. Die einzige Subjekthaftigkeit, die neun Namen Gottes als Ursprung aller beharrenden Qualität, ist im Ge-

wahrsein. Dieses kann sich daher spielerisch nur auf die Null als die reine Aufmerksamkeit, auf eine oder mehrere der neun Ziffern konzentrieren, die ihre Vollendung in der Zehn finden. Wir müssen jetzt jeden Schritt doppelt betrachten, vom Zahlenkreuz her und vom Rad her.

1. Die ganzen Zahlen sind auf einer Linie darzustellen, die als solche im Gewahrsein erscheint oder von ihm erzeugt wird. Einheit ist sowohl Gegenstand als auch Schritt, die ganzen Zahlen entstehen durch Addition und durch Subtraktion: Addition wird zum Empfinden, alle Sinnesdaten sind additiv zu verstehen. Subtraktion schafft den Bereich des Geistes; die Zukunft offenbart sich nur dem Fragenden. Gott ist in der ersten Dimension des Wachens als Null, als Mitte zwischen positiven und negativen Zahlen zu erleben.

10-9-8-7-6-5-4-3-2-1-0-1-2-3-4-5-6-7-8-9-10

2. Die rationalen Zahlen sind auf der Fläche abzubilden. So entsteht das Zahlenkreuz mit den zwei Feldern: den Ergebnissen der Multiplikation zwischen der neu entstehenden senkrechten Achse und der waagrechten im negativen Feld und der Brüche als Ergebnis der Division, wie sie im Rad veranschaulicht sind. Gott als Gewahrsein ist nicht daran beteiligt. Die Null trennt die negative Multiplikation als Reich der Seele von der positiven des Denkens. Nur die Fläche ist rational; um logisch zu verstehen, müssen daher die anderen Dimensionen auf die Fläche projiziert werden.

3. Die reellen Zahlen der dritten Dimension werden durch Diagonalen veranschaulicht, die Zahlen der Felder

aus dem Nullpunkt verbinden. Im Divisionsfeld bilden die reellen Zahlen Proportionen; so hat die Einserdiagonale im Verhältnis zu der Erzeugungsachse den nicht rationalen Wert Wurzel aus zwei zu eins. Die Diagonalen des Divisionsfeldes verbinden Brüche gleicher Wertigkeit. Die Proportionen sind die Grundlage des Fühlens.

Im oberen Feld finden wir die Funktionen, die den Aufbau der Körperwelt physikalisch regeln. Die mittlere Diagonale, 1 – 4 – 9 – 16 – 25 – 36 – 49, zeigt die Abstände der Schalen des Atoms vom Kern, die nächstliegende, 2 – 8 – 18 – 32, die Kapazität an Ladung. Hier erscheint die göttliche Null als Macht der Verkörperung, und in den Proportionen als Ursprung des Fühlens.

4. In der vierten Dimension entstehen die komplexen Zahlen durch Begegnung mit dem Du, so daß sich der Kreis des Bewußtseins offenbart.

Yin und Yang sind in der nullten Dimension als Wu-Chi, als leerer Kreis veranschaulicht, in der vierten Dimension als Tai-Chi, die Einheit von Yin und Yang. Dieses Symbol ist fraktal auf die Evolution gerichtet, in der die Subjekthaftigkeit des Wollens aus der Mitte des Kubus die vier Vektoren aktiviert. Damit wird das Selbst, die Zauberperle in der Mitte der Kaaba, zugänglich und befähigt, die Stufen der Evolution bis zurück zu Gott integrativ auf dem Weg der Kombinatorik zu beschreiben.

Der Hyperkubus hat als Mitte die Kreuzung von vier Diagonalen, die im Verhältnis zu den Kanten und den Diagonalen der Würfelflächen die geometrische Zahl Wurzel aus drei aufweisen, wie aus dem pythagoräischen Lehrsatz ersichtlich ist.

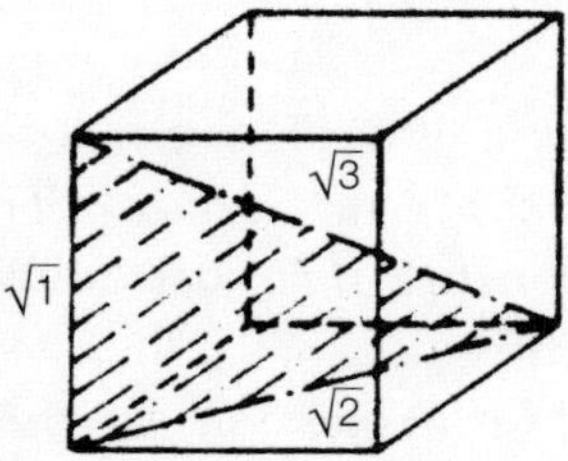

Vier mal Wurzel aus drei ist neun: Die neun Namen Gottes werden zu den Vektoren des Wachstums aus der Mitte. Hieraus folgt, daß die empirisch entdeckte Kosmogonie aus der Zahlenhaftigkeit Gottes abzuleiten ist. So entsteht nach der arithmetischen Darstellung der Dimension die fraktale Ordnung um das Selbst als Mitte.

Gemäß dem Symbol des Tai-Chi vereint das Selbst die Welt von Tag und Nacht, von Wirklichkeit und Traum, von Weltenjahr und prophetischer Offenbarung. Diese wird für das wollende Selbst in den Diagonalen zur Vierfältigkeit, aus deren Schnittpunkt vier Vektoren entstehen:

Materie, Bewußtsein, Energie und Selbstorganisation.

Die Diagonalen Selbstorganisation/Bewußtsein sind auf der ersten Fläche, die den Hyperkubus schneidet, die Diagonalen Materie/Energie auf der zweiten Fläche.

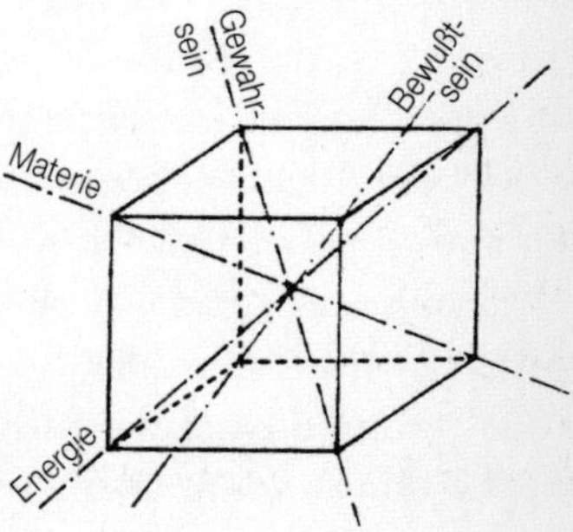

Die vier Vektoren werden durch die acht Funktionen/Bereiche im Selbst zum Erfahrungs- und Ausdrucksmittel.

5–1 wird die Materie zwischen Körper und Empfinden zugänglich.
6–2, das Bewußtsein, ist zwischen Seele und denken.
7–3, die Energie, zwischen Geist und fühlen,
0–4, die Selbstorganisation, ist zwischen Gewahrsein und wollen.

So sind die Eckpunkte des Hyperkubus die Durchgangstore zur Allbeziehung. Die Bereiche Yang sind auf der oberen Fläche geortet, die Funktionen Yin auf der unteren. Ihre Richtung verläuft gegeneinander.

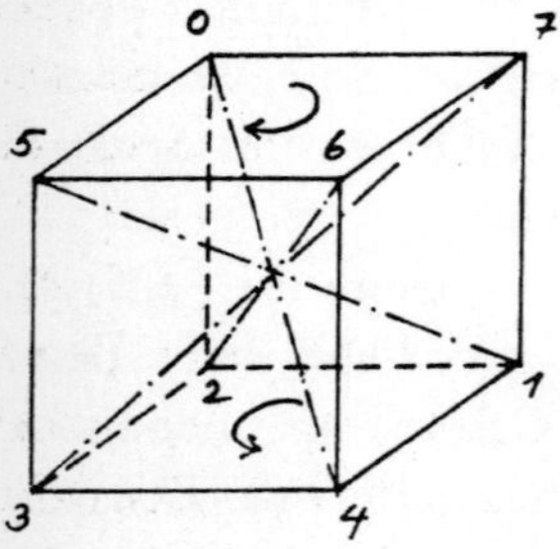

In der Projektion auf das Rad verlaufen die Diagonalen durch die Mitte. Um diese gliedern sich geometrisch die zehn Elementegruppen des Mikrokosmos in den sieben Elektronenschalen. Der Mikrokosmos stößt mit dem Rad an den Makrokosmos, unsere sinnliche Welt. Dieser ist als Gesetz der Sinne erfaßbar: der zwölfstufige Quinten- und Quartenzyklus ist der Maßstab von Lebenskreis und Weltenjahr, und der Farbkreis mit dem Purpur, der im Skorpion das siebenfältige Spektrum zum Kreis schließt, vollendet den Rahmen der Erfahrung.

Makrokosmisch im Tierkreis finden die neun Planeten und die Sonne ihren Ort. Sie stehen im Verhältnis zu Makrokosmos und Mikrokosmos, haben aber im Mesokosmos ihre eigene Bedeutung im Enneagramm der Grammatik, das den ursprünglichen Sinn der neun Zahlen für das Denken zeigt: Quantität und Qualität sind identisch. Es gibt

1 Kategorie des Bindewortes,
2 des Hauptwortes,
3 des Zeitwortes,
4 des Verhältniswortes,
5 des Eigenschaftswortes,
6 der Zeitwortpersonen,
7 des Fürwortes,
8 des Umstandswortes,
9 der Zeitwortformen.
10 ist die Zahl des Satzes.

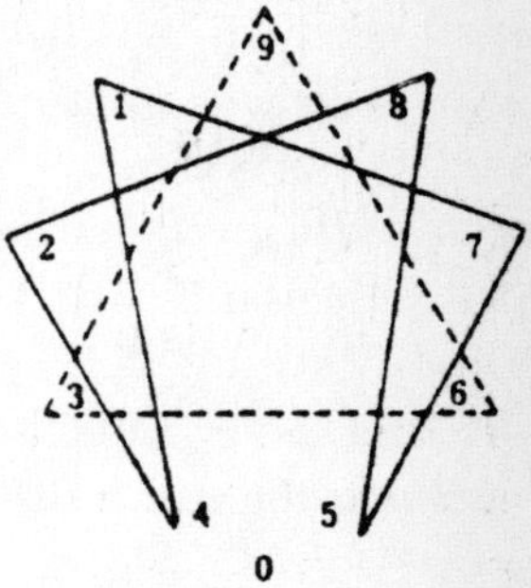

Die Achse Nord–Süd des Rades prägt zwischen denken und Seele den Bewußtseinskreis. Die mathematische Grundlage des Denkens ist die Division, der Seele die Multiplikation. So ist die Grammatik als Figur aus der Division der Ziffern entstanden. Divisionen durch 1, 2, 4, 5 und 8 ergeben endliche Brüche, haben also keine Bewegung. Division durch 3, 6 und 9 ergibt einen unendlichen Bruch mit gleicher Ziffer und kennzeichnet das Zeitwortdreieck als Satzgerüst. Division durch 7 ergibt die mannigfaltige Figur der Raumworte, als periodischen Bruch 0,142857 … , die je nach dem Divisor mit einer anderen Ziffer beginnt.

Das Enneagramm als Ursprung der Grammatik wurde von der ismaelitischen Bruderschaft der ›Lauteren Brüder von Basrah‹ im 9. Jahrhundert entwickelt und fand von dort aus den Weg zur spanischen Kabbala des 13. Jahrhunderts.

Mit den Tierkreiszeichen des Quinten-Quarten-Zirkels ist es erst mir gelungen, die Felder vom bildhaften

Mythos in den mathematischen Logos zu überführen. Das ganze RAD in seiner Konstruktion ist das Gewahrsein mit der Mitte des Zahlenkreuzes als Tangente am Tierkreis, kosmogonisch zwischen Photon und Galaxis, im Bewußtsein zwischen empfinden und Geist. Die linksläufigen Funktionen vereinen sich seelisch-multiplikativ mit den rechtsläufigen Bereichen. Die Linksläufigkeit bestimmt den Lebenskreis, das Jahr der Sonne und der Planeten. Die Rechtsläufigkeit betrifft den Tag, das Weltenjahr und die Stufen der Offenbarung. So ergibt sich für das Bewußtsein folgender Bedeutungsrahmen:

I	Seele-wollen, Widder
II	Körper-empfinden, Stier
III	Geist-denken, Zwillinge
IV	Seele-fühlen, Krebs
V	Körper-wollen, Löwe
VI	Geist-empfinden, Jungfrau
VII	Seele-denken, Waage
VIII	Körper-fühlen, Skorpion
IX	Geist-wollen, Schütze
X	Seele-empfinden, Steinbock
XI	Körper-denken, Wassermann
XII	Geist-fühlen, Fische

Das Selbst erscheint im Gleichgewicht zwischen Tag und Nacht, Yang und Yin, in der Mitte des Rades. Das Ich bildet sich im Nullpunkt des Gewahrseins am Sonnenaufgang und Frühlingspunkt im Osten. So kann es vom Bewußtsein nicht wirklich integriert werden, solange der Mensch nicht im religiösen Sinn erwacht ist. Das Erwachen verlangt die Bemächtigung des Urkreuzes, dessen Bedeutung durch die Arcana zugänglich wird.

Das Rad als natürliches System der Vernunft

Das Symbol des Rades hat in den meisten Überlieferungen eine zentrale Rolle – als Rad der Lehre im Buddhismus, als Zeichen des Durchbruchs im Hinduismus, als Rad des Gesetzes bei den Indianern. Doch in Europa ist es vom Mythos in den Logos überführt worden durch das Werk des Pythagoras, und die Arbeit der Wiener Schule um die Jahrhundertwende hat mir ermöglicht, es in seiner Vollständigkeit als die Summe aller natürlichen Systeme zu begreifen und darzustellen und damit die Philosophie aus einer akademischen interdisziplinären Forschung zurück in die Rolle des Handwerks der Menschwerdung zu führen, die sie noch bei Sokrates hatte.

Der Wiener Denkstil unterscheidet sich wesentlich von allen anderen philosophischen Richtungen, beschränkt sich auch nicht auf das wissenschaftliche Denken, sondern reicht bis in die Kunst und Psychologie. Der Angelpunkt ist das menschliche Subjekt, Sachen sind weniger wichtig als Personen. Mag sein, daß die katholische Philosophie mit ihrer Betonung der Intentionalität – im Idealismus ist das erkennende Subjekt Träger des Bewußtseins, in Bolzanos Philosophie die Wahl und Richtung – dabei eine entscheidende Rolle spielte, mag es der Habsburger Vielvölkerstaat gewesen sein, wo es immer galt, die verschiedenen Reichsteile ohne Verletzung ihrer Eigenheiten aufeinander abzustimmen, mag es die Vorstellung des menschlichen Daseins als Welttheater im Barock bewirkt haben – entscheidend bei all diesen Bewegungen ist die grundsätzliche Triade des Denkens, verschieden vom deutschen Idealismus, englischen Empirismus oder auch russischen Marxismus: während diese nach Elementen, Beziehungen und ehernen Naturgesetzen suchten, die sie allesamt gefunden zu haben glaubten – also den Menschen von außen bestimmen –, ist die Triade im Wiener Denken Element, Beziehung und Spiel. Durch das Spiel, die freie Kombinatorik, kommt der Mensch als Täter hinzu, wir haben also nicht das bürgerliche Weltbild, aus Gottes Gesetzen geschaffen, sondern eine Tafel von Grundbegriffen, die der einzelne frei verbindet und damit seine persönliche Lebensdichtung schafft.

Die Wiener Schule

Wittgenstein begann mit seinem Traktat damit, die Umgangssprache selbst als philosophisches System zu betrachten, welche aber erst im Sprachspiel ihre eigentliche Vollendung findet: nur der Fragende philosophiert, der Antwortende unterliegt dem Sachzwang. Mein Lehrer Josef Matthias Hauer lehnte die Vorstellung persönlicher Kreativität des Komponisten ab: für ihn war der Quintenzirkel das Rad der Musik, das Urbild des Vernehmens und der Vernunft, und alles Wissen müßte diesem eingegliedert werden. Der Ausgangspunkt von Physik und Musik sei nicht eine Hypothese oder eine Tonleiter, sondern eine von 419 Millionen Zwölftonfolgen: Der Musiker hört das

Gesetz des Lebens und versucht es in seiner Komposition nachzuvollziehen. Gott ist der einzige Komponist, und »wir Menschenkinder versuchen im Verlauf eines Äons seine Kunst zu ›erlernen‹«. So sei das Urbild des Hörens das Zwölftonspiel, dessen Sinn aber nicht im musikalischen passiven Konsum bestehen kann, sondern »die tiefsten Einblicke in das Weltgeschehen ermöglicht«. Hier erkannte Hauer über Richard Wilhelm sich eines Sinnes mit der chinesischen Metaphysik, die nicht im ruhenden Gesetz, sondern in den Wandlungen der Zeit, im Werden den germinalen Urgrund von Welt und Bewußtsein erfaßt.

Die entscheidenden Denker, die die logische Grundlage für diese Einstellung lieferten, waren Frege und Ernst Mach. Frege hatte den Gegensatz von Logik und Mathematik überwunden, indem er nachwies, daß Sinn und Bedeutung sich zueinander verhalten wie Zahl und Wort. Eine Gleichung ist immer ein Satz, das Ist-Gleich-Zeichen ist das Urteil. »2 + 4 = 6« hat *nur Sinn* und ist richtig, »2 Löwen und 4 Gazellen sind 6 Tiere« hat *Sinn und Bedeutung*. Dieserart kann man alle Aussagesätze – die einzigen, die als Urteile Wissen schaffen – als prädikative Aussagen bestimmen. Z. B. der Satz »Mein Vater starb gestern« wird logifiziert in der Form: »Der gestrige Tod meines Vaters ist eine Tatsache.« Damit ist der Tod wahr, das Gegenteil falsch, und es gibt keine dritte Variante: *tertium non datur,* das Grundprinzip des logischen Denkens.

Mathematik

Doch was ist nun Mathematik? In der Philosophie gibt es widersprüchliche Ansätze. Für Poincaré war Mathematik

Konvention, wie auch bei Wittgenstein: »Mathematik ist das Spiel, daß die Natur sich bereit erklärt hat, mit uns zu spielen.« Für Kronecker ist sie unmittelbare Evidenz: »Gott hat die ganzen Zahlen geschaffen, alles übrige ist Menschenwerk.« Für andere wiederum ist sie die Welt der reinen Ideen oder die Normwissenschaft anstelle der Sachwissenschaft. Doch welche Mathematik ist wahr? Ernst Mach gab die Antwort: Die Mathematik, die uns zum Verstehen führt, ist den Sinnen inhärent. Das Auge hat durch die Zweiheit von Fokus und peripherer Vision ein recht kompliziertes Zahlensystem, im Ohr werden Arithmetik und Geometrie unmittelbar verständlich, der Tastsinn hat wieder andere Zahlenstrukturen. Die letzte Brücke zwischen äußerer und innerer Wirklichkeit und dem handelnden und erlebenden Subjekt ist immer ein Sinn: daher ist die Struktur aller Sinnessysteme der eigentliche Raster philosophischen Denkens, welches ökonomisch eingesetzt werden muß. Mach, der sich nicht als Philosoph, sondern als Naturforscher betrachtete, nannte seine Richtung Empiriokritizismus. Er forderte und erhielt in der Universität Wien einen Lehrstuhl für ›induktive Metaphysik‹, der seit seinem Tode verwaist ist. Im Gegensatz zu den englischen Positivisten, die ebenfalls von den Sinnen ausgingen, aber innere Wahrnehmung leugnen, nahm er aber die innere Erfahrung genauso ernst wie die äußere: wie für Kant war für ihn Raum die Kategorie des äußeren Erfahrens, die Zeit jene des inneren Erlebens.

Mach hat historisch recht: Die Mathematik wurde von Pythagoras aus der Musik abgeleitet. Der Begründer der Philosophie, Thales von Milet, wollte anstelle des Mythos ein logisches Kriterium setzen; um das Chaos in den Kosmos und die unverbindliche Meinung, Doxa, in Episteme, verstandenes Wissen, zu verwandeln, welches dem Menschen den Weg zur Wahrheit (Aletheia) eröffnet – Lethe war das Wasser des Vergessens, welches nur der Held nicht zu trinken brauchte. Sein Satz: »Alle Winkel im Halbkreis sind rechte« ist die erste denkerische Verallgemeinerung der Geschichte. Er begründete die philosophische Geometrie als Wissen des Auges. Sein Schüler Anaximandros bestimmte den Gegensatz von Nichts und Etwas, Null und Eins als Ursprung der Arithmetik, des Zählens, das dem Tastsinn entstammt – die Zehnzahl läßt sich auf die Finger zurückführen –, und Pythagoras erfand und entdeckte die Mathematik als Vereinigung von Sehen, Tasten und Hören, Raum und Zeit. Ich habe die historische Entwicklung in vielen Büchern nachgezeichnet. In über vierzig Jahren ist es mir gelungen, die ursprüngliche Figur des Rades als Veranschaulichung aller Sinnesgesetze und mathematischen Verhältnisse abzuschließen und damit den gemeinsamen Nenner zu erkennen, der als Weltgrammatik jedem ermöglicht, zu seinem Entwurf, seiner Dichtung durchzustoßen.

Die Konstruktion des Rades

Im Lehrgang der Maieutik – dem Schritt vom Lehrling zum Gesellen – wurde die Konstruktion des Rades von Ernst Graf am Ende des ersten Semesters dargestellt, der auch die graphische Gestaltung des Rades vollendet hat. Wir wollen jetzt die Schritte nachzeichnen, um damit zu erkennen, daß das Rad einerseits das Banalste ist, was es gibt – nämlich die Veranschaulichung aller Verhältnisse der ebenen Geometrie als Basis des Denkens –, andererseits aber den Raster auch des höchsten Denkens zeigt und uns ermöglicht, ein Kriterium, einen Prüfstein zu haben, der nicht nur für die Naturwissenschaft, sondern auch für die geistige und religiöse Entwicklung alle Parameter enthält und damit auch die Welt des mythischen Denkens richtigstellen und logifizieren kann. Diese Vollendung wurde möglich einerseits durch die neueste Entwicklung der Naturwissenschaften, andererseits durch eine vertiefte Kenntnis der indischen, chinesischen und indianischen Metaphysik und schließlich durch die Entfaltung der humanistischen und transpersonalen Psychologie, die die Ethik, die Moralgebote des Christentums in lebendiges Erlernen der Menschwerdung verwandelt haben. Für die bürgerliche Philosophie war das menschliche Bewußtsein ein erkennendes Subjekt an der Nahtstelle zwischen Gut und Böse. Bewußtseinsinhalte entstammen der Erfahrung – nichts anderes sei darinnen enthalten. Die Entdeckung des Unbewußten erschien als ein Ärgernis, ebenso umwälzend wie die Überwindung der Masse-Energie-Dualität durch die neue Physik. Plötzlich erschien hinter diesem ›Ich‹ ein anderes Wesen, welches das Schicksal konstelliert und nicht als eine Einheit, sondern eine Vielheit verstanden werden muß, in welcher das Ich oder die vielen Ichs nur einen Teilkomplex bedeuten.

Wie können wir die Begrenzung dieser Fülle verstehen, welche ja der sokratische Begriff der *Anamnese* – Aufdeckung des vorbewußten Wissens – meinte? Frege zeigte, daß Sinn nur mathematisch ist. Für die meisten ist Mathematik nur Quantität, enthält keine Qualität. Tatsächlich entspringt aber die Qualität der Quantität, der Zahl als Möglichkeit des Bindens und Trennens, des Entscheidens und damit des Wollens. In den Worten C. G. Jungs dargestellt, der den Durchbruch zu einer qualitativen Erkenntnis des Unbewußten schuf:

»Es ist diesen ersten Erfahrungspsychologen etwa so gegangen wie dem mythischen Entdecker der Zahlenreihe, der eine Erbse an die andere reihte und nichts anderes tat, als daß er jeweils eine weitere Einheit an die schon vorhandene anfügte. Als er aber das Resultat betrachtete, da war es wohl so, daß anscheinend nichts vorhanden war als hundert identische Einheiten; aber die Zahlen, die er nur als Namen gedacht hatte, stellten sich unerwarteter und unvorhergesehener Weise als eigentümliche Wesenheiten mit unabdingbaren Eigenschaften heraus. Da gab es zum Beispiel gerade, ungerade, Primzahlen, positive, negative, irrationale, imaginäre Zahlen usw.«

Der Begründer der Unterscheidung der Zahlen war aber kein Erbsenzähler, sondern Pythagoras. Es ist mir in mehreren Jahrzehnten gelungen, seinen Ansatz zu klären und zu vollenden und damit im RAD den Schlüssel zum Wissen zu finden, der uns ermöglicht, aus dem Wollen, dem Sinn heraus zu handeln. Inhaltlich ist dieser Zusammenhang von vielen Seiten zu betrachten und ergibt die erstaunlichsten Einblicke, wie das Verständnis der Grundlage von Magie und Mystik, also den esoterischen und religiösen Traditionen. Aber formal ist die Darstellung sehr einfach: sie zeigt sich in der geometrisch-arithmetischen Konstruktion. Diese Konstruktion scheint im Anfang ein müßiges Unterfangen – doch erst nachdem man diese Schritte vollzogen hat, ist man imstande, das RAD nicht mehr als magisches Wunder, sondern als das Urwerkzeug der Vernunft zu erkennen.

Die Dimensionen

Ausgangspunkt des Bewußtseins ist das Nichts, die Leere, die Aufmerksamkeit ohne Inhalte, dargestellt im Punkt. Dieser Punkt hat räumlich keine Wirklichkeit: er ist zeitlich, der Augenblick des Gewahrseins.

In diesem Augenblick, der das dauernde Werden von Nichts zu Etwas bestimmt, erscheinen ursprüngliche Qualitäten, die Pythagoras mit den neun Ziffern und der Null bestimmte: die natürlichen Zahlen, die sowohl Quantität als auch Qualität sind. Als natürliche Zahl ist Drei nicht größer als Zwei. In den Worten Freges: Drei ist die Klasse aller Dinge und Ideen, die drei Bestandteile aufweisen. So hat auch geometrisch jede Zahl ein anderes Bild: Zwei die Linie, Drei das Dreieck, Vier das Viereck mit sechs Verbindungslinien, Fünf das Fünfeck mit zehn Verbindungslinien usw. Nur wenn ich sowohl das Auge als auch das Ohr, das Bild und die zeitliche Erkenntnis zur Hilfe nehme, kann ich die Zahl verstehen; bei Descartes: *clare et distincte,* oder bei Kant: *Anschauung und Begriff.*

Sowohl arithmetisch als auch geometrisch ist die Anzahl der mathematischen Grundideen beschränkt. Geometrisch zeigen dies die Dimensionen:

Die erste Dimension umfaßt eine unendliche Anzahl von Punkten, die aber räumlich nicht existent, nur zeitlich existent als Einstieg der Potentialität in die Vorstellung sind. Eine Gerade enthält unendlich viele solche Punkte.

Die zweite Dimension, gebildet durch zwei Senkrechte zu den Endpunkten oder durch ein Dreieck zwischen drei Punkten, das immer eine ebene Fläche ist, enthält unendlich viele Gerade. So ist Dimension der Übergang von unendlich zu endlich – nicht wie später bei Euklid Aneinanderreihung von Unendlichkeiten, die es für das Denken nicht geben kann.

Die dritte Dimension enthält unendlich viele Flächen im Kubus, der durch vier rechte Winkel an den Eckpunkten der Fläche geschaffen wird.

Der Raum schließlich enthält unendlich viele Volumen, die aus der Mitte des als Kubus veranschaulichten Körpers durch acht Linien mit der Welt in Beziehung stehen, wobei, wie wir heute wissen, die Lichtgeschwindigkeit das Maß der Resonanz darstellt.

Die Mitte nun steht in rechtem Winkel zu den acht Richtungen, ist aber als gedachter Punkt notwendig Zeit und nicht Raum: so vereinen sich Raum und Zeit in den Wesen der Welt, die die Subjekte der Wirklichkeit sind, welche aber nicht als Realität, sondern als Aktualität bezeichnet wird. Nur sie besteht im Dasein als die Summe der Leibnizschen Monaden auf verschiedener Höhe der Information – Atome, Moleküle, Pflanzen, Tiere und Menschen; die anderen Dimensionen sind Abstraktion.

Der Zusammenhang der acht oder fünf Dimensionen läßt sich im äußeren Kreis des Rades veranschaulichen (s. Abb. Dimensionskreis nächste Seite).

Die Dimensionen des Raumes werden durch jene der Zeit ergänzt.

In der *ersten Zeitdimension* erzeugt ein Punkt, der wandert, die kurvenförmige Bahn.

In der *zweiten Dimension* erzeugen zwei Punkte, die sich umeinander drehen, den Umlauf, der sich räumlich scheibenförmig bestimmen läßt.

In der *dritten Dimension* dreht sich die Scheibe des Um-

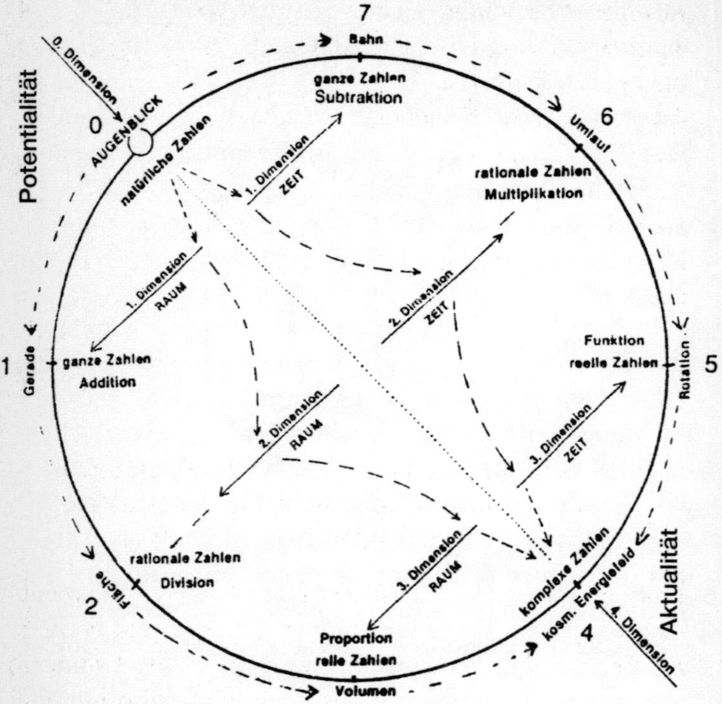

Der Dimensionskreis

laufs ein halbes Mal um ihre Achse und füllt somit den Raum einer Kugel aus. Diese Drehung verbindet die letzte Zeitdimension mit dem Raum: die Bewegung verläßt nach Erfüllung der Kreisstruktur die hypothetische Kugel und wird zur Welle, transversal in der Energie und longitudinal in der Masse. Die Aktualität ist also zeitlich durch die möglichen Wellen miteinander in Resonanzbeziehung, welche für jede ›Monade‹ andere Wellenbereiche des Spektrums in der Zeit aufnehmen und aussenden. Diese Aussendung und Aufnahme ist es, die wir als Sinne erfahren.

Aus der Mitte nun, dem reinen Aufnehmen oder dem Selbst des Menschen, zerfließt der Raum in acht Richtungen, wodurch der Kreis der Zeit in den Raum übergeht:

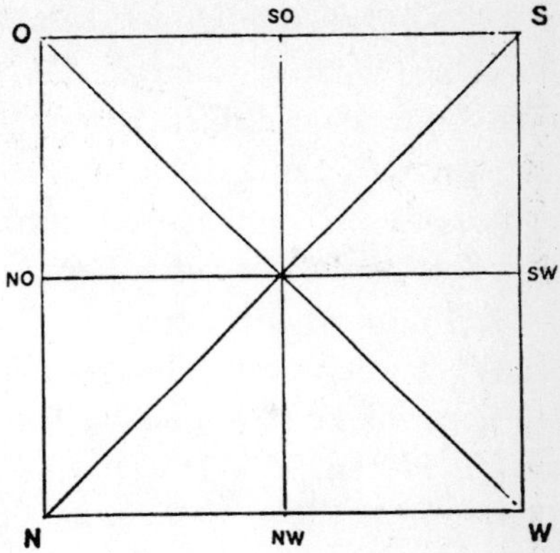

Raumviereck (Windrose)

Die Rechnungsarten und Zahlen – Entwicklung der acht Parameter des Verstehens

Das Gewahrsein des Menschen in der Null, der Verwandlung von Ich zu Etwas schwingt zwischen Ja und Nein: ja zur Beobachtung, nein zur Erinnerung, ja zum Erinnern, nein zur Beobachtung. Da das Gewahrsein also nur null und eins kennt, den binären Code, der auch den Computern zugrunde liegt, entstehen als Erzeuger der Dimensionen folgende Zahlungs- und Rechnungsarten:

0. *Die nullte Dimension* enthält die natürlichen Zahlen, deren Grund die neun Ziffern und die Null als Buchstaben der Mathematik sind.

1. *Linie und Kurve* wird in der ersten Dimension durch Addition und Substraktion erzeugt und schafft die ganzen Zahlen.

10-9-8-7-6-5-4-3-2-1-0-1-2-3-4-5-6-7-8-9-10
Subtraktion negativ Addition positiv

Bei den ganzen Zahlen ist Einheit sowohl Ding als auch Schritt, Ton und Intervall. Ihr Gesetz ist die Periodik, zwischen ganze Zahlen lassen sich keine Zwischenwerte wie Brücken einfügen.

Aus diesen Zahlenarten entstehen die beiden ersten psychologischen Begriffe: **Empfinden** und **Geist.**

Addition ist die assoziative Grundlage des **Empfindens** – Farben sind additiv zu verstehen. Sinnesdaten sind immer zwischen zwei Schwellen – etwa 16–20 000 Hertz für das Hören, 7600 (rot) bis 3800 (violett) Ångströmeinheiten für das Sehen.

Geist ist subtraktiv, die Bahn wird vom Menschen erzeugt durch Hinzunahme von Bildern und Ereignissen. Ohne Frage kein ›Geist‹, und immer wurde dieser als Weg verstanden.

Natürliche Zahl ist ein Punkt, ganze zwei Punkte: Addition und Subtraktion sind Schritte. Die psychologische Beziehung ist einsichtig, ein Kind, das nicht lernen kann zu subtrahieren, läßt man rückwärts gehen, und dann versteht es.

2. *Die zweite Dimension* ist die Fläche und bestimmt die rationalen Zahlen. Um sie zu veranschaulichen, bilden wir zwei Senkrechte zum Nullpunkt und füllen die Zahlenwerte durch Division und Multiplikation aus. Im unteren Feld entstehen die Brüche, im oberen die Vielfachen des Einmaleins, welches heute noch in Italien *Tabula pythagoräica* heißt.

Division und Multiplikation erzeugen das Kontinuum und damit das Gedächtnis: jede Multiplikation und Division kann ins Unendliche fortgesetzt werden. 12 : 3 = 4, 3 : 4 ist 3 : 4 usw. 4 × 2 = 8, 8 × 2 = 16. Die Division ist Grundlage des **Denkens:**

12 : 4	=	3
Analyse	Urteil	Synthese
begreifen	schließen	verstehen

Die Multiplikation ist Grundlage der **Seele:** Zwei Wesen, die zusammenkommen im Umlauf, erzeugen ein Vielfaches der Kraft, sind synergetisch. Auch die Seele hat Gedächtnis, ist kontinuierlich.

Die weiteren Dimensionen lassen sich nur rational in der Projektion auf die Fläche verstehen: Unser Bewußtsein ist flächig, erfaßt die Welt als Plan oder Karte, wovon dann die anderen Funktionen und Bereiche Empfinden, Fühlen, Wollen und Gewahrsein die Beziehung zur Wirklichkeit schaffen.

Die dritte Dimension faßt als Zahlenarten die reellen Zahlen zusammen, durch Proportion und Funktion, also das Algebraische in Beziehung setzen. Sie zeigt sich in den Diagonalen, die im Divisionsfeld Zahlenbrüche gleicher Wertigkeit, im Multiplikationsfeld Funktionen gleicher algebraischer Formel miteinander und zum Nullpunkt zurückverbinden.

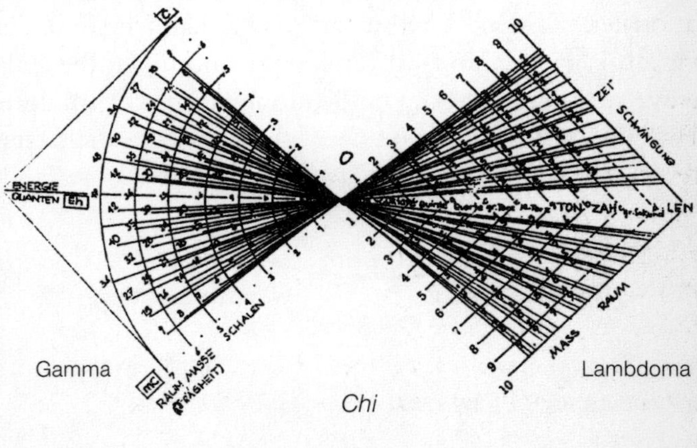

Chi

Pythagoras nannte das obere Feld Gamma, das untere Lambdoma und die gesamte Figur Chi: das Schema, mittels dessen bei Plato der Demiurg die Welt erschafft.

Proportion ist die Grundlage des **Fühlens** und Funktion die des **Körpers.** Die Diagonalen zeigen die Bahnen der Atomstruktur an: Schalen umgeben den Kern in den Abständen der mittleren Diagonale, 1-4-9-16-15-36-49, und die zweite Diagonale, 2-8-18-32, zeigt die Kapazität

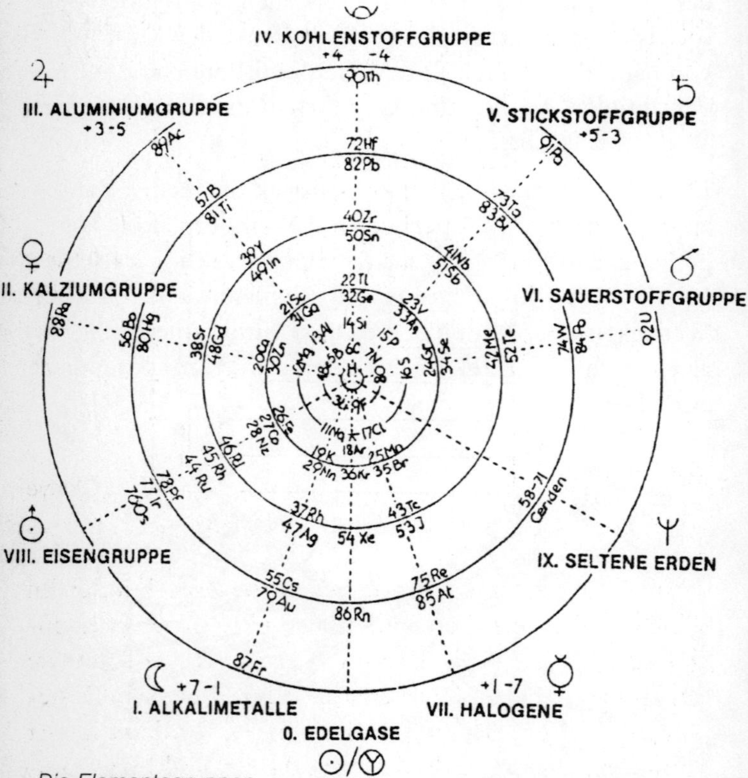

Die Elementegruppen des periodischen Systems, dargestellt im Ur-Atom

der Ladung an Elektronen. Jedwedes Atom hat die gleiche äußere Struktur und kann daher eine Vielzahl energetischer Zustände annehmen.

Die vierte Dimension nun erfaßt die Zahlen als Sinnesdaten, als Töne und Farben und chemische Elemente. In der dritten Dimension zeigen die Schnittpunkte der Diagonale mit den beiden Achsen, die senkrecht zu den Feldern stehen, die entsprechenden geometrischen Verhältnisse: 1/2, 2/4, 3/6 etwa schneidet die waagerechte Achse in entsprechende Abschnitte. Für das Hören zeigt dies die Gesetze von Obertönen und Untertönen.

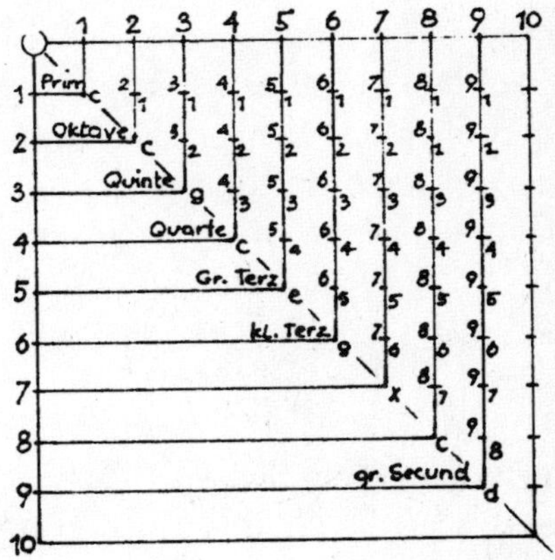

Untertöne

Die Gesetze der Töne

Oktave

Obertöne

Nun ist bei einer schwingenden Saite jedes Fünftel im gleichen Tonwert: bei Grundton erklingen die Schwingungsbäuche 1/5, 2/5, 3/5 und 4/5 als e. Diese Tonwerte sind nun mittels des Quintenzirkels miteinander in Beziehung zu setzen, der die Grundlage des **Wollens** in der sinnlichen Welt darstellt. So entsteht das Rad im Raumviereck: Von innen nach außen werden die Atomschalen zur Darstellung gebracht, deren letzte an Punkt zehn der Divisionsachsen anstößt.

Die Tonwerte des Quinten-Quarten-Zyklus bilden den Kreis, den äußeren Kreis des Rades, der durch den Nullpunkt des Chi verläuft. Die Felder werden durch den Farbkreis ausgefüllt, wo Blau und Goldgelb die senkrechte Achse bilden, Rot und Purpur die waagerechte – das Auge sieht in diesen Gegensätzen, wozu noch Weiß als das Kreisinnere und Schwarz als das Kreisäußere hinzukommen.

Nur die Division und Multiplikation sind rational verständlich. Daher dienen sie als Raster dessen, was erinnert werden kann. Aus der Division ergibt sich die Grammatik als Urmetaphysik im Enneagramm, als Qualität der natürlichen Zahlen. Und im Rad selbst vereinen sich im Wollen die Funktionen und Bereiche zu den Inbegriffen, welche im Tierkreis, also der Gestalt des großen Menschen oder der Gattung, alles zu integrieren vermögen.

Die Grammatik

Die Information der Sprache – der Aussage von Sinn und Bedeutung – liegt die Grammatik zugrunde, wie es die Wiener Schule erwiesen hat. Eine Erinnerung ist sowohl zeitlich als auch räumlich, ein Wissen und ein Verhalten. Man kann nicht gleichzeitig auf den Inhalt einer Information achten und ihre Form: Ich gehe nach Hause – ist ein Bild: ich = Fürwort und logisches Subjekt; gehe = Indikativ, intransitiv, Gegenwart, Aktiv; nach Hause = adverbiale Bestimmung, ist eine Klärung, um Sinn und Bedeutung zu prüfen.

Das Enneagramm zeigt das Ergebnis, wie die neun Ziffern in der Fläche durch Division und Multiplikation darzustellen sind. Divisionen, die zu einem endlichen Ergebnis führen, sind nicht für das Denken geeignet, nur solche, die ein unendliches Ergebnis haben und damit logisch den Schritt vom Hinweis der Bedeutung zum Sinn veranschaulichen können.

Divisionen durch 1, 2, 4, 5, 8 ergeben endliche Resultate, Divisionen durch 3, 6, 9 und 7 unendliche Brüche. Letztere allein werden daher verbunden und offenbaren die gesamte Gesetzlichkeit jeder Sprache, sie bilden also die generische Grammatik, welche bereits im 9. Jahrhundert von den ›Lauteren Brüdern‹ in Basra als einzig gültige Metaphysik bestimmt und durch Gurdjieff erneut bewußt geworden ist. Divisionen durch 9 ergeben die Ziffer als unendlichen Bruch.

1 : 9 = 0,11111; 2 : 9 = 0,22222; 3 : 9 = 0,33333 …

Divisionen durch 3 oder 6 ergeben diese beiden Ziffern: als unendlicher Bruch: 1 : 3 = 0,33333; 2 : 3 = 0,66666; 1 : 6 = 0,16666; 2 : 6 = 0,33333. Divisionen durch 7 ergeben einen periodischen Bruch, der mit einer immer anderen Ziffer beginnt:

1 : 7 = 0,142857 142857; 2 : 7 = 0,285714 285714 usw.

Die Wortarten bedeuten Qualität als Quantität, sie unterscheiden sich durch die Anzahl ihrer Kategorien. Das Dreieck bestimmt die Zeitworte, die mannigfaltige Figur die Raumworte.

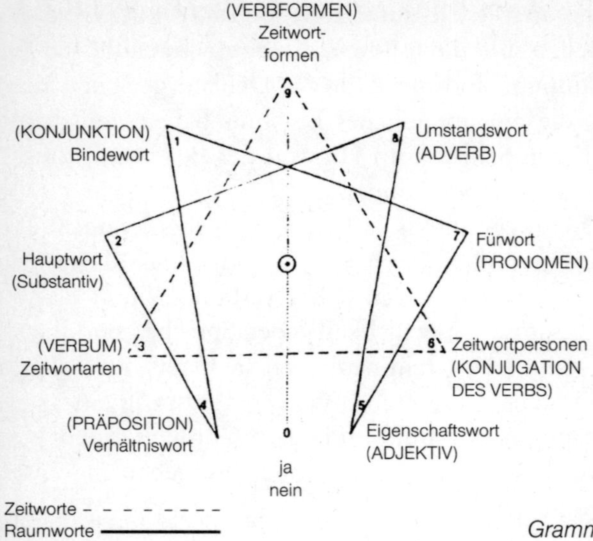

Grammatik

1. Wort, Name
2. Hauptwort – Name, Begriff – Singular Plural
3. Zeitwortarten – sein, haben, werden – intransitiv, transitiv, modal
4. Verhältniswort zu den vier Fällen gehörig: Nominativ, Akkusativ, Dativ, Genitiv
5. Eigenschaftswort: Positiv, Komperativ, Superlativ, bestimmte und unbestimmte Zahlwörter
6. Zeitwortpersonen: drei Sprechpersonen und drei Geschlechter: ich, du, er - sie - es, das grammatikalische Subjekt
7. Fürwort: hinweisend, bestimmend, unbestimmt, bezüglich, besitzanzeigend, persönlich, fragend
8. Umstandswort: Ort, Zeit, Grund, Häufigkeit, Grad, Art und Weise, Beschränkung, modal

9. Zeitwortformen: Gegenwart, Vergangenheit, Zukunft, Aktiv, Passiv, Infinitiv, Möglichkeitsform, Bedingungsform, Wirklichkeitsform.

Jeder Satz beinhaltet notwendig das Dreieck (im Enneagramm): Zeitwortarten (eine der Arten), Zeitwortpersonen (Person und Geschlecht – also zwei Elemente), Zeitwortformen (eine Zeit, eine Form, ein Modus – also drei Elemente). Die Raumworte sind beliebig zu ergänzen.

Beispiel: Wir analysieren den Satz *Vado* (ich gehe) mit Hilfe des Enneagramms: »Ich gehe« besteht aus Präsens, Aktiv und Indikativ, ist also ein ganzer Satz. Erweitert durch Raumworte hieße der Satz z. B.: Ich (= 7, Fürwort) gehe (3/6/9) heute (8) nachmittag (8) mit (4) meinem (7) Freund (2) zu (4) Tante Emma (2).

Die waagerechten Beziehungen der Zahlen im Enneagramm zeigen die Multiplikation, die Syntax:

1–8 Konjunktion/Adverbialkonjunktion, und, weil
2–7 Logisches Subjekt: Mein Vater – er
3–6 sein-haben-werden – männlich, weiblich, sächlich
4–5 Attribut oder Genitiv – Meines Vaters Haus – sein Haus
9–0 Die Formen ergeben zusammen den Sinn.

So zeigt sich, daß tatsächlich alle bisherige Metaphysik aus mangelnder Kenntnis der grammatikalischen Kategorien entstammt, wie etwa die marxistische Dialektik aus dem Satzbau das Zeitwort heraushebt oder der Universalienstreit aus dem Gegensatz von Name und Begriff entstand.

Im Handeln werden die Wortarten zu den neun Prinzipien und entsprechen makrokosmisch den Planeten, mikrokosmisch den Elementegruppen:

1 – Jupiter – Aluminiumgruppe – heilen
2 – Venus – Kalziumgruppe – gestalten
3 – Uranus – Eisengruppe – forschen
4 – Mond – Alkalimetalle – sorgen und Fantasie
5 – Merkur – Halogene – urteilen
6 – Neptun – seltene Erden – schlichten
7 – Mars – Chalkogene – kämpfen
8 – Saturn – Stickstoffgruppe – walten
9 – Pluto – Kohlenstoffgruppe – erfinden, planen

In der Multiplikation vereinen sich die drei Bereiche Körper, Seele, Geist mit den vier Funktionen Wollen, Empfinden, Denken, Fühlen zum Kreis der Inbegriffe des Rades. Linksläufig zeigt es in Entsprechung zum Quintenzirkel mit seinen 84 Halbtönen den Lebenskreis mit seinen 12 Siebenjahresabschnitten, rechtsläufig den Rahmen der Menschheitsgeschichte, also der Religion, mit seinen 60 Halbtönen. Die Atemzüge des Menschen betragen pro Tag 25 940, bei 18 pro Minute; er ist also durch seinen Atem eingestimmt in den größten Zusammenhang der Zeit. Die mythische Überlieferung der Bedeutung des Tierkreises läßt sich somit logisch bestimmen:

I. Seele-wollen – Widder – Person
II. Körper-empfinden – Stier – Besitz
III. Geist-denken – Zwillinge – Lernen
IV. Seele-fühlen – Krebs – Familie
V. Körper-wollen – Löwe – Meisterung und Kinder
VI. Geist-empfinden – Jungfrau – Arbeit und Krankheit
VII. Seele-denken – Waage – Gemeinschaft
VIII. Körper-fühlen – Skorpion – Tod und Erbe
IX. Geist-wollen – Schütze – Aufgabe
X. Seele-empfinden – Steinbock – Beruf

XI. Körper-denken – Wassermann – Freundschaft und Werk
XII. Geist-fühlen – Fische – Heilung und Einsamkeit

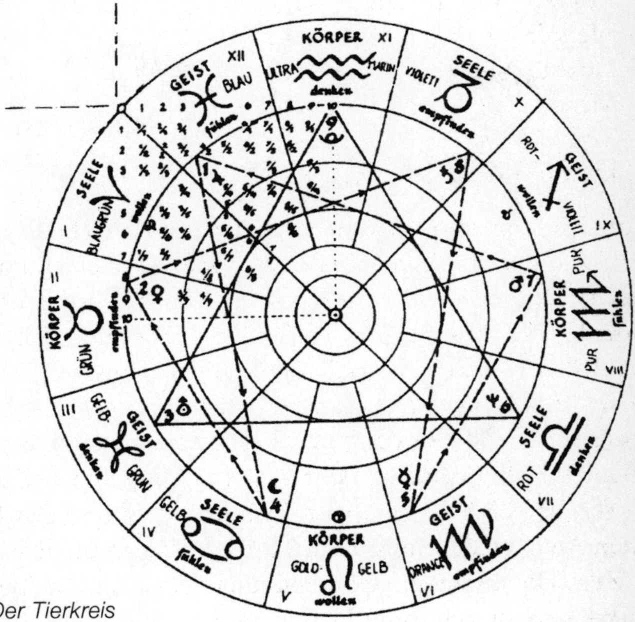

Der Tierkreis

Zwischen Geburt und Tod lebt der Mensch im Kreis des Rades, seine Erfüllung findet er, wenn er alle Glieder integriert hat, wie es das Horoskop zeigt. Nach dem Tode geht er entweder in die Erde, die Traumwelt, also die materielle Struktur und frühere Lebensformen wie Tier und Pflanze, oder aber es gelingt ihm schon im ›Leben‹, in den ›schwarzen Bereich‹ (Nagual) einzudringen und sein Leben als Glied der neuen Erde und des Menschen im All zu begreifen. Damit werden die Funktionen über die Raumrichtungen mit den jenseitigen Wesenheiten in Berührung kommen, wobei die Reihenfolge sich als Swastika im Sinne der Drehung der Milchstraße darstellt:

Die zehn Raumrichtungen

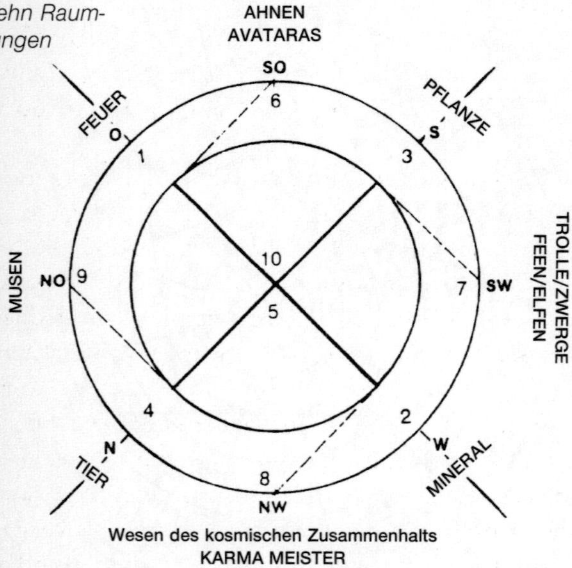

1 – Gewahrsein – Osten – Erleuchtung und Vision – Licht und Feuer
2 – wollen – Westen – Wandlung, Einstehen und Heilung – Mineral
3 – Seele – Süden – Vertrauen und Unschuld – Pflanzengeister
4 – denken – Norden – Strategien und Weisheit – Tiergeister
5 – Mitte – Mensch
6 – Geist – Südosten – Ahnen und Geschichte
7 – Körper – Südwesten – Traum – Elementargeister
8 – fühlen – Nordwesten – Engel – Zusammenhalt
9 – empfinden – Nordosten – Musen – Teilhabe am Werk
10 – Mitte – der Einende Eine

Diese Reihenfolge entspricht ebenfalls dem Conjurors Count, den Planeten nach ihrer Entfernung von der

Sonne, den Chakren, und steht im Zusammenhang mit der geistigen Struktur der Materie, der Allphysik. Sie läßt sich nur im Erdheiligtum tatsächlich erleben.

Das RAD ist das älteste Wissen der Welt, in Tibet die Grundlage der Religion des Menschen im Unterschied zu jener der Götter. Es verlangt eine Verlegung des Subjektes vom Ich (der wandernde Aszendent im Horoskop) zum Selbst.

Die Erdmitte basiert also auf der Anerkennung der Erdgöttin. Diese Bewußtseinsstufe war in der Vergangenheit nur in der Verborgenheit zu erreichen, weil sie die hierarchische Struktur der Loyalität und Nachfolge, also die tierische Machtzivilisation in Frage stellt. Heute jedoch, in der Wassermannzeit, wird sie zum Bewußtseinsraster aller jener, die bereit sind, den Sinn ihres Lebens selbst in Freundschaft mit anderen zu schaffen. Daher ist das Rad nicht im gewöhnlichen Sinne als Metaphysik zu verstehen durch Vergleichen mit anderen Wissensgütern, sondern verlangt eine Einübung. Pythagoras hatte dies verstanden und gründete daher einen Bund. Doch ein Bund ist in Gefahr, sich abzuschließen, und wird daher früher oder später zu einer falschen Elite, die unausweichlich zerstört wird. Es ist daher besser, diese Arbeit als Sauerteig zu betrachten und im kleinen durchzuführen, von Mensch zu Mensch, auf daß die Zahl jener, die die menschliche Norm erfüllen, immer größer wird und die Erde, in den Worten Goethes, wieder zur Pflanzstätte der Geister erwächst, deren endgültige Bestimmung auf der neuen himmlischen Erde liegt, aber bereits hier in der Mitarbeit am kosmischen Werk verstanden werden kann. Dieser Durchbruch ist für mich der eigentliche Sinn der Maieutik.

›Frieden durch Kultur‹

Zehn Punkte einer Pädagogik der entstehenden globalen Zivilisation

1. Durch Technologie, Demokratie und Menschenrechte tritt das Subjekt in den Mittelpunkt. Erziehung bedeutet nicht mehr Anpassung an eine Ideologie oder Tradition, sondern Erkenntnis der Ethik, die aus dem traditionellen Kontext herauszulösen und wissenschaftlich zu bestimmen sein muß. Ethik ist der allgemeine Nenner, der Mystiker, Atheisten und Traditionalisten vereinen kann, wie der Internationale Kongreß in Alma-Ata 1992 gezeigt hat.

2. Die Grundlage des globalen Verständnisses ist die Mathematik, das deterministische Chaos und die Fraktalität als Ursprung der Naturgesetze. Der Mensch ist ordnungschaffend, wenn er auf das Ursubjekt, physikalisch die große Singularität und ethisch auf die Gottheit jenseits von Name und Form geeicht ist.

3. Die neue Kosmogonie zeigt den Zusammenhang von Naturgeschichte und Geistesgeschichte. Hier gilt es, sich auf jene Theorien zu beschränken, die durch die Naturwissenschaft erhärtet werden können. Lehrbücher sind so zu vereinfachen, daß sie nur jenes bringen, was für das Überleben und die geistige Entwicklung notwendig ist.

4. Die Weltgeschichte ist nicht als Folge von Siegen und Niederlagen zu betrachten, auf sogenannte Helden bezogen, sondern auf den kulturellen Fortschritt der Menschwerdung.

5. Menschwerdung verlangt eine gleichmäßige Wertung von Körper, Seele und Geist. Hierzu sind die Körpertechniken ebenso wie die Psychotechnologien und Wege der Transzendenz in den Unterricht einzubauen. Die meisten Menschen sind gleich begabt, wenn man ihre eingeborene Motivation erkennt: Dies ermöglicht die Überwindung des falschen Rationalismus, welcher die Menschwerdung als Aufgabe den Lehrern gleichsam als höherer Klasse zuordnet.

6. Der Unterschied zwischen Primitiven und Zivilisierten ist aufzugeben. Aus dem Gesichtspunkt der Ethik ist Kolonialismus, jede Verachtung der Naturvölker unmenschlich. Menschen haben immer gleich gut gedacht; andere Völker haben andere Begabungen verwirklicht. Heute steht uns über Anthropologie und Ethnologie im Zusammenhang mit Mythenforschung und Religionsphilosophie ein Reichtum zur Verfügung, der bei geeignetem Lehrplan jedem dazu verhelfen könnte, seine eigene Öko-Nische zu schaffen: diese Bereitstellung des Wissens wäre die Aufgabe der ›Akademie für Weltkulturen‹ in Alma-Ata.

7. In der Wirtschaft, die in der Informations- und Bildungsgesellschaft die Grundlage bildet, sollte jeder imstande sein, sein Auskommen und seine Kompetenz zu finden. Negative Probleme sind zu vernachlässigen, sie

gehören in die Tagespolitik. Kultur muß in den Mittelpunkt der Bestrebungen treten. So sollten die Mitglieder von ›Frieden durch Kultur‹ nicht eine Klasse bilden, sondern Diener der Erde werden, wie es die Inder einst in den ›Servant of India‹ paradigmatisch formuliert hatten: Ziel dieser Bestrebung wäre ein ethischer Senat oder Rat der Erde.

8. Mit der transpersonalen Psychologie werden mystische Erfahrung und Selbstaktualisierung schulisch zugänglich. Die Behauptung absoluter Autorität und Wahrheit ist zu überwinden, indem man sich nicht auf das Trennende, sondern auf das Gemeinsame konzentriert, auf das Verbindende – im Geist von Alma-Ata.

9. Die Semiotik zeigt, daß Sprache kein Heiligtum ist, sondern physiologisch verstanden werden kann. Jeder Mensch kann zum Dichter werden, nicht nur sprachlich, sondern auch als Drehbuchschreiber, Regisseur und Schauspieler seines Lebens, im Sinne des österreichischen Welttheaters.

10. Unsere Menschheit ist die Brücke zur weiteren Menschheit der neuen Erde, des Paradieses, ob wir diese nun im Sinne der pazifischen Religion als Ahnen, im christlichen und islamischen als Heilige oder im hinduistischen als Befreite oder Bodhisattwas verstehen. Wassermannzeit, Zeit des Heiligen Geistes, wie es die russische Erwartung ist, klassenlose Gesellschaft, die aber den Tod einbezieht: alle weisen auf das gleiche Ziel. Der Zeitgeist ist das morphogenetische Feld, wir sind nicht getrennt, sondern bilden eine Einheit mit allen Wesen, Steinen,

Pflanzen, Tieren, lebenden und toten Menschen und darüber hinaus kosmischen Wesen. Doch der Schwerpunkt liegt auf der Rationalität, nicht auf der Nachfolge: es gilt nicht, Menschen zu fühlen, sondern im Sinne der formenden Ethik des Sokrates zu erwecken. Die materiale Ethik von Gut und Böse gehört einer vergangenen Entwicklungsstufe des Krieges um des Überlebens willen an. Die neue Zeit ist friedlich, dezentralisiert. Aber auch sie verlangt eine Wandlung: das Überwinden des Selbstmitleids, der falschen Romantik und auch des Egoismus in all seinen Formen. Wie Krishna kündete: Das Wissen als Weisheit war zu jeder Zeit zugänglich, muß aber neu formuliert werden, um mit der jeweiligen Zivilisation im Einklang zu sein.

Wir leben im technisch-rationalen Zeitalter, daher muß alles, was nicht mit den Mitteln des Standes der Wissenschaft erklärt werden kann, auf die private Sphäre beschränkt bleiben. Geist ist öffentlich und politisch, nicht therapeutisch. Jeder Mensch ist sowohl für das verantwortlich, was er tut, als auch für das, was ihm zustößt: Er hat die Lage gewollt, und die Lage ist gut – so lautet die chinesische Maxime. Dies verlangt auch eine politische Wandlung, deren Verwirklichung sich wohl über Jahrhunderte hinziehen mag. Damit bekennt sich die Gesellschaft ›Frieden durch Kultur‹ – in der Kultur eine höhere Stufe als das Überleben ist und ein Schritt auf dem Weg zur Vollendung – als Glied einer sechsten Menschheit, in der die Liebe, die Nachbarlichkeit selbstverständlich ist.

Menschen, die ihre Intentionen aus ihrer echten Motivation schaffen, werden zu Pfeilern der kommenden Welt!

Quellenverzeichnis und Bibliographie

Die Texte von Arnold und Wilhelmine Keyserling wurden folgenden Werken entnommen:

Das ganzheitliche Denken: *Geschichte der Denkstile,* Wien 1972
»Ich bin das Nichts im Etwas«: *Luzifer,* Wien 1972
Öffnung des Raumes: *Das Erdheiligtum,* Wien 1988
Wortleib der Seele: *Weisheit des Rades,* Wien 1985
Über die Chakren: *Mensch zwischen Himmel und Erde,* Wien 1985
Erfahrung und Offenbarung: *Gott, Zahl, Sprache, Wirklichkeit,* Wien 1987
Die sieben Prinzipien des Bewußtseins: *Anlage als Weg,* Wien 1988
Weg des Wissens: *Wassermannzeit – Visionen der Hoffnung,* Wien 1988
Das Rad: *Das divinatorische Meisterspiel,* Wien 1991
Das Rad als natürliches System der Vernunft: *Im Jahr des Uranus,* Südergellersen 1986
›Frieden durch Kultur‹: Zehn-Punkte-Proklamation, formuliert beim Internationalen Kongreß ›Auf dem Weg zu geistiger Gemeinsamkeit‹, Alma-Ata, Kasachstan, Oktober 1992

Von den Autoren liegen ferner vor:

Von der Schule der Weisheit zur Weisheit des Rades, Wien 1990
Das Rosenkreuz, Wien 1956
Das große Werk der göttlichen Hände, Wien 1986
Der Mond im Schützen, Wien 1989
Das Nichts im Etwas, Wien 1984
Ars Magna, Wald 1986
Weltbild des ganzheitlichen Lebens, Wien 1990
Durch Sinnlichkeit zum Sinn, Südergellersen 1986